新中国财政 70 年系列丛书
高培勇　主编

新中国财政收入 70 年

张　斌　杨默如　著

中国财经出版传媒集团
中国财政经济出版社

图书在版编目（CIP）数据

新中国财政收入 70 年/张斌，杨默如著. --北京：中国财政经济出版社，2020. 8
（新中国财政 70 年系列丛书 / 高培勇主编）
ISBN 978-7-5095-9331-8

Ⅰ. ①新… Ⅱ. ①张… ②杨… Ⅲ. ①财政收入-研究-中国 Ⅳ. ①F812. 41

中国版本图书馆 CIP 数据核字（2019）第 234234 号

责任编辑：胡 博 庄 莉　　责任校对：胡永立
封面设计：陶 雷　　责任印制：刘春年

中国财政经济出版社出版
URL：http：//www.cfeph.cn
E-mail：cfeph @ cfeph.cn

社址：北京市海淀区阜成路甲 28 号 邮政编码：100142
营销中心电话：010-88191537
北京财经印刷厂印刷 各地新华书店经销
787×1092 毫米 16 开 18 印张 261 000 字
2020 年 8 月第 1 版 2021 年 4 月北京第 2 次印刷
定价：70.00 元
ISBN 978-7-5095-9331-8
（图书出现印装问题，本社负责调换）
本社质量投诉电话：010-88190744

总　　序

一

2018 年 6 月间，基于庆祝中华人民共和国成立 70 周年的考虑，中国财政经济出版社组织策划“新中国财政 70 年系列丛书”并邀请我担任主编。认识到这是一项意义重大但颇不轻松的工作，我没有马上应允下来，而是与可能构成作者梯队的几位年轻同事探询完成任务的可能性和行动方案。结果是，大家既颇有信心，又有相对成熟的写作思路。于是，欣然承接了这项中国财政经济出版社布置的工作。

二

一旦决定去做，一系列相关问题便接二连三地提至我们面前。

在新中国所走过的 70 年历程中，论及财政的角色和作用，只要稍具一些财政常识或曾有机会接触过一些财政现象，人们便会有一个共同感受：财政既十分重要，又格外特殊。这不仅是因为“兵马未动，粮草先行”，财政收支本来就是政府所从事的所有活动的经济基础。它覆盖着政府工作的方方面面，牵动着政府行为的枝枝蔓蔓，规定并支撑着政府活动的范围、方向和重点。而且，也是因为财政与国家治理之间具有天然关联，作为国家治理的基础和重要支柱，在 70 年间，财政所面临的问题之复杂，所承载的使命之沉重，所发生的变化之深刻，所取得的成果之显著，从一个层面折射了新中国既曲折又辉煌的发展轨迹。如何从浩如烟海的史料中提炼和揭示出最直接、最核心、最实质的内容，从而准确而科学地再现这段历史，是摆在我们面前的一个重要课题。

写史，固然是一个选择。但是，单纯地写史，停留于史实的追溯和描述层面，对于上述的目标而言，显然不够充分。更加重要的，是要从史实入手，以史料为基本支撑，一步步地提炼和揭示其历史的轨迹、历史的经验和历史的规律。因而，与其说我们要写新中国财政 70 年的历史，不如说我们要做新中国财政 70 年历史的研究。只有在系统而深入地研究新中国财政 70 年的历史轨迹、历史经验和历史规律的基础上，才可能在具有历史穿透力的同时，为新中国财政 70 年理出一条比较清晰的逻辑线索。

于是，我们首先决定，把本套系列丛书的基本内容或主攻方向定位于“三个基本”：基本轨迹、基本经验和基本规律。

新中国财政 70 年基本轨迹、基本经验和基本规律的总结和提炼，需要高度概括。这就要有所取舍。取什么？当然要取其主线索。舍什么？自然要舍那些与主线索不那么直接关联着的枝枝蔓蔓。问题是，这条主线是什么？

在长达 70 年的新中国历史上，在不同时点、不同背景下发生于财政领域的事项，的确数不胜数，犬牙交错。本着透过现象看本质、抓大放小的思维，将这些事项一一梳理并加以鉴别，可以发现，不仅在改革开放的新时期，而且在传统的计划经济年代，尤其是在进入中国特色社会主义新时代之后，举凡涉及经济社会全局和发生在国家治理层面的重大事项，几乎都同财税体制的调整和变革有关。新中国财政 70 年的历史，事实上是围绕着财税体制的变迁而展开的。财税体制变迁不仅一直是贯穿新中国财政领域的主题，而且始终是财政和国家治理之间交互作用的关节点。

于是，我们又决定，以新中国的财税体制变迁作为这套系列丛书的主线。

作为政府的收支或政府的收支活动，在实际运行和制度安排层面，财政覆盖或牵动诸多领域。鉴于这是一套系列丛书而非一本研究专著，对于新中国财政 70 年历史进程的考察研究，也可细分为若干论题，在不同领域分别展开。

从总体上看，取得收入和拨付支出无疑是财政两项最基本的活动，由此便涉及到财政收入和财政支出两个领域。所以，围绕新中国财政收入和财政支出 70 年历史进程的考察研究，可以分别构成这套系列丛书的两个论题。

无论是财政收入还是财政支出，都要纳入以预算为主体的制度体系加以管理和规范，由此便涉及政府预算建设。所以，围绕新中国政府预算 70 年历史进程的考察研究，可以构成这套系列丛书的第三个论题。

在中国这样的大国，政府肯定是要分作若干级次的，不同级次政府之间肯定有收支往来关系，由此涉及中央财政与地方财政关系的体制安排。所以，围绕新中国财政体制 70 年历史进程的考察研究，可以构成这套系列丛书的第四个论题。

财政收支也好，政府预算建设也好，财政体制安排也罢，实质是财政资源的配置。财政资源配置格局，总要体现一定的政策目标并产生相应的政策效果。所以，围绕新中国财政政策 70 年历史进程的考察研究，可以构成这套系列丛书的第五个论题。

财政收支总是要平衡的。无论在中央层面还是地方层面，举凡财政收支的平衡，往往要通过发行政府债券的办法加以实现。所以，围绕新中国政府债务 70 年历史进程的考察研究，可以构成这套系列丛书的第六个论题。

财政的改革与发展，离不开学理支撑和方法论支持，特别是基础理论的支撑和支持。新中国财政 70 年的改革与发展，当然是理论与实践的双重探索。所以，围绕新中国财政 70 年基础理论演进历史的追溯和研究，可以构成这套系列丛书的第七个论题。

于是，我们还决定，这套系列丛书由如下七本专著组成：《新中国财政收入 70 年》（张斌、杨默如著）、《新中国财政支出 70 年》（蒋震著）、《新中国预算建设 70 年》（马蔡琛、赵早早著）、《新中国财政体制 70 年》（张德勇、孙琳著）、《新中国财政政策 70 年》（杨志勇著）、《新中国政府债务 70 年》（冯静、汪德华著）和《新中国财政基础理论 70 年》（马珺著）。

三

一套系列丛书由七个论题构成，并且由不同的作者分别撰写，不同作者之间又总会存有学术见解、学术风格、学术经历等方面的差异。为了保证这套系列丛书形成一个相对完整的体系，我们认为，很有必要就一些基础性问题达成基本共识，作为共同的立论基础。

首先进入我们视野的一个基础性问题是：该如何进行新中国财政 70 年的阶段划分？

阶段划分总要依据一定的标准来进行。鉴于本套系列丛书的主线是新中国财税体制的变迁，新中国财政 70 年的阶段划分，自然要循着这一主线来进行。以制度变迁为标准，可以将新中国财政 70 年的历史进程大致归为如下九个既彼此独立又互为关联的时期：

- 三年国民经济恢复时期（1949—1952 年）

这是新中国财税体制的奠基期。以 1949 年 10 月 1 日新中国宣告诞生为标志，新中国财政随之建立起来。在组建从中央到地方的财政管理机构并建立统一的财政制度的同时，面对当时饱经战火摧残、几乎处于崩溃边缘的国民经济，财政主要担负了两个方面的任务：筹集并支付巨额的军政费用，以消灭残余敌对势力、接受旧政权的人员和维持新政权的运转；治理通货膨胀和整顿生产生活秩序，尽快促进国民经济的恢复和发展，改善人民生活水平。在短短的 3 年时间内，通过推出统一财经工作、平衡财政收支、稳定物价等一系列政策措施，为国民经济的恢复、政权的巩固以及各方面的治理工作提供了有力的保证，从而实现了国民经济的全面恢复和国家财政状况的根本好转。

- 第一个五年计划时期（1953—1957 年）

这是新中国财税体制步入“二元”格局的起点。从 1953 年起，在国民经济全面恢复的基础上，以实施第一个五年计划为标志，新中国开始转入有计划的经济建设时期。根据党在过渡时期总路线和总任务的要求，作为整个计划经济体制的核心组成部分，财政担负起了为工业化筹集资金和促进社会主义改造的双重任务。一方面，以筹集社会主义工业化建设资金为重点，通过改进和加强财政收支管理，开辟和扩大财源，增加资金积累，保证了“一五”计划的顺利完成。另一方面，伴随着对农业、手工业和资本主义工商业的社会主义改造进程，逐步建立了以对不同所有制和不同区域实施“区别对待”为主要特征的财税制度体系。以此为契机，财政政策逐步演化成为政府手中的发展和壮大国有制经济、削弱乃至消灭私有制经济的重要手段。可以说，正是从这个时候起，我国逐步形成了与“二元”经济社会体制相适应的“二元”财税体制格局。

● “大跃进”和五年调整时期（1958—1965 年）

这是新中国财税体制围绕计划经济体制的适应性探索期。在“一五”各项指标和“三大改造”任务全面完成的背景下，从 1958 年起，中国开始实施第二个五年计划。并且，以此为标志，进入了全面建设社会主义的新时期。然而，由于“大跃进”的盲目发动，经济发展并未按照原定的“二五”计划轨道运行，而是出现了大起大落，从而不得不在 1961 年转入长达 5 年的国民经济调整期。作为整个计划经济体制的核心组成部分，这一时期的财税体制做了许多积极的探索。先是配合“大跃进”实施对地方和企业的放权，在一定程度上改变了“一五”时期过度集权的体制格局。后来，又适应国民经济调整和应对经济困难的需要，适当收缩了一部分“大跃进”期间下放过多的财权，重新加强了财权、财力的集中统一。与此同时，伴随着经济建设回归适度规模的调整进程，财政收支规模也经历了由急剧膨胀到回归常态的变化。应当说，在进入全面建设社会主义新时期之后，围绕计划经济体制而对财税体制进行的适应性调整以及其他方面财政工作的改进和加强，对于保证和推动国民经济全面调整的顺利进行和恢复与发展以及此后的财政自身建设，都积累下了宝贵的经验。

● 文化大革命时期（1966—1977 年）

这是处于困局中的新中国财税体制频繁变动期。1966—1976 年的

"文化大革命"，在将整个经济社会生活带入混乱状态的同时，也使新中国的财政工作面临困局。不仅财政管理指挥体系大大削弱，财政管理思想陷于混乱，而且国家财经纪律也受到严重践踏。为应对由此而引致的不断增加的财政压力，财税体制的变动十分频繁。这种频繁变动，既集中反映了那一时期所累积的财政压力的不断加大，也凸显了扮演苦撑危局角色的新中国财政的特殊作用。因而，客观地看，这一时期的财政，在保证国家最低限度的经常性开支、支持经济建设和工农业生产、保持财政运行的相对稳态状况等方面，取得了一些明显的成就。同时，也为此后包括财税体制改革在内的经济体制改革，埋下了深刻的动因。

- 以"放权让利"为主调的改革时期（1978—1993 年）

这是新中国财政汇入市场化改革大潮的起点。以 1978 年末召开的党的十一届三中全会为标志，中国跨入了改革开放的新时期。从分配领域入手的经济体制改革，最初确定的主调，便是"放权让利"。通过"放权让利"激发各方面的改革积极性，提高被传统经济体制几乎窒息掉了的国民经济活力。而在改革初期，政府能够且真正放出的"权"，主要是财政上的管理权。政府能够且真正让出的"利"，主要是财政在国民收入分配格局中所占的份额。这一整体改革思路与财政自身的改革任务——由下放财权和财力入手，打破或改变"财权集中过度、分配统收统支、税种过于单一"的传统体制格局——相对接，便有了一系列的旨在为整体改革"铺路搭桥"的改革举措。

- 踏上"制度创新"之路的改革时期（1994—1997 年）

这是新中国财税体制改革思路的重大转折点。以"放权让利"为主调的改革，并未从根本上撼动作为计划经济体制重要组成部分的传统财税体制。而且，以财政上的减收、增支为代价，也使财政收支运行自身陷入了不平衡的困难境地。意识到"放权让利"的改革不可持续，在这一思路上持续了十几年之久的财税体制改革自然要进行重大调整：由侧重于利益格局的调整转向新型体制的建立。恰好，1992 年 10 月党的十四大正式确立了社会主义市场经济体制的改革目标，1993 年 11 月召开的党的十四届三中全会又通过了《中共中央关于建立社会主义市场经济体制若干问题的决定》。于是，以建立适应社会主义市场经济的财税体制为着眼点，从 1994 年起，中国的财税体制改革踏上了制度创新之路。可以说，通过这次财税体制改革，初步搭建起了适应社会主义市场经济体制的财税体制基本框架。

- 构建公共财政体制框架时期（1998—2002 年）

这是新中国财政回归“公共性”轨道的里程碑。1994 年的财税体制改革，固然使中国财税体制走上了制度创新之路，但并没有解决问题的全部。因为，说到底，1994 年财税体制改革所覆盖的，还只是体制内的政府收支。游离于体制之外的政府收支，则没有进入视野。而且，1994 年财税体制改革所着眼的，也主要是以税收为代表的财政收入一翼的制度变革。至于另一翼——财政支出的调整，虽有牵涉，但并未作为重点同步进行。与此同时，既得利益的掣肘加之财政增收的动因，也在一定程度上束缚了改革的手脚，使得一些做法带有明显的过渡性或变通性色彩。随着 1994 年财税体制改革成果的逐步释放，蕴含在游离于体制之外的政府收支以及财政支出一翼的各种矛盾，便日益充分地显露出来并演化为困扰国民收入分配和政府收支运行过程的瓶颈。于是，在 20 世纪 90 年代后期，以规范政府收支行为及其机制为主旨的“税费改革”以及财政支出管理制度的改革，先后进入财税体制改革的重心地带并由此推动财政回归“公共性”轨道——构建公共财政体制框架。

- 进一步完善公共财政体制时期（2003—2012 年）

这是新中国财政回归“公共性”轨道后的体制完善期。正如社会主义市场经济体制要经历一个由构建到完善的跨越过程一样，伴随着以构建公共财政基本框架为核心的各项财税体制改革的稳步推进，财税体制改革也逐渐步入深水区而面临着进一步完善的任务。2003 年 10 月，党的十六届三中全会召开并通过了《中共中央关于完善社会主义市场经济体制若干问题的决定》。在这次会议上以及这份重要文献中，根据公共财政体制框架已经初步建立的判断，提出了进一步健全和完善公共财政体制的战略目标。认识到完善的公共财政体制是完善的社会主义市场经济体制的一个重要组成部分，将完善公共财政体制放入完善社会主义市场经济体制的棋盘，从而在两者的密切联系中谋划进一步推进公共财政建设的方案，也就成了题中应有之义。以此为契机，中国的财税体制改革又开始了旨在进一步完善公共财政体制的一系列操作。

- 建立现代财政制度时期（2012— ）

这是新中国财政的重大历史变革时期。随着中国特色社会主义进入新时代，社会主要矛盾由“人民日益增长的物质文化需要同落后的社会生产之间的矛盾”转化为“人民日益增长的美好生活需要与不平衡不充分的发展之间的矛盾”，经济发展由高速增长阶段转向高质量发展阶段，改革开放由以经济体制改革为主到全面深化经济、政治、文化、社会、生态文明体制改革，财政亦被纳入现代国家治理总体布局并摆在基础和重要支柱位置。以此为转折点，财政不仅要作为政府活动的经济基础而发挥作用，而且要作为国家治理的基础和重要支柱而进入国家治理的全过程和各领域。于是，在公共财政体制初步站稳的基础上，聚焦于国家治理现代化的全面深化改革总目标，以建立与国家治理现代化相匹配的现代财政制度为目标取向，新中国财政开启了一系列适应新时代的历史性变革。

四

从新中国财税体制奠基，到支撑社会主义工业化建设并初步形成“二元”的财税体制格局；从为建立适应计划经济体制的新中国财税体制而进行艰难的探索，到为顶住各方面的动荡压力而苦撑危局并频繁进行财税体制的调整；从主要着眼于为整体改革“铺路搭桥”而在财税上“放权让利”，到走上制度创新之路、旨在建立新型的财税体制格局；从回归“公共性”轨道的公共财政基本框架构建，到在此之后围绕完善公共财政体制和公共财政体系而推出一系列操作；从走入中国特色社会主义新时代，到以建立匹配国家治理现代化的现代财政制度为目标取向而开启一系列历史性变革。当我们大致把握了70年间新中国财税体制的演进脉络之后，第二个基础性问题自然要进入视域：新中国财税体制是否存在着一条上下贯通的主线索？换言之，新中国财政的历史逻辑是什么？

认识到新中国财政的重要性和特殊性，既集中体现在它是政府所从事的所有活动的经济基础，又集中体现于它与国家治理之间的天然关联，系国家治理的基础和重要支柱，对于新中国财政的历史逻辑，肯定不可就财政论财政，也不能就经济论财政，而须跳出财政、甚至跳出经济而伸展至党和国家事业全局，从财政与经济、政治、文化、社会和生态文明各领域的相互联系及交互作用中加以提炼。

为此，以大纵深的历史眼光，对应中华民族从站起来、富起来到强起来的伟大飞跃，并将新中国70年、改革开放40年和党的十八大以来三个重要历史时期分别凸显出来加以考察，可以将新中国财税体制的历史进程概括为如下“三部曲”：

- 起步于“非公共性”：“二元”的财税体制

从新中国成立至改革开放之前的这一历史时期，在实行高度集中计划经济体制的大背景下，面对当时亟待完成对农业、手工业和资本主义工商业的社会主义改造，加快实现社会主义工业化的任务，并且参照苏联、东欧国家的财税体制，我们逐步建立起来并投入运行的财税体制格局以及作为其结果的财税运行格局，具有鲜明的“二元”特征。

对于那一时期的财税运行格局，尽管可从不同的角度加以归结，但本着收入——“钱从哪里来”、支出——“钱向何处去”以及政策——“收支安排所体现的目的”这样三条有关财政活动运行层面的基本线索，可以将其概括如下：

财政收入主要来自于国有部门——“取自家之财”（全国财政收入的85%以上来自国有部门缴款）；财政支出主要投向于国有部门——“办自家之事”（全国财政支出的85%以上用于国有部门）；财政政策倾向于在国有和非国有部门之间搞“区别对待”——发展和壮大国有经济、削弱以至铲除私有制经济。

财税运行格局之所以是上述这个样子，同那一时期与高度集中的计划经济体制相契合的单一化GDP所有制构成以及“二元”经济社会制度环境直接相关。作为单一公有制经济成分的直接反映，至少在表象上，那一时期的GDP几乎全部来源于国有和集体所有制经济部门。作为“二元”经济社会制度的重要组成部分，那一时期的财税体制自然建立在“二元”基础上——在财政上实行不同所有制分治和城乡分治：

——国有制财政。以所有制性质分界，财政收支活动主要在国有部门系统内部完成。至于非国有部门，则或是游离于财政的覆盖范围之外，或是位于财政覆盖范围的边缘地带。

——城市财政。以城乡分界，财政收支活动主要在城市区域内部完成。至于广大农村区域，则或是游离于财政的覆盖范围之外，或是位于财政覆盖范围的边缘地带。

——生产建设财政。以财政支出性质分界，财政支出活动主要围绕生产建设领域而进行。至于非生产性或非建设性支出项目——其中主要是以改善民生为代表的公共服务性支出项目，则往往被置于从属地位或位于边缘地带。

这即是说，“二元”财税体制所覆盖的范围，不是全面的，而是有选择的。“二元”财税体制所提供的财政待遇，不是一视同仁的，而是有薄有厚的。“二元”财税体制下的财政支出投向，不是着眼于整个公共服务领域的，而是专注于生产建设的。于是，便形成了同属一国企业和居民、身处同一疆土之上并受同一政府管辖，但因财政覆盖程度不同而须面对不同财政待遇的不同行政区域、不同企业部门和不同居民家庭。

有选择而非全面的财政覆盖范围，有厚有薄而非一视同仁的财政待遇，专注于生产建设而非整个公共服务领域，如此的财税体制格局以及作为其结果的财税运行格局，对于完成农业、手工业和资本主义工商业的社会主义改造并由此奠定社会主义工业化基础，无疑发挥了重要作用。但是，也必须承认，这种体制及其运行格局有违财政的本质属性，系“非公共性”（或称“非普惠性”）的。从根本上说来，这只能是特殊历史时期服务于特殊政策目标的一种特殊产物。一旦时过境迁，它终将回归“公共性”轨道。

事实上，也可以认为，正是这种“非公共性”的财税运行和财税体制格局同财政本质属性的不相适应性以及其间所发生的愈演愈烈的冲突，把新中国财税体制推上了改革之路。

● 回归“公共性”：由“二元”转向“一元”的财税体制

始自1978年的经济体制改革，迄今一个最为流行的表述是“市场化改革”。经济市场化的改革进程，首先带来的是GDP所有制构成的多元化——GDP来源于多种所有制经济部门的共同创造。

这一影响传递到财税运行格局上，就是财政收入来源的公共化——由“取自家之财”到“取众人之财”（来源于非国有制部门的财政收入份额迅速上升）。财政收入来源的公共化，自然会推动并决定着财政支出投向的公共化——由“办自家之事”到“办众人之事”（用于非国有制部门的财政支出份额迅速上升）。财政收支的公共化，又进一步催生了财政政策取向的公共化——由在“自家”与“他家”之间搞“区别对待”，到在全社会范围内实行“国民待遇”。

呈现在财税运行格局上的这些变化，当然是在财税体制回归“公共性”的变革过程中发生的。发生在财税体制上的变革，又是一个以“财政公共化”顺应经济市场化以及经济社会制度由“二元”趋向“一元”的历史进程：

——从国有制财政走向多种所有制财政。财政覆盖范围不再以所有制分界，而是跃出国有部门局限，延伸至包括国有和非国有在内的多种所有制部门。

——从城市财政走向城乡一体化财政。财政覆盖范围不再以城乡分界，而是跃出城市区域局限，延伸至包括城市和农村在内的所有中国疆土和所有社会成员。

——从生产建设财政走向公共服务财政。财政支出投向不再专注于生产建设事项，而是跃出生产建设支出局限，延伸至包括基础设施建设、社会管理、经济调节和改善民生等众多的公共服务事项。

由“国有制财政+城市财政+生产建设财政”向“多种所有制财

政+城乡一体化财政+公共服务财政”的变革，便是财政的覆盖范围不断拓展并逐步实行财政无差别待遇的过程。在这个过程中日渐彰显并最终回归的，正是财政与生俱来的本质属性——“公共性”。

正是在这样的背景下，不仅催生了公共财政的概念以及相关的实践，而且，作为市场化改革进程中的财税体制改革“阶段性”目标，从 1998 年起，构建公共财政体制框架进入人们的视野。随之，包括收入、支出、管理和体制在内的几乎所有的财税体制改革线索和几乎所有的财税体制改革事项，都被归结于这条主线索、覆盖于这一总目标。至 2003 年，又在初步建立公共财政体制框架的基础上，展开了旨在进一步健全和完善公共财政体制的一系列操作。

● 走向“现代化”：对接现代国家治理的财税体制

以 2012 年举行的党的十八大为转折点，中国特色社会主义进入了新时代。并且，以中共十八届三中全会做出“财政是国家治理的基础和重要支柱”这一全新论断为转折点，新中国财政也进入了新时代。这一变化带给新中国财政的最为深刻的影响，就是财政由一个经济范畴跃升为一个国家治理范畴，财税体制由经济体制的一个组成部分跃升为国家治理体系的一个组成部分。故而，服务于推进国家治理体系和治理能力现代化的全面深化改革总目标，将财政与国家治理、财税体制与国家治理体系密切联系在一起，在现代国家治理的大棋局中谋划并推进财税体制改革，便成为题中应有之义。

于是，对接现代国家治理，发生在财税体制改革上的一系列大不相同于以往的历史性变化出现了：

——从适应和匹配经济体制改革到适应和匹配全面深化改革。财税体制改革不再局限于适应和匹配社会主义市场经济体制要求，而是同包括经济体制、政治体制、文化体制、社会体制和生态文明建设体制改革在内的所有改革进程紧密对接，着眼于适应和匹配各个领域的改革联动，适应和匹配改革的总体效果，适应和匹配推进国家治理现代化的总体目标。

——从立足于经济领域到立足于国家治理领域。财税体制改革不再局限于经济范畴、经济制度安排的简单思维，而是站在国家治理的总体角度，将财政作为国家治理的基础性和支撑性要素加以打造，将财税体制作为全面覆盖国家治理全过程、各领域的综合性制度安排加以构建。

——从追求“性质匹配”扩展至“现代化匹配”。财税体制改革不再局限于属性特征、追求财税体制与社会主义市场经济体制的“性质匹配”，而由属性特征扩展至时代特征，追求财税体制与国家治理体系和治理能力的“现代化匹配”，从现代财政文明出发布局财税体制改革，打造现代国家财政制度的一般形态——顺应历史规律、切合时代潮流、代表发展方向、匹配中国国情的现代财政制度。

它标志着，在回归“公共性”轨道的基础上，与全面深化改革进程相伴随，新中国财政进入了走向“财政现代化”的新阶段。从这个意义上讲，现代财政制度同公共财政体制一脉相承，实质是建立在财政公共化基础之上的财政现代化。

五

从“非公共性”的“二元”体制格局起步，到回归“公共性”轨道、由“二元”转向“一元”的体制格局，再到走向“现代化”、以建立现代财政制度对接现代国家治理，这一贯穿新中国财税体制 70 年的主线，与其说是制度安排的结果，不如说是新中国财政 70 年的历史逻辑，系不以人的意志为转移的客观规律作用使然。

接踵而至的第三个基础性问题是：踏着中国特色社会主义进入新时代的脚印，新中国财政的时代潮流是什么？

一个时代有一个时代的主题，一个时代有一个时代的使命。进入新时代的新中国财政当然要契合时代主题，也当然要履行时代使命。唯其如此，才能在时代潮流中顺势而为。因而，顺应时代需要，恰当地认识并把握好新时代的主题和使命，是非常重要的。

新时代不是一个标签，更不是一句空话，而是有着一系列实实在在的内容。从大处着眼，它的基本标志至少有如下几个：其一，社会主要矛盾转化为“人民日益增长的美好生活需要与不平衡不充分的发展之间的矛盾”。其二，经济发展转向以质量和效益为重心的高质量发展阶段。其三，改革开放进入以国家治理现代化为总目标的全面深化改革新阶段。

上述的三条，绝非平行线索，而系具有一脉相承关系的统一体。发生在社会主要矛盾层面的重大变化，实质上揭示了中国经济发展的阶段性特征，也构成了中国经济迈上高质量发展道路的逻辑起点。要在继续推动发展的基础上，着力解决好发展不平衡不充分问题，大力提升质量和效益，更好满足人民日益增长的美好生活需要，就要求经济、政治、文化、社会、生态文明建设全面推进，就要求实行经济、政治、文化、社会、生态文明体制“五位一体”改革联动，就要求实现国家治理体系和治理能力现代化。

说到这里，有必要提及这样一个事实，无论是前面述及的党的十八届三中全会关于“财政是国家治理的基础和重要支柱”的论断，还是据此延伸的“科学的财税体制是优化资源配置、维护市场统一、促进社会公平、实现国家长治久安的制度保障”的表述，都是同现代国家治理联系在一起的。也即是说，作为其载体的现代财政制度，只有在、也只能在对接国家治理现代化总目标的背景下才可能提出，并成为新时代财税体制改革的目标定位。

从现代国家治理和现代财政制度相辅相成、互为条件的关系中，可以确认，在新时代的中国，这样一种变化的出现绝非偶然。它标志着，随着改革开放进入到全面深化改革阶段并确立国家治理现代化的目标，新中国财政也步入了一个新的历史阶段——匹配国家治理现代化，从建立现代化的财政制度入手推进国家治理体系和治理能力的现代化。

这意味着，历史地、辩证地认识新中国财税体制变迁的历史逻辑，准确把握中国财税体制改革的新时代，在一个与过去 70 年大不相同的财税体制格局基础上建立起与现代国家治理相匹配的现代财政制度新格局，是走入新时代的新中国财政的时代潮流。

站在新中国财政 70 年这一新的历史起点上，可以肯定地讲，在国家治理领域充当基础和重要支柱，在国家治理体系中发挥基础性和支撑性作用，已经成为中国财政必须致力于完成的经常性工作和必须聚焦于履行的根本性使命。这是中国特色社会主义进入新时代，中国经济发展进入新阶段，中国改革开放进入全面深化经济、政治、文化、社会、生态文明体制“五位一体”改革新时期的历史必然。

引申一步说，作为全面深化改革总目标的国家治理体系和治理能力现代化，是以财政作为基础和重要支柱的国家治理体系和治理能力现代化，是建立在有效发挥财税体制对于国家治理体系的基础性和支撑性作用基础上的国家治理体系和治理能力现代化。这既是新中国财政的历史逻辑，也是新中国财政的时代潮流。

也就是说，走入新时代，我们更需要有大格局、高站位。

六

对于已经有了70年历史并进入新时代的新中国而言，财税体制往什么方向走，是一个带有根本性的问题。于是，在我们清晰提炼和揭示新中国财政历史逻辑和时代潮流之后，又提出了本套系列丛书的第四个基础性问题：该如何为新时代财税体制改革的方向做出理论概括？

我们已经看到，作为新时代财税体制改革的基本目标，现代财政制度一头连着社会主义市场经济，一头连着现代国家治理，实际上是社会主义市场经济和现代国家治理结合在一起的产物。

认识到只有财政的公共化才能与经济的市场化相匹配，与社会主义市场经济体制相匹配的现代财政制度，只能也必须坚守财政的本质属性——公共性。

认识到只有财政的现代化才能与国家治理的现代化相匹配，与现代国家治理相匹配的现代财政制度，只能也必须遵从财政的本质定位——国家治理的基础和重要支柱。

简言之，在公共财政体制的基础上建立现代财政制度，在财政公共化的肩膀上叠加财政现代化，让财政在更高层次上、更广范围内发挥对于国家治理的基础性和支撑性作用，以财政治理体系和治理能力的现代化支持和推动国家治理体系和治理能力的现代化，既是新时代赋予中国财政的主题，也是新时代中国财政理应担负的使命，更是中国特色社会主义制度及其执行能力的具体体现。

理由之一：在所有国家治理活动所涉及的政府职能中，只有财政职能可以覆盖所有的政府职能，只有财政职能部门的活动可以牵动所有政府职能部门的活动。它是一项最具综合意义的基本政府职能。

理由之二：在所有国家治理体系所涉及的制度安排中，只有财税体制的触角可以伸展至国家治理体系的枝枝蔓蔓。在所有国家治理活动所涉及的制度变革中，只有财税体制的调整能够相伴于国家治理活动的方方面面。它是一项最具基础意义的基本制度安排。

理由之三：在所有国家治理事务所涉及的利益关系中，只有财政关系可以承载并牵动公共事务线索上的各方面利益。在所有国家治理活动所涉及的利益关系调整中，只有财政活动能够触碰至所有社会组织和居民个人并连接政府系统内部各部门、各级次。它是一条最具“牛鼻子”意义的基本关系链条。

七

这套系列丛书的写作过程，恰如一个重大课题研究过程。其中的甘苦，非三言两语所能描述。写到这里，我们最想说的一句话就是：对于新中国财政 70 年取得的辉煌成就及其背后客观规律的认识和发现，是激励我们完成这一研究和写作任务的动力和源泉。

以这样一套系列丛书来概括新中国财政所走过的 70 年历史进程，很难做到周全，错漏在所难免。无论从哪个方面看，对于新中国财政 70 年基本轨迹、基本经验和基本规律的提炼和揭示，都是一个十分庞大的课题。我们自知，迄今为止，本套系列丛书所完成的工作，还只能算是一次探索。

我们诚恳地期待着来自广大读者的批评指正。

高培勇

2019 年 9 月 19 日于中国社会科学院

目　录

图表目录

图

表

第一章　绪　　论

1949 年 10 月 1 日，中华人民共和国成立，中国历史进入了新纪元，开辟了一个崭新时代，中国财政也掀开了新的篇章。70 年来，新中国的经济社会发展取得了举世瞩目的伟大成就。1952 年中国的 GDP 仅为 679.1 亿元，到 2018 年 GDP 增长至 900309.5 亿元；人均 GDP 由 1952 年的 119 元增长至 2018 年的 64644 元。1952 年中国第一产业的比重为 50.5%，城镇人口的比重仅为 12.5%；到 2018 年第一产业的比重降为 7.2%，城镇人口的比重提高至 59.6%。[①] 经过 70 年的发展，中国已由一个积贫积弱的农业国成长为经济总量稳居世界第二，制造业规模世界第一的工业化国家。

财政是国家治理的基础和重要支柱，是政府履行职能的经济基础。财政制度不仅要适应经济社会不同发展阶段的要求，同时也是推动经济社会体制变革的关键因素。而财政收入制度作为财政制度的重要组成部分，是国家与社会之间资源配置最基本、最重要的制度安排，正如唐朝杨炎所说："财赋者，邦国大本，而生人之喉命，天下治乱重轻系焉"。[②]

新中国 70 年的发展历程波澜壮阔，在推进工业化建设、谋求国家富强、人民幸福的伟大进程中，经历了从建立高度集中统一的计划经济体制到改革开放，建立和完善社会主义市场经济体制，再到新时代全面

① 资料来源：国家统计局国家数据，http：//data. stats. gov. cn/index. htm。

② ［宋］欧阳修、宋祁撰：《新唐书》，中华书局 1975 年版，第 4723 页。

深化改革，推进国家治理体制和治理能力现代化的巨大制度变革，而财政收入制度也伴随着这一进程经历了深刻的变化，承载着不同历史时期所赋予的沉重而艰巨的使命。

对历史的回顾与总结不仅能够加深对过去 70 年中国财政发展历程的理解，在“世界处于百年未有之大变局”的时代背景下，回顾历史有助于我们推动“加快建立现代财政制度”，同时作为“中国道路”“中国经验”的一部分，这些归纳和总结对发展中国家也具有借鉴和参考价值。然而，从浩如烟海的史料中梳理 70 年来中国财政收入制度发展演变的历程，提炼和揭示财政收入制度变革的基本轨迹、基本经验和基本规律无疑是一项具有重大挑战的研究任务，本书希望能为实现上述目标贡献一点微薄的力量。

第一节　新中国财政收入制度演变的基本线索①

中国是一个拥有悠久历史文化传统，幅员辽阔，经历了从计划经济体制向市场经济体制转轨的社会主义发展中大国。理解新中国成立 70 年来财政收入制度的演变有三条基本线索：

一是作为发展中国家，如何从一个积贫积弱、以落后的传统小农经济为主的农业国转变为现代化的工业国始终是新中国经济社会发展的基本命题，而财政收入制度不仅是推进工业化的国家资源动员能力建设最重要的组成部分，同时也是整个社会从传统向现代转型，实现国家治理体系和治理能力现代化的重要基础。

二是从前 30 年建立和完善计划经济体制到改革开放 40 年来从计划经济体制向市场经济体制转轨的历程决定了财政收入制度的演变要与经济体制改革和对外开放相适应，同时也要发挥不同历史时期财政收入制

① 张斌：《新中国 70 年财政收入制度演变的基本线索》，《公共财政研究》2019 年第 6 期。

度改革作为“排头兵”推动经济体制调整和改革的作用。

三是作为社会主义国家，以公有制为主体的基本经济制度决定了中国政府不仅可以凭借政治权力获取财政收入，同时也可以作为国有资产的所有者获取基于财产权利的收入，而在经济体制不断发展变化的情况下如何协调好这两种类型财政收入的关系是影响中国财政收入制度演变的重要因素。

上述三条线索交织在一起决定了不同历史时期政府与社会（市场）资源配置的制度框架和基本格局，也决定了财政收入制度在不同阶段的历史使命、演变方向和基本特征。

一、工业化、资源动员能力与国家治理现代化

1840 年以来，如何实现从传统社会向现代社会转型是中国面临的基本命题，而工业化是现代化的核心内容。当发源于西方的工业革命席卷全球，现代化成为世界各国都必须面对的挑战，推进工业化进程并建立与之相适应的国家治理体系，提高国家治理能力就成为所有国家，尤其是非西方国家最紧迫、最重要的历史任务。由于获取财政收入的能力是国家资源动员能力最重要的组成部分，也是影响国家与社会成员之间经济和政治关系基础性的制度安排，因此建立现代财政收入制度是一个国家现代化进程中的必然选择和必由之路。

对发展中国家而言，现代化是人类社会具有共性的进步过程。然而，不同国家的现代化进程具有不同的特点，因而产生了现代化的不同模式。对非西方文明而言，如何在民族国家和文明竞争的压力下处理好继承传统文化与推进现代化的关系，探索符合自身特点的现代化道路是延续了数个世纪并仍具有巨大现实意义的历史命题。

尽管发展中国家在现代化进程中有所谓“后发优势”，但这种后发优势要发挥作用是需要各种内外部条件的。由于不具备现代国家的治理体系和治理能力，因此难以建立能够有效实现国内资源动员的财政收入体系；而财政收入的匮乏和缺乏弹性又影响了对教育、基础设施的投入，从而阻碍了工业化的进程和国家治理能力的提高，如何突破这种“两难困境”是发展中国家治理和财政收入制度和国家治理现代化进程

面临的最大挑战。(张斌，2019)

1952 年年底，在恢复国民经济的任务胜利完成后，中国提出的过渡时期总路线就明确了“逐步实现国家的社会主义工业化”的目标。从一个落后的农业国变为具有独立完整工业体系的工业国无疑是一项艰巨的任务，为大规模的经济建设，尤其是重工业建设筹集资金就成为财政收入领域面临的基本任务。世界各国为工业化筹集资金有不同的途径，中国当时确定了“自力更生为主、争取外援为辅”的筹资方针。之所以选择“自力更生为主”的工业化筹资和发展思路，主要是由我国“独立自主”的战略定位决定的。如果主要依靠外部的资金、技术和管理推进工业化，在当时复杂的世界政治格局和“冷战”背景下，很容易被纳入特定阵营的经济体系，沦为附庸；此外，对中国这样一个幅员辽阔、人口众多的大国来说，也没有任何外部力量能够满足中国大规模工业化所需的资金。①

在积极争取外部援助的同时，提高国家资源动员能力为工业化筹集资金是新中国前 30 年财政收入制度，乃至整个国家基本经济制度建设的主要指导思想之一。社会主义改造完成后建立起来的高度集中统一的计划经济体制为通过工农业剪刀差、对城镇职工工资和消费品的政府定价获取农业剩余和提高积累率，以国营企业利润和折旧的上缴作为财政收入的主要形式奠定了制度基础。

改革开放后，从有计划的商品经济到社会主义市场经济体制的逐步建立和完善是推进财政制度改革的基本因素，财政收入制度从更强调资金筹集功能开始转向致力于为各类所有制企业提供公平竞争的市场环境。但同时，作为发展中国家，从改革开放初期通过税收优惠政策吸引外资、促进经济特区发展到将税收政策作为产业政策的重要组成部分推动经济结构的优化升级，财政收入始终作为政府推动经济发展的政策工具发挥着重要作用。

2012 年党的十八大召开后，中国特色社会主义进入新时代。十八届三中全会提出了全面深化改革总目标，即：完善和发展中国特色社会

① 谢旭人主编：《中国财政 60 年（上卷）》，经济科学出版社 2009 年版，第 96 页。

主义制度，推进国家治理体制和治理能力现代化。同时明确指出，财政是国家治理的基础和重要支柱。财政制度改革从强调作为经济体制改革的一部分上升到关系国家治理现代化的基础性、支柱性的制度安排。相应的，推进国家治理现代化就成为当前和未来相当长历史时期财政收入制度改革的基本方向。

二、从计划经济到市场经济

新中国成立 70 年来经济体制的演变经历了从通过社会主义改造建立社会主义公有制和计划经济体制到逐步建立和完善社会主义市场经济体制的过程，这一过程也决定了与各个历史时期经济体制相适应的财政收入制度的演变和发展。

社会主义改造时期，税收制度不仅承担着为国家的重点建设筹集资金的任务，同时也是调节各阶级的收入以利于巩固工农联盟，并使税制成为保护和发展社会主义及半社会主义，有步骤、有条件、有区别地利用、限制和改造资本主义工商业的工具。

社会主义改造完成后，随着公有制的建立，国家不仅拥有政治权力，同时也是生产资料的所有者和对集体经济的实际控制者。以国家为主体的财政分配关系也深入到经济社会运行的各个领域并成为整个国民经济从宏观到微观的组织者，整个国民经济被视为一个大“工厂”组织起来，生产、分配、交换以及消费都由政府的指令性计划进行安排，而计划指导下的财政预算在很大程度上可以视为国民经济预算。

建立在计划经济体制基础上的政府财政分配对象不仅包括剩余劳动产品，同时也涵盖了国营企业部分折旧基金。虽然没有个人所得税的调节，但在由计划安排的工资制度下，也可以通过压低工资和控制消费将劳动报酬转化为国营企业的利润上缴财政。

对于农村集体经济，虽然实行低税政策，但国家可以通过农产品“统购统销”和对工农业产品定价形成的“剪刀差”将大部分农业利润直接转化为国营企业的利润，同时较低的计划供应的农产品价格降低了城镇居民的消费支出，这使得低工资制度可以长期维持，从而间接增加了国营企业的利润。

因此，在公有制和计划经济体制下，通过直接掌握全民所有制国营企业的所有权和管理权，国家可以直接获取所有利润和部分折旧基金；而通过对所有工农业产品定价权的控制，国家可以进一步控制包括农村和城镇集体经济的利润水平，将全社会的剩余产品转化为国营企业的利润，间接形成财政收入。

改革开放以来，从有计划的商品经济到社会主义市场经济的体制改革推动了政府与国营、集体企业和农村集体经济财政分配关系的根本性调整，而随着市场定价范围的逐步扩大，国家基于政治权力的收入，主要是税收收入成为市场经济体制下财政收入的主要形式。这一时期建立与社会主义市场经济体制相适应的税收制度是财政收入制度改革的核心内容，而税制改革也充分发挥了推动经济体制改革“排头兵”的作用。

在建立和完善市场经济体制的过程中，对外开放发挥了重大的推动作用，改革开放初期的税收制度在很大程度上就是为适应吸引外资的需要而建立起来的。更为重要的是，对外开放推动了成熟市场经济体制下税收制度的借鉴和引进，在与国际接轨的改革目标指引下，“制度模仿”在税制改革中发挥了重要作用，重视借鉴吸收成熟市场经济国家税制与税制改革的经验，同时注重根据本国国情对“引进”的税收制度进行“本土化”改造，并随着经济社会发展对税制进行持续的完善是改革开放以来税制改革的突出特征。

中国作为一个转轨国家，同时受到历史文化传统等因素的影响，在经济体制改革和整个社会从传统向现代转型的过程中，如何处理好政府与市场、政府与社会的关系并进而推进国家治理的现代化是包括财政收入制度在内各项制度改革面临的基本命题。回顾财政收入制度演变的历程，经济体制转轨与政府职能转变过程中出现了各级政府及政府部门利用权力谋取各种类型财政收入的现象，从而导致分配秩序出现了一定程度的混乱，存在“费挤税”“费大于税”、社会负担沉重等问题。因此，在经济体制转轨的背景下，以规范政府收入形式、推进税收法治建设为目标的税费关系改革、预算外收入制度改革、全口径预算管理改革、授权立法与税收法定是中国财政收入制度改革的一条重要线索。

三、社会主义公有制及其实现形式

中国作为社会主义国家，与建立在私有制基础上的国家相比，财政收入不仅包括凭借政治权力获取的税收收入、行政事业性收费、罚没收入等收入形式，社会主义公有制使得国家还可以凭借财产所有者的身份获取收入。尽管以私有制为基础的国家也可能存在着国有资源、国有土地和国有企业的收入，但从国家控制的财产规模、性质及其具体管理方式来看，建立在公有制基础上的社会主义国家的双重身份和双重职能是社会主义国家财政制度的重要特征，而在不同历史时期和经济体制下，社会主义公有制与其他所有制的关系、社会主义公有制及其具体实现形式是影响中国财政收入制度演变的重要因素，而其中最基本、最重要的是政府与国有企业之间的分配关系。

1956 年对农业、手工业和资本主义工商业社会主义改造的基本完成，标志着新民主主义向社会主义的转变，社会主义公有制成为中国社会的经济基础。此后，与不同历史时期的经济体制相适应，从计划经济时期的国营企业到改革开放初期以“放权让利”为核心企业承包制改革，从以“建立现代企业制度”为目标的股份制改革到混合所有制改革，社会主义公有制的具体实现形式在不断发展，同时也决定了不同时期政府与国有企业之间分配关系的演变。

计划经济时期，国家直接掌握全民所有制国营企业的所有权和管理权，不仅可以直接获取国营企业的利润，还可以集中收缴国营企业的折旧基金。这一时期的国营企业利润，不仅包括资产的收益，由于国有土地和资源的无偿划拨使用，国家对土地、资源的所有权及其收益也转化为国营企业的利润。此外，在计划价格体制下，农业及其他集体所有制经济成分和居民部门的部分剩余也通过原材料和消费品的定价转化为国营企业利润。因此，计划经济时期政府与国营企业的分配关系是财政分配关系的主体，也是财政收入的主要形式。

1950 年，不包括债务收入的财政收入总额为 62.17 亿元，其中企业收入为 8.69 亿元，仅占 13.98%；而社会主义改造完成后的 1957 年，企业收入占财政收入的比重上升为 47.55%。计划经济时期，企业收入占比最高的年份是 1960 年，比重为 63.93%，1978 年改革开放开始时，来自企业的收入占财政收入的比重超过一半，为 50.52%。[①]

改革开放后经济体制转轨面临的核心问题是政府与国营企业关系的变革，有计划的商品经济要求国营企业作为商品生产者，具有相对的独立性。在商品定价机制逐步放开后，计划经济时期“行政性分权”框架下以利润留成为主要手段，以激励国营企业积极性为目标的国家和国营企业财政关系调整再也无法适应有计划商品经济的要求。因此，以相对统一和稳定的所有税替代利润上缴是这一时期国家与国营企业财政关系调整的重点。1978 年后，企业收入占财政收入的比重迅速下降，两步“利改税”实施后的 1985 年，所有税基本取代了利润上缴，企业收入与企业亏损补贴相抵后对财政收入的贡献降至 2.18%。[②] 此后，随着建立社会主义市场经济成为经济体制改革的目标，为各类所有制市场主体提供统一、公平的税制环境成为财政收入制度改革的基本原则，从 1994 年到 2007 年国有资本经营预算制度建立前，国有企业不再上缴利润。

随着社会主义市场经济体制的逐步完善，城市化进程中国有土地出让收入在地方政府收入中的重要性不断提高，而国有企业改革的进展也为国有资本经营预算制度的建立创造了条件。全口径预算管理制度的建立和完善为各种类型的政府收入制度的规范化提供了体制框架，如何按照“完善和发展社会主义制度，推进国家治理体系和治理能力现代化”的要求进一步推进包括国有土地、国有资源、经营性国有资本收入制度改革是当前和未来完善和发展具有中国特色财政收入制度的重要任务。

第二节　新中国财政收入制度演变的基本脉络

新中国成立 70 年来财政收入制度的演变按照经济体制的变革为主

① 楼继伟主编：《新中国 50 年财政统计》，经济科学出版社 2000 年版。

② 楼继伟主编：《新中国 50 年财政统计》，经济科学出版社 2000 年版。

要线索可以划分为五个阶段：

第一阶段从 1949 年到 1957 年，其中 1949 年到 1952 年是国民经济恢复时期，1953 年到 1957 年是第一个五年计划建设时期，同时这一时期完成了社会主义改造，建立了社会主义公有制和计划经济体制。

第二阶段从 1958 年到 1978 年，是实行计划经济的时期，其间经历了 1966 年到 1976 的“文化大革命”。

第三阶段从 1978 年党的十八届三中全会召开到 1992 年党的十四大明确提出经济体制改革的目标是建立社会主义市场经济体制，是有计划的商品经济时期。就财政收入制度而言，这一阶段以 1994 年税制改革为划分依据，即从 1978 年到 1993 年。

第四阶段是从 1994 年到 2012 年，这一时期财政收入制度改革的核心任务是建立与社会主义市场经济相适应的财政收入制度框架。

第五阶段是从 2012 年至今，以党的十八大召开为标志，是中国特色社会主义进入新时代，以全面深化改革总目标为指导的历史时期。

一、国民经济恢复与社会主义改造时期

1949 年到 1957 年，是新中国在恢复国民经济的基础上由新民主主义向社会主义的过渡时期。这一时期又分为国民经济恢复和社会主义改造两个阶段。

在国民经济恢复时期，财政收入制度的基本任务是如何改造和完善继承自旧中国的财政收入制度以促进国民经济的恢复和发展。新中国成立初期，全国的税收制度分为老解放区和新解放区。老解放区实行的是以比例税制为特征的农业税法，新解放区暂时沿用国民党政府时期的旧税制，各地还根据具体情况陆续颁发了一些单行税法。伴随着中国大陆的统一，为尽快恢复国民经济，争取财政经济状况的根本好转，要求实现全国税制的统一。

这一时期税制建设的指导思想集中体现为 1949 年 9 月中国人民政治协商会议第一届全体会议通过的起临时宪法作用的《共同纲领》第四十条，即“国家的税收政策，应以保障革命战争的供给，照顾生产的恢复和发展及国家建设的需要为原则，简化税制，实行合理负担”。

1952年年底，我国恢复国民经济的任务已经胜利完成，党中央提出了过渡时期的总路线，包括两项相互联系的基本任务，一是逐步实现国家的社会主义工业化，二是逐步实现国家对农业、手工业和资本主义工商业的社会主义改造。要使我国从一个落后的农业国变为具有独立完整工业体系的工业国是一项艰巨的任务，从1953年起的第一个五年计划，其目的是建立比较完整的工业体系，打下工业化的基础，由于旧中国遗留下来的现代工业在产业结构上，重工业基础尤为薄弱，是整个工业发展的瓶颈，因此重工业是发展的重点。为大规模的经济建设筹集资金成为这一时期财政收入领域面临的重要任务，为此确定了“自力更生为主、争取外援为辅”的筹资方针，这一思想建立在独立自主发展道路的基础上，不仅对新中国工业化和经济建设道路选择产生了深远影响，也为其他发展国家中根据本国实际推进工业化建设提供了有益的借鉴和参考。

这一时期，促进社会主义改造是税收制度调整的另一项重要原则。1953年8月，周恩来总理在全国财经会议上提出财政收入工作应该符合党在过渡时期的总路线和“一五”计划的要求。这个时期，国家税收的任务是：一方面要更多地积累资金以利于国家的重点建设；另一方面要调节各阶级的收入以利于巩固工农联盟，并使税制成为保护和发展社会主义及半社会主义，有步骤、有条件、有区别地利用、限制和改造资本主义工商业的工具。①

二、计划经济时期

社会主义公有制和计划经济体制建立后，由于国家可以直接控制国营企业和通过价格机制间接获取集体经济的利润，计划经济体制下税收组织收入和调节经济的功能大大弱化了。此时税收的作用仅仅体现在两个方面：一是对集体经济征税，包括农业税和城镇集体经济税收以体现全民所有制与集体所有制的差别；二是在全民所有制内部，税收作为指令性计划的辅助手段，只不过是对计划价格机制运行中不同行业、不同

① 陈光焱：《中国财政通史第十卷：中华人民共和国财政史（上）》，湖南人民出版社2015年版，第155页。

国营企业的成本和利润进行进一步调节的工具。由于全部利润上缴，国营企业实际上没有必要交纳所得税。而对国营企业征收的流转税（周转税）实际上不是税，不过是预先确定的生产者价格和消费者价格之间的差额。[①] 这导致计划经济体制下的流转税要根据产品种类分别设置复杂的多重税率且随着计划价格的变动而不断调整。

这一时期的财政收入制度建设在理论上受到了苏联“非税论”的严重影响。在大跃进时期，“税利合一”的主张盛行一时，并在一些城市和企业进行试点。所谓“税利合一”就是指国营企业以利润上缴代替流转税及其他一切税收。“税利合一”的试点是“非税论”的一次冲击，是从理论到实践对全民所有制内部税收存在的否定。虽然“税利合一”试点的时间短暂，并以失败而告终，但全民所有制内部税收存在的客观必然性问题在理论上并没有解决，“非税论”的影响依然长期存在。[②] 不久，便以另外一种形式——过分简化税制表现出来，税收在财政收入以及国民经济中的地位和作用均处于下降趋势。[③]

文化大革命时期，“非税论”演变为更为极端的“税收无用论”，在实际工作中，曾研究要对国有企业取消征税，并一度在城市试行取消征税的“税利合一”试点，在农村实行取消征税的农村财政包干。[④] 在片面强调简化税制的同时，税务机构被大量撤并，大批税务人员被迫下放、改行。结果是，税种越来越少、税制越来越简单，从而大大地缩小了税收在经济领域中的活动范围及其在社会政治、经济生活中的影响，严重地妨碍了税收职能作用的发挥。[⑤]

三、改革开放初期

党的第十一届三中全会召开后，我国开始了经济体制改革，进入了有计划的商品经济时代。在农村，以家庭联产承包责任制为主要内容的

---

① 维德·甘地、杜布拉夫科·米哈列克：《社会主义税制的改革范围》，载于维托·坦齐编：《经济转轨中的财政政策》，中国金融出版社 1993 年版，第 141 页。

② 刘志城主编：《社会主义税收若干问题》，中国财政经济出版社 1992 年版，第 41 页。

③ 高培勇主编：《共和国财税 60 年》，人民出版社 2009 年版，第 41 页。

④ 王诚尧主编：《国家税收》，中国财政经济出版社 1997 年版，第 38 页。

⑤ 刘佐：《新中国税制 60 年》，中国财政经济出版社 2009 年版，第 63 页。

农村经济体制改革，改变了“公社化”的经济组织形式。在城市，城市经济体制改革的突破口是财税体制，以“利改税”作为国营企业“简政放权”“减税让利”指导思想的实施措施，改变了国家与国营企业的分配方式，形成了新的国家、企业、个人之间的收入分配关系。

这一时期的财政收入制度改革主要集中在三个领域：

一是为适应改革开放吸引外资和多种所有制并存的格局，开始建立涉外税收体系和改革国内税制。1978年以前，我国长期被迫实行封闭的计划经济，与外国经济交流与合作很少，涉外税制基本上是一片空白。改革开放开始后，我国采取了一系列措施促进对外开放，但当时，中国还没有相应的涉外税法，无法有效维护国家税收权益，也不利于中外合资经营企业的发展和对外开放政策的进一步落实。[①] 1978—1992年，经过10多年的努力，从所得税到流转税、财产税，从税法到细则，一套比较完整的涉外税收制度初步建立。另外，随着商品经济的发展和所有制格局的变化，国内税制也进行了重大调整。

二是在对企业放权让利和推进国营企业改革，完善社会主义公有制实现形式的背景下，推进国家与国营企业分配制度的改革，即“两步利改税”和“利税分流”改革。1983年和1984年分两步实施的利改税是国家与国营企业之间财政分配体制的重大改革，即将国营企业上缴利润改为按照规定的税率和税额交纳税收，税后利润归企业支配。这项改革把国家与国营企业的分配关系通过税收相对固定下来，税后利润则归企业支配，而这为企业“自负盈亏”，成为相对独立的商品生产者奠定了财政制度基础。1987年财政部结合承包经营责任制的推行，提出了实施利税分流改革的设想，把国家和国营企业的利润分配关系概括为“税利分流、税后还贷、税后承包”，即把国营企业上缴给国家的利润分解为两个层次：第一个层次是，国营企业实现的利润，先以所得税的形式上缴国家；第二个层次是，企业税后利润的一部分以利润形式上缴国家，税后利润的其余部分留归企业自主使用。固定资产投资借款，改为由企业用税后留用利润、固定资产折旧及其他可以用于生产发展的、

① 谢旭人主编：《中国财政60年（上卷）》，经济科学出版社2009年版，第239页。

企业自主使用的资金归还。在适当降低国营企业所得税税率的基础上，将当时大中型企业 55% 的比例税率和小型企业的八级超额累进税率统一改为 35% 的比例税率，取消了调节税。[①]

三是农村家庭联产承包责任制和对地方及部门放权背景下的农民税费负担、预算外收入及其管理的问题。党的十一届三中全会后，随着经济体制改革的推进和有计划商品经济的逐步确立，我国的经济体制和经济运行发生了重大变化。这一时期，除国有企业改革和相应的财政收入制度改革外，对财政收入影响较大的改革还有两个领域：一是随着农村家庭联产承包责任制和价格改革的推进，传统计划经济体制下政府与农业的分配体制发生了根本性的变革；二是从分配领域入手的经济体制改革是以“放权让利”为主要措施的，通过“放权让利”激发各方面的改革积极性，提高被传统经济体制窒息的国民经济活力。[②] 但在改革开放的初期，由于理论和实践中对政府与企业、政府与市场关系的认识并不清晰，单纯以“放权让利”为指导的改革思路一方面造成了在国家与企业和个人分配关系上，国民收入过多向单位和个人倾斜，财税体制的收入功能逐渐减弱；另一方面，在财力紧张的背景下，各政府部门、机构被允许采用各种方式创收，由此直接助长了部门利益的膨胀，导致各种预算外收入和非税收入泛滥。

四、建立与完善社会主义市场经济时期

1992 年 10 月，党的十四大明确提出，我国经济体制改革的目标是建立社会主义市场经济体制。1994 年实施的税制改革和分税制财政体制改革初步奠定了与社会主义市场经济体制相适应的财税体制，我国财政进入了一个新的历史时期。

在财政收入领域，这一时期最重要的税制改革是 1994 年的工商税制改革，1994 年税制改革及其后持续推进的税制改革最基本的目标是建立统一的、有利于公平竞争的税制体系，这不仅包括内外资企业税制统一、不同所有制性质的内资企业税制统一，也包括取消农业税和农业

① 谢旭人主编：《中国财政 60 年（上卷）》，经济科学出版社 2009 年版，第 287—288 页。

② 高培勇主编：《共和国财税 60 年》，人民出版社 2009 年版，第 4 页。

特产税，推进城乡税制的统一。1994 年工商税制改革的指导思想是：统一税法、公平税负、简化税制、合理分权，理顺分配关系，保障财政收入，建立符合社会主义市场经济要求的税制体系。此轮税制改革特别强调了统一税制和公平税负的要求，通过统一内外资企业流转税制度、内资企业所得税制度、统一个人所得税制度和统一规范税收优惠政策等措施，使各类企业之间的税负大致公平，进而为企业平等竞争创造条件。2007 年、2008 年与 2010 年又进一步统一了内外资企业所得税制度、车船税、房产税、城市维护建设和教育附加制度，实现了内外资税制的并轨。随着对市场经济体制下税收作用认识的深化，到 2003 年，党的十六届三中全会通过的《中共中央关于完善社会主义市场经济体制若干问题的决定》中提出了“简税制、宽税基、低税率、严征管”的税制改革原则。① 在今天看来，上述税制改革原则仍具有很强的前瞻性和指导性。

政府收入规范性是市场经济条件下建设“公共财政”的基本要求，而长期以来各地方、各部门多种形式的“预算外收入”屡禁不止的现象导致了税费关系的混乱，甚至形成了“费大于税”的政府收入格局。因此，这一时期，税费关系改革、税收法治建设与政府收入预算管理制度的完善也是财政收入制度改革的重要任务。

五、全面深化改革时期

随着中国特色社会主义进入新时代，社会主要矛盾的变化要求加快建立以现代税收制度为主的现代财政收入制度体系。其中，税收制度不仅要更好地筹集财政收入，在为人民提供更为优质的公共服务方面提供充足的财力保障；同时，税收制度的制订和实施还要更好地满足人民在民主、法治、公平、正义、安全、环境等方面的需要。税收制度是现代财政制度的重要组成部分，推进税收治理现代化是增强税收在国家治理中的基础性、支柱性、保障性作用的必然要求。

2013 年 11 月，党的十八届三中全会审议通过的《中共中央关于全

---

① http：//www. china. com. cn/zhuanti2005/txt/2005 -06/27/content_ 5426675. htm。

面深化改革若干重大问题的决定》提出了落实税收法定原则，完善税收制度的具体要求。截至 2019 年 8 月，税收法定原则的落实取得了显著进展，现有的 18 个税种中除 2012 年前已制定法律的企业所得税、个人所得税和车船税三个税种外，在这一时期，全国人大常委会已审议通过了六部税法，即《环境保护税法》《烟叶税法》《船舶吨税法》《车辆购置税法》《耕地占有税法》《资源税法》。

2012 年以来，按照十八届三中全会的部署，营业税改征增值税改革试点从区域到行业逐步全面推开，增值税完全取代了营业税，营业税告别了历史舞台。此后，随着增值税简并税率改革以及下调税率、留抵退税制度的实施，增值税制度优化取得了重大进展。

2018 年 8 月 31 日，第十三届全国人民代表大会常务委员会第五次会议通过了《关于修改〈中华人民共和国个人所得税法〉的决定》，初步建立了“综合与分类相结合”的税制模式，引入了“差别化”的专项附加扣除制度，由此确立了政府与自然人纳税人之间直接的税收联系，奠定了现代个人所得税的基本制度框架，在中国税制改革史上具有里程碑式的重大意义。

2018 年 3 月 17 日，第十三届全国人大第一次会议审议通过的《关于国务院机构改革方案的决定》和 3 月 19 日中共中央印发的《深化党和国家机构改革方案》，合并了省级和省级以下国税地税机构，实行以国家税务总局为主与省（自治区、直辖市）政府双重领导管理体制；合并后的国税地税机构将具体承担所辖区域内各项税收、非税收入征管等职责。同时还提出了优化各层级税务组织体系和征管职责，按照“瘦身”与“健身”相结合原则，完善结构布局和力量配置，构建优化高效统一的税收征管体系的要求。

此次改革方案的核心内容是国税地税机构的合并，这是 1994 年国税、地税机构分设后对税收征管体制的又一次重大调整，对于推进税收管理体制和征管能力现代化，进一步增强税收在国家治理中的基础性、支柱性、保障性作用具有重大而深远的意义。

2008 年国际金融危机爆发以来，“减税降费”始终是积极的财政政策的重要组成部分。而随着我国经济从高速增长阶段转向高质量发展阶段，供给侧结构性改革提出后，减税降费经历了从“结构性减税”“定向减税和普遍性降费”到“普惠性减税与结构性减税并举”的演变过程。减税降费的规模由 2016 年的约 5000 亿元扩大到 2018 年的 1.3 万亿元，2019 年进一步扩大到 2 万亿元。

“减税降费”政策的实施不仅对“保持经济增长在合理区间”发挥了重要作用，同时作为供给侧结构性改革的重要组成部分，在降低实体经济企业成本、优化营商环境、推动创新驱动战略的实施、鼓励大众创业万众创新等方面也发挥了重大作用。

第二章　国民经济恢复与“一五计划”时期（1949—1957 年）

1949—1957 年，是新中国在恢复国民经济的基础上实施第一个五年计划推进工业化建设的时期，同时也是通过“三大改造”建立社会主义公有制，由新民主主义向社会主义的过渡时期。其中，1949 年到 1952 年是国民经济恢复时期，1953 年到 1957 年是第一个五年计划时期，其间，1953 年到 1956 年是实施社会主义改造时期。

第一节　经济与财政体制概述

一、新中国成立初期财政面临的严峻局面

新中国成立伊始，国家面临严重的经济困难和严峻的国内形势。1840—1949 年的 100 多年，中国沦为半殖民地半封建社会，战乱频繁、社会动荡，经济社会发展缓慢，是一个积贫积弱的农业大国。尤其是连续几十年的战争，使国民经济遭受了严重的破坏，工业凋敝、农业萎缩、交通瘫痪、物价飞涨、市场混乱、民不聊生，整个国民经济处于崩溃的边缘。在经济基础极其虚弱，财源破坏严重，财政收入非常困

难的情况下，全国范围内解放战争的继续和抗美援朝战争的爆发，以及接收旧政权的军政人员、失业人员的救济和救灾带来财政负担持续增加。

新中国从国民党政府手中接下的是一个国民经济遭受了严重破坏、千疮百孔的烂摊子。农业经济方面，主要农作物产量与历史最高水平比较：粮食作物总产量由 1936 年的 15000 万吨下降至 1949 年的 11218 万吨，棉花产量由 1936 年的 84.9 万吨下降至 1949 年的 44.4 万吨，油料产量由 1933 年和 1934 年的 507.8 万吨下降至 1949 年的 256.4 万吨，大牲畜存栏头数由 1935 年的 7151 万头下降至 1949 年的 6002 万头。[①] 工业生产方面，工矿企业破坏严重，1949 年工业总产值比 1936 年下降了一半，其中重工业下降尤其严重，钢铁生产 1949 年比 1943 年降低了 90%，煤炭生产 1949 年比 1942 年降低了 50%。发电设备总数仅剩 114.6 万千瓦左右。全国全部工业固定资产仅剩 124 亿元。[②]

在处于崩溃边缘的国民经济导致财源破坏严重的同时，新中国为巩固政权、恢复经济社会所需财政支出却大幅增加。[③]

首先，解放战争的继续和抗美援朝战争爆发使军费支出居高不下。新中国成立初期为解放全中国和肃清土匪、巩固新政权，军费开支仍然巨大。1949 年军费开支占财政支出的一半以上，1950 年仍占到 41.2%。如果再加上为支援战争而支付的运粮等开支，比例还要大。新中国曾计划用 3—5 年的时间恢复生产，准备将 540 万军队分两期裁减为 300 万人左右，把军费占预算支出比重由 1950 年的 41.2% 减少到 1951 年的 30%，以全部预算的 70% 投入经济建设、文化、教育、卫生事业及人民生活。但 1950 年 6 月爆发的朝鲜战争迫使新中国改变原来的设想，将支持国防及与国防相关的重工业作为国家财经工作的首要任务，军费及与战争相关的费用迅速增加。

其次，随着解放区的扩大，国家行政管理机构随之增加，人民政府

---

① 中华人民共和国统计局编：《建国三十年全国农业统计资料（1949—1979）》，中国统计出版社 1980 年版。

② 曾培炎主编：《中国投资建设五十年》，中国计划出版社 1999 年版，第 1 页。

③ 参见谢旭人主编：《中国财政 60 年（上卷）》，经济科学出版社 2009 年版，第 47—50 页。

为维护社会稳定，对愿意为人民工作的旧军政人员采取“包下来”的政策，由此也加重了财政负担，大约每年要多付出相当于 120 亿斤小米的开支，相当于 1949 年国家财政收入的 39.6%。

最后，经济恢复需要巨额资金。长期战争导致基础设施和工农业生产遭到严重破坏，江河堤岸长期失修，水旱灾害不断，城市工矿设备残破不堪。工业、农业与交通事业的恢复需要巨额资金。据不完全统计，1949 年各解放区在工业上的投资约合细粮 350 万吨，交通事业的投资约合细粮 150 万吨，合计为 500 万吨。在 1950 年的预算中，用于经济建设的支出已达到概算支出的 25.5%，折合细粮达 710 万吨。此外，各种自然灾害频发，加上经济近于瘫痪的状况导致失业人口规模巨大，救灾、失业救济支出数额也相当庞大。

1949 年全国财政收入为 303 亿斤粮食，支出则高达 567 亿斤粮食。[①] 而且，征收上来的公粮和税收，大都掌握在各大行政区、省、市、县人民政府手中，中央难以确实掌握，而军政费用等大规模支出又由中央来承担。中央财政严重入不敷出，为了弥补赤字，只能通过发行货币来应急。1949 年 7 月，人民币发行总额为 2800 亿元，9 月为 8100 亿元，10 月底为 11000 亿元，11 月达到 16000 亿元，发行增加近 5 倍，导致币值大跌，物价猛涨。[②]

在这个百废待兴的特殊时期，财政收入工作克服了重重困难，在建立与完善国家财政，统一全国财经政策的整体部署下，通过统一税制、健全机构、加强征管，为国民经济恢复和支持抗美援朝发挥了重要作用，圆满完成了国民经济恢复时期的艰巨任务和历史使命。

二、“统一、调整”与“边抗、边稳、边建”

为应对财政面临的严峻局面，促进国民经济的恢复，新中国政府采取了一系列有力措施。从整个国民经济恢复时期来看，财经工作大致可以分为两个阶段：1949 年 10 月至 1950 年 10 月为第一阶段，财经工作的任务和重点是“统一、调整”；1950 年 10 月至 1952 年底为第二阶

① 高培勇主编：《共和国财税 60 年》，人民出版社 2009 年版，第 7 页。
② 陈云：《陈云文选》（1949—1956），人民出版社 1984 年版，第 29 页。

段，财经工作的任务和重点是“边抗、边稳、边建”。

（一）统一与调整

由于长期战争，各个解放区处于被分割的状态，各地财政和经济工作存在管理上不统一、收支机关脱节等严重混乱的现象。新中国成立后，大陆地区（除东北外）货币已经统一，但就整个财政经济工作来说，基本上还是分散管理的，这使国家不能灵活调动现金和物资，不仅给国家财经工作带来困难，也难以保证对市场以及整个国民经济的领导地位。面对这种情况，1950 年 3 月 3 日，政务院第二十二次会议通过了《关于统一国家财政经济工作的决定》。同日，中共中央发出《关于全党保证实现〈中央人民政府政务院关于统一国家财政经济工作的决定〉的通知》。此后，政务院又陆续出台多项具体规定，并提出实施办法。①

1951 年，政务院副总理兼财政经济委员会（简称“中财委”或“财委会”）主任陈云同志在回顾前一两年财政经济工作时指出：“去年我们做了许多工作，只有两个重点，一是统一，二是调整。统一是统一财政经济管理，调整是调整工商业。统一财经之后，物价稳定了，但东西卖不出去，后来就调整工商业，才使工商业好转。六月以前是统一，六月以后是调整。只此两事，天下大定。”②

统一财政经济工作的主要内容，概括起来主要有四个方面③：

一是统一全国编制和待遇。1950 年 3 月，中财委成立了全国编制委员会，各大区、省、市均分设编制委员会，制订并颁布各级财政机关人员、马匹、车辆等编制与供给标准。

二是统一全国财政收支管理。收入方面，当时主要是公粮和工商税收。对于公粮，规定除 5%—15% 的地方征收附加粮外，所有公粮的征收、支出、调度，均统一于中央，征收公粮的税则、税率，统一由政务院规定。对税收，除批准征收的地方税外，所有关税、盐税、货物税、

---

① 谢旭人主编：《中国财政 60 年（上卷）》，经济科学出版社 2009 年版，第 54 页。
② 陈云：《陈云文选（1949—1956）》，人民出版社 1984 年版，第 138 页。
③ 谢旭人主编：《中国财政 60 年（上卷）》，经济科学出版社 2009 年版，第 54—55 页。

工商税的收入，均归中央人民政府财政部统一调度使用；全国各地城市及各县限于 1950 年 3 月中旬建立国库，并代理地方库业务，从 3 月起，所有税款均逐日入库；各地人民政府未经政务院批准，不得自行变动和增减税则、税目、税率；国营企业除需按时纳税外，还需将利润及基本折旧金的一部分，按企业隶属关系如期分别交中央或地方金库。上述各项财政收入，没有中央人民政府财政部的支拨命令，不得动支。支出方面，主要是保证军队与地方人民政府的开支及恢复国家经济所必需的投资。

三是统一全国物资调度。成立全国和各地、各工商业的仓库物资清理调配委员会，指导查明所有仓库存货。所有库存物资，由政务院财经委员会统一调度，合理使用。中央人民政府贸易部统一规定各地国营贸易机构的业务范围和统一负责物资的调配，而不受地方政府的干预。

四是统一全国现金管理。指定中国人民银行为国家现金调度的总机构，国家银行设立分支机构，代理国库，外汇牌价和外汇调度也由中国人民银行统一管理；一切军政机关和公营企业的现金，除按规定保留若干近期使用额外，一律存入国家银行，不得对私人放贷，不得存入私人银行、钱庄；国家银行大量吸收公私存款，但国家银行因本身业务需要使用这些存款时，不得超过政务院财经委员会规定的限度。

全国财政经济工作的统一，使国家集中掌握了主要的财政收入、资金和重要物资，迅速改变了新中国成立初期资金与物资管理上的混乱局面。财力物力的集中，对投机资本的打击配合以紧缩银根，1950 年 3 月以后，物价基本保持稳定。国家只用了短短几个月时间，就使广大人民迅速摆脱了持续多年的恶性通货膨胀的困扰。

在稳定物价过程中，由于“刹车”过急，社会经济一时间发生“后仰”现象。从 1950 年 4 月起，商品销售量大为削减，引发工厂停工、商店歇业。到了 5 月份，全国失业人口总数高达 110 多万人。另外，由于经验不足，公粮与税收的征管过程中，也存在着畸轻畸重和逃税漏税等现象。为此，从 1950 年 6 月至同年 9 月，国家对工商业进行了一系列的调整。

首先是调整公私关系。对于私营工业企业，国家根据需要，采取加工订货、产品收购以及鼓励出口等措施，使其能够维持生产和扩大再生产；对于私营商业企业，国家通过调整公私商业的经营范围和价格，使其有利可图，鼓励私商的积极性，从而促进商品流通。另外，在金融和税收方面，亦赋予私营工商业一定程度照顾。

其次是调整劳资关系。在处理工人和资本家之间关系的问题上，必须确认工人阶级的民主权利，必须有利于生产的发展，劳资之间关系通过协商解决，如果协商不成，则由人民政府仲裁。根据这一原则，一方面责成资方改进经营，反对抽调资金，躺倒不干；另一方面要求工人努力提高生产率，维持企业生产。

最后是调整产销关系。国家把私人工商业企业逐步纳入计划的调节范围，克服资本主义工商业在生产和经营中的无政府状态，力求产销平衡。

在对工商业进行调整的同时，在保障国家财政支出的前提下，按照毛泽东主席关于“调整税收，酌量减轻民负”的指示，对农业税和城市税收的负担进行了调整。

（二）边抗、边稳、边建

国民经济恢复时期的第二阶段即 1950 年 10 月至 1952 年年底，抗美援朝战争爆发后，处于经济恢复阶段的新中国承担着巨大的军事、经济压力，财经政策也必然随之发生变化。1950 年 11 月 15 日，中财委在北京召开第二次全国财政会议，经过反复研讨和慎重衡量，并经党中央同意，确定战争期间财经工作的方针是：国防第一，稳定物价第二，其他第三。国防开支、稳定市场、经济建设三者都是重要的，但资金的使用要根据轻重缓急，分清主次，妥善安排，这就是“边抗、边稳、边建”方针。

要在满足抗美援朝战争需要的同时维护市场稳定，起决定性作用的是财政收支的平衡。为此，在采取冻结存款、控制物价；实行统购统销和专卖政策；打破封锁，发展对外贸易；开展群众性的增产节约运动与捐献武器运动；消减财政支出等措施的同时，也采取了适当增加农民的税负和城市税收以及加强税收征管等增加财政收入的措施。

“边打、边稳、边建”的方针，既有主次之分，同时又是一个相互联系、相互影响的有机整体。这一方针的制定与实施，使中国共产党人在错综复杂的形势下，牢固地抓住了关键性的环节，同时兼顾了其他工作的开展，对抗美援朝战争的胜利、国民经济的恢复、土地改革的完成等，都发挥了重大作用。①

三、以“自力更生为主、争取外援为辅”的工业化建设筹资思想

1952年年底，我国恢复国民经济的任务已经胜利完成，党中央提出了过渡时期的总路线，即从中华人民共和国成立，到社会主义改造基本完成，这是一个过渡时期。党在这个过渡时期的总路线和总任务，是要在一个相当长的时期内，逐步实现国家的社会主义工业化，并逐步实现国家对农业、手工业和资本主义工商业的社会主义改造。

过渡时期总路线的主要内容可以概括为“一化三改”、“一体两翼”的总路线。“一化”，即逐步实现国家的社会主义工业化，这是主体。“三改”，即逐步实现对农业、手工业和资本主义工商业的社会主义改造，这是“两翼”。“化”与“改”之间，两“翼”之间，互相联系，互相促进，互相制约，体现了发展生产力和变革生产关系的有机统一，是一条社会主义建设和社会主义改造同时并举的总路线。在这条总路线的指引下，中国共产党创造性地开辟了一条适合中国特色的社会主义改造的道路，比较顺利地在我国建立了社会主义制度，为我国社会的发展和进步奠定了基础。

使我国从一个落后的农业国变为具有独立完整工业体系的工业国是一项艰巨的任务。从1951年试编的国民经济“一五”计划第一稿到1955年7月30日全国人民代表大会第二次会议正式通过《关于发展国民经济的第一个五年计划》，共历时四年，五易其稿。“一五”计划的编制过程，既是重工业优先发展战略的抉择过程，又是我国确立社会主

① 谢旭人主编：《中国财政60年（上卷）》，经济科学出版社2009年版，第76—77页。

义计划经济体制的过程。[①]

从1953年起的第一个五年计划，其目的是建立比较完整的工业体系，打下工业化的基础，由于旧中国遗留下来的现代工业在产业结构上，重工业基础尤为薄弱，是整个工业发展的瓶颈。而我国作为一个大国，保证独立自主的国际地位，需要有一个强大的国防工业。朝鲜战争爆发后，美国为首的西方资本主义国家对我国采取了全面封锁的政策，这使得建立独立工业体系更为必要和迫切。而没有重工业的发展是无法建立一个独立的工业体系的。正如薄一波所说："没有机器制造业，发展轻工业的装备从哪里来？没有钢铁等基础工业，机械制造的原材料从哪里来？没有能源和交通运输，整个经济又怎么运转？依赖进口吗？办不到。一是我们没钱，二是西方资本主义国家对我们实行禁运和封锁。"[②] 因此"一五"时期确立了重工业优先发展战略。

根据过渡时期总路线和"一五"计划的指导方针，第一个五年计划在经济建设方面的基本任务是：集中主要力量进行以苏联帮助我国设计的156项建设单位为中心，由限额以上的694个建设单位组成的工业建设，建立我国的社会主义工业化的初步基础。[③] 这些项目的建设除了需要引进苏联当时先进的技术和建设管理经验外，还需要投入巨额的资金。因此，如何为如此大规模的经济建设筹集资金成为这一时期财政收入领域面临的重要任务。

世界各国为工业化筹集资金有不同的途径，我国当时确定了"自力更生为主、争取外援为辅"的筹资方针，这一思想建立在独立自主发展道路的基础上，在我国财政收入理论中占有重要的地位，不仅对新中国工业化和经济建设道路选择产生了深远影响，也为其他发展中国家根据本国实际推进工业化建设提供了有益的借鉴和参考。

之所以选择"自力更生为主"的工业化筹资和发展思路，主要是由我国"独立自主"的发展思路决定的，如果主要依靠外部的资金、

① 高培勇主编：《共和国财税60年》，人民出版社2009年版，第33页。

② 薄一波：《若干重大决策与事件的回顾（上）》，中共党史出版社2008年版，第204页。

③ 董志凯等主编：《中华人民共和国经济史（1953—1957）（上）》，社会科学文献出版社2011年版，第69页。

技术和管理推进工业化，在当时复杂的世界政治格局和“冷战”背景下，很容易被纳入特定阵营的经济体系，沦为附庸；此外，对中国这样一个幅员辽阔、人口众多的大国来说，也没有任何外部力量能够满足中国大规模工业化所需的资金。

“争取外援为辅”是指在不损害国家独立自主的前提下，借助抗美援朝后有利的国际形势，引进、学习、吸收苏联在技术、管理方面的经验，利用好友好国家提供的资金援助有利于加快工业化的进程。

在“自力更生为主、争取外援为辅”的工业化筹资方针的指导下，“一五”时期工业化建设所需资金主要有三种筹资方式：一是依靠自力更生，利用财政积累工业化资金；二是依靠人民，发行国内公债；三是在从苏联引进技术、设备和管理经验的同时，充分利用友好国家的经济技术援助，特别是举借外债用于工业化建设。

为贯彻优先发展重工业的经济建设方针，新中国建立了以政府投资，主要是中央政府投资为主的基本建设投资体制。1953—1957 年，国有单位固定资产投资总计 611. 58 亿元，占国家财力比重为 42. 4%；其中，中央政府投资 543. 48 亿元，占全部投资的 88. 9%。[①] 这一时期，财政支出中国内基本建设支出合计为 506. 44 亿元，占财政支出的比重高达 37. 63%[②]；而 1953—1957 年国内公债和国库券收入为 27. 46 亿元，向国外借款收入为 36. 35 亿元，合计为 63. 81 亿元，仅占这一时期财政收入的 4. 71%[③]。这说明，“一五”时期工业化建设资金是以国内积累为主筹集的（参见表 2 - 1）。

① 董志凯等主编：《中华人民共和国经济史（1953—1957）（上）》，社会科学文献出版社 2011 年版，第 97 页。

② 中华人民共和国财政部综合计划司编：《中国财政统计 1950—1985 年》，中国财政经济出版社 1987 年版，第 76 页。

③ 中华人民共和国财政部综合计划司编：《中国财政统计 1950—1985 年》，中国财政经济出版社 1987 年版，第 50 页。

表2-1　　“一五”时期基本建设支出与债务收入情况　　单位：亿元

年份	国内基本建设支出	总支出	基本建设支出比重	债务收入	内债	外债	财政收入	债务收入比重
1953	70.34	220.12	31.96%	9.62	0	9.62	222.86	4.32%
1954	84.28	246.32	34.22%	17.2	8.36	8.84	262.37	6.56%
1955	88.53	269.29	32.88%	22.76	6.19	16.57	272.03	8.37%
1956	139.58	305.74	45.65%	7.24	6.07	1.17	287.43	2.52%
1957	123.71	304.21	40.67%	6.99	6.84	0.15	310.19	2.25%
合计	506.44	1345.7	37.63%	63.81	27.46	36.35	1354.9	4.71%

资料来源：中华人民共和国财政部综合计划司编：《中国财政统计1950—1985年》，中国财政经济出版社1987年版，第50、76页。

四、社会主义改造与计划经济体制下的财政收入机制

（一）社会主义三大改造

国民经济恢复时期结束时，社会主义性质的国营经济虽然有了很大增长，但农业和手工业中的个体经济仍占有绝大多数的比例，资本主义经济也还占有相当大的比重。当时的社会经济成分划分为社会主义性质的国营经济、社会主义和半社会主义性质的合作社经济、半社会主义性质的公私合营经济、私人资本主义经济、农业和手工业的个体经济五种，而对农业、手工业、资本主义工商业进行社会主义改造是过渡时期总路线确定的两项基本任务之一。

“一五”时期，在农村通过农业互助合作，实现了农业合作化。农业土地个人所有制转变为农业合作社土地集体所有制，农民的家庭经营转变为集体经营。农民互助合作有三种形式，即临时互助组、常年互助组、以土地入股为特征的初级农业生产合作社。初级农业生产合作社保留了入社农民的生产资料私有制，但实行土地入股，统一经营，产品统一分配。社员除按劳动分工得到报酬外，入股的土地和交社使用的耕畜和农具等均得到一定的报酬。在初级社的基础上，建立和兴办高级农业生产合作社是对农业社会主义改造的最后阶段。高级农业生产合作社是把社员私有的主要生产资料转为合作社集体所有，组织集体劳动，实行

“各尽所能，按劳取酬”，不分男女老少，同工同酬。

1956年3月，在基本实现初级农业合作化的基础上，高级农业生产合作社迅速发展。到1956年年底，高级农业生产合作社增加到54万个，入社农户总计10742.2万户，占农户总数的比重达到87.8%，基本实现了高级形式的农业生产合作化。1957年年底，全国高级农业生产合作社总数达到75.3万个，入社农民11949万户，占农户总数的比重达到96%以上。农业合作化的实现，农业社会主义改造的迅速完成，对加速私营工商业改造和手工业改造起到了推动作用，对社会主义改造的全面完成起到了决定性作用。①

国家对个体手工业的社会主义改造，也是经过合作化的道路，把个体手工业者逐步组织到各种形式的手工业合作社（手工业生产小组、手工业生产供销社、手工业生产合作社）中，变个体所有制为集体所有制。到1956年年底，参加手工业合作社的从业人员达509万人，占当时全国个体手工业从业人员总人数的91.7%，手工业合作社的产值占手工业总产值的92.9%，基本上完成了对手工业的社会主义改造。②

对民族资本主义工商业的社会主义改造大体上分为两个步骤进行：首先是从资本主义经济转变为国家资本主义经济，然后再从国家资本主义经济转变为社会主义经济。对资本主义工商业的改造经历了私营工商业接受国家的加工订货、经营代销的国家资本主义的初级形式和公私合营的国家资本主义高级形式，其中公私合营是资本主义工商业进行社会主义改造的具有决定意义的形式，包括个别企业公私合营和全行业公私合营两个阶段。

在个别企业公私合营的阶段，企业的生产资料由资本家独有改变为社会主义国家和资本家共有，国家依靠社会主义经济力量以及工人群众和公方代表的作用掌握企业的领导权。这种生产关系的重大变革，使国家与合营企业之间的财政分配关系也相应发生了重大的变化，国家对合营企业的利润，采取了“四马分肥”的办法，即将企业的利润分为四

---

① 董志凯等主编：《中华人民共和国经济史（1953—1957）（上）》，社会科学文献出版社2011年版，第209页。

② 谢旭人主编：《中国财政60年（上卷）》，经济科学出版社2009年版，第106页。

个部分：一是交纳给国家的所得税，占34.5%；二是参照国营企业的有关规定和合营企业原来的福利情况提取的企业奖励基金，占15%；三是企业的公积金，占30%；四是股息红利，占20.5%，这部分再按照公司股份的比例，在国家和资本家之间进行分配。“四马分肥”的原则，把股东所取得的股息限制在企业利润的20%左右，在国家对资本主义工商业的社会主义改造中起到了显著的作用。

在资本主义工商业社会主义改造进入全行业公私合营阶段后，资本家原来占有的生产资料归国家所有，由国家统一调配和使用，资本家所得股息红利就由“四马分肥”办法改为实行统一分配盈利的定息制度。1956年1月，中共中央发布了《关于公私合营企业私股推行定息办法的指示》，指出对公私合营企业的私股实行定息的办法是国家进一步加强社会主义改造的一项重要措施，是向资产阶级特别是大资本家继续进行赎买的重要方式。按照这一指示精神，根据“公平合理、实事求是”的原则，对资本家实行合营的资产和负债进行清理评估，核定私股的股额。在核定私股股额的基础上，不论企业盈亏，统一由国家每年按照5%的年息发给资本家固定的股息。全行业公私合营和定息制度的实行，使企业的生产关系发生了根本的变化。企业的生产资料已全部由国家统一使用、管理和支配，资本家在企业中完全成为管理人员和技术人员。这时的公私合营企业同国营企业已经没有多少差别，基本成为社会主义经济了。到1956年年底，私营工业人数的99%、私营商业人数的85%实现了全行业公私合营。1956年全国工业总产值中，国营工业占54.5%，公私合营工业占27.2%，两者合计已达到81.7%。在零售商业中，国营商业、供销合作社和公私合营商业占95.8%，私营商业只剩4.2%[①]。

（二）计划经济体制的建立及其财政收入机制

新中国成立初期通过对官僚资本的国有化和国家投资初步建立了具有社会主义性质的国营经济，对农业、手工业和资本主义工商业的社会

① 谢旭人主编：《中国财政60年（上卷）》，经济科学出版社2009年版，第113页。

主义改造的完成，将所有经济成分都转变为社会主义公有制，从而形成了国有制占绝对主导的经济结构。以社会主义公有制为基础，国家将全部的经济活动都纳入了计划的控制范围，从而建立了计划经济体制。

新中国采取以公有制为主体的计划经济体制与当时严峻的国内外形势和重工业优先发展战略密切相关。作为一个落后的农业国，严重缺乏用于工业化的资本，而在西方资本主义国家对我国实现经济封锁的情况下，为追求国家的独立自主，有必要实行重工业优先发展战略。而重工业作为资本密集型产业，建设周期长、初始投资规模巨大，而且在发展早期，大部分设备需要从国外进口，依靠市场化机制是不可能实现国家重工业化的。只有实行高度集中的计划经济体制，运用行政权力配置社会资源，通过压低利率、汇率和资本品价格，同时通过农产品统购统销和计划工资，在最大限度获取农业剩余的同时压低消费品价格才能使资源配置到不具备比较优势的重工业部门。因此，计划经济体制就成为新中国成立初期确定的重工业优先发展战略内生性的制度安排，由此导致扭曲的宏观经济环境、高度集权的资源配置制度和毫无自主权的微观经营机制这三大特征。①

以社会主义公有制为基础建立起来的计划经济体制使国家可以运用行政权力配置社会资源，在高度集权的计划经济体制下形成了特殊的财政收入机制来满足重工业发展优先战略所需要的巨额生产建设资金。这套特殊的财政收入机制是通过农副产品的统购统销制度、城市职工八级工资制度以及国营企业利润制度保障实施的。②

按照1953年颁布的《关于实行粮食的计划统购和计划供应的命令》，农民剩余的农副产品，必须按照国家规定的相对偏低的价格标准统一卖给国有商业部门。国有商业部门所执行的统购价格与市场价格（影子价格）的差价事实上是对农业剩余的转移，这是农民直接交纳少量公粮并负担消费价格中的间接税之外最主要的纳税渠道。较低的农副产品价格降低了工业原材料投入的成本并直接降低了城市居民的生活费用。而按照1956年颁布的《国营企业、事业和机关工资等级制度》，

① 林毅夫、蔡昉、李周：《论中国经济改革的渐进式道路》，《经济研究》1993年第9期。

② 高培勇主编：《共和国财税60年》，人民出版社2009年版，第40页。

政府有权统一制定城市职工工资标准、统一组织城市职工工资调配。城市职工八级工资制度的实施，达到了压缩消费、促进积累的目的，也降低了工业劳动成本。工业品实行的计划价格制度长期高于农副产品的统购价格，形成了工农业产品的“剪刀差”。工业原材料投入和劳动成本的人为降低与工业品高售价相结合，使得工商业部门获得了较高的利润。

因此，国家通过向国营企业收取利润和税收也就成为财政收入的主要形式，而受到苏联“非税论”的影响，这一时期税收的地位持续下降，国营企业利润上缴在国家财政收入中的地位不断上升。而且，在国营企业利润全额上缴的同时，国营企业固定资产折旧也要上缴财政，由此形成一直延续至 1978 年的计划经济时期特殊的财政收入机制。

五、中央与地方的财政管理体制

（一）国民经济恢复时期的财政管理体制

1. 1951 年前高度集中统一、统收统支的财政管理体制

政务院在《关于统一国家财政经济工作的决定》的基础上，于 1950 年 3 月 24 日通过《关于统一管理年度财政收支的决定》，规定不仅财政管理权限集中在中央，如税收制度、财政收支程序、供给工资标准、行政人员编制及全国总预决算，均由中央人民政府财政部编制；而且财力也必须集中到中央，各项财政收支，除经中央批准的地方附加外，全部由中央政府调拨使用。高度集中、统收统支的预算管理体制，对于国家迅速集中财力、平衡财政收支起到了积极的作用。1950 年第一季度，各大行政区上解中央的数字为全年上解数的 7.9%，中央补助地方的数字则为全年补助数的 43%，财政收支形势紧张；到了第二季度，各大行政区上解中央的数字为全年上解数的 39.9%，中央补助地方的数字下降为全年补助数的 14.7%。全年财政收入比原概算超收 31.7%，财政赤字率也由原概算估计的 18.74% 下降为 4.4%。[①] 相比之

---

① 吴承明、董志凯主编：《中华人民共和国经济史（第一卷）：1949—1952》，中国财政经济出版社 2001 年，第 350 页。

下，地方财力的机动性很小，主要有县人民政府征收的从 5% 到 15% 不等的公粮附加、城市开征的城市附加和政教事业费，而这些机动财力无法满足地方财政的需要，地方财政的困难日益凸显。

2. 1951 年后统一领导、分级管理的财政管理体制

新中国成立初期的严峻形势，迫使中央实行了高度集中、统收统支的财政体制。随着国内外政治经济形势的缓和，中央在 1951 年开始实行财政分级管理，建立中央、大行政区和省三级财政。

1951 年 3 月 29 日，政务院在《关于 1951 年度财政收支系统划分的决定》中明确提出："国家财政的收支系统，采取统一领导、分级负责的方针。"其主要内容如下：（1）财政实行分级管理。国家财政分为中央级、大行政区级和省（市）级三级财政，中央级以下统称为地方财政。（2）划分收支范围。按照企业、事业和行政单位的隶属关系和业务性质，划分中央财政和地方财政的收支范围，同时确定中央和地方的收入解缴比例。（3）地方财政收支额，中央每年核对一次，其支出首先要用地方财政收入抵补，不足部分按比例截留收入抵补，地方的财政结余分别列为各级财政收入，并编入本年度预算，抵充支出。这一体制的实行是财政分级管理的开始。

（二）“一五”时期的财政管理体制

“一五”时期的财政管理延续了“划分收支、分级管理”的体制。随着 1953 年大区由一级政权机构改为中央的派出机构，1954 年全部撤销，1953 年开始实行中央、省（区市）、县（市）三级财政管理体制。“一五”时期财政管理体制的主要内容有①：

第一，基本上按照企业、事业和行政单位的隶属关系划分财政支出。

第二，实行“分类分成”的财政收入划分办法。财政收入划分为固定收入、固定比例分成收入和调剂收入三类。属于中央的固定收入有：关税、盐税、烟酒专卖收入以及中央管理的企业收入、事业收入和

① 陈光焱：《中国财政通史第十卷：中华人民共和国财政史（上）》，湖南人民出版社 2015 年版，第 248—249 页。

其他收入等；属于地方的固定收入有：印花税、利息所得税、屠宰税、畜牧交易税、城市房地产税、文化娱乐税、车船使用牌照税以及地方国营企业收入、事业收入和其他收入等。属于中央同地方的固定比例分成收入有：农业税和工商业税。属于中央的调剂收入有：商品流通税和货物税。

第三，地方预算每年由中央核定。按照收入划分，地方的财政支出，首先可用地方的固定收入和固定比例分成收入抵补，不足的差额，由中央划给调剂收入弥补。分成比例一年一定。

第四，地方超额完成收入预算的，仍按原定比例分成，但对使用方向做了规定，安排使用顺序是：用于解决未完工程及跨年度使用经费，用于解决省、市总预备费，补充或增列预算周转金，补充地方企业定额流动资金不足。在上述处理后还有结余的，允许地方动用一部分安排支出，但须报财政部批准。地方财政的年终结余，由各地在下年度安排使用，不再上缴。

1957年，为了进一步扩大地方财政管理权限，实行了总额控制的办法，即各省、自治区、直辖市在保证收入总额不减少、支出总额不突破的条件下，对于各类收支，除自然灾害救济和防汛等专款以外，可以根据国民经济计划，结合实际情况，统筹调剂。这意味着地方可以在预算总额内因地制宜、统筹安排收支。

第二节　新中国税收制度的建立与调整

新中国成立初期的税收制度，对于保证国家收入、支援革命战争、稳定市场物价、积累建设资金起了重大的作用。国民经济恢复时期的首要任务是在旧税制的基础上建立并统一全国的税收制度，同时根据经济社会发展的需要对税收制度进行适时的调整完善。

“一五”时期，我国的税收政策发生了重大调整，1953年“以保证税收、简化税制”为目标的修正税制，因为“公私一律平等纳税”的提法而受到严厉的批评，配合社会主义改造而实行“区别对待”成为制定税收政策所遵循的根本原则。由此导致税收不仅是取得财政收入的手段，更被视为限制甚至取消私有制的有力政策工具。

一、新中国税收制度的建立和完善

新中国成立初期，新、旧解放区税制及征税办法差异较大，各种征税对象的税目多寡、税率高低、管理宽严，在不同地区之间也很不统一[①]。这种状况，对保证财政收入、平衡税收负担、全面恢复经济不利。规范机构、统一税政，建立健全新的税收政策与征管体系，成为一项迫切任务。

（一）新中国工商税制和管理体制的建立

早在1949年8月，陈云主持召开的上海财经会议就具体讨论了统一货物税的问题。1949年9月中国人民政治协商会议第一届全体会议通过的起临时宪法作用的《共同纲领》第四十条明确了制订税收政策的基本原则，即“国家的税收政策，应以保障革命战争的供给，照顾生产的恢复和发展及国家建设的需要为原则，简化税制，实行合理负担”。

1949年11月24日至12月9日，财政部在北京召开了新中国成立后的首届全国税务会议。会议根据《共同纲领》中规定的国家税收政策的精神，讨论了统一全国税收、建设新税制、加强城市税收工作、制

① 全国首届税务会议：《关于统一税法的意见——货物税部分》（1949年11月），列举了以下情况：“一、政策规定的不统一；二、税目税率的不统一；三、票照花证的不统一。”还列出了《上海会议与各地区现行之货物税税目税率比较表》。大部分税目税率是统一了，但个别地区在少数税目上差别较大。例如：“机制卷烟”，上海会议统一税率为100%，而东北地区为60%，西北地区为80%；“白酒”，上海会议统一定为80%，而东北、西北两区定为100%；“麦粉”，统一定为2.5%，而东北区定为8%。《关于统一税法的意见——地方税部分》（1949年11月）、《关于统一税法的意见——直接税部分》（1949年11月）等，对不同税种在各地区间税收要素不一致的情况都有列举。“上海会议”是指先期1949年8月的上海财经会议，是在财政经济极其困难的情况下，陈云同志受党中央的委托，在1949年7月到达上海，进行调查研究后召开的有华东、华北、华中、东北、西北五个地区的财政、金融、贸易部门领导干部参加的财经会议。

订第一个全国税收计划等问题，草拟了《全国税政实施要则》和《全国各级税务机关暂行组织规则（草案）》，研究了各工商税收的税法草案。时任财政部部长薄一波就如何统一全国的税法、税率、制度提出了原则和对策，指出税收工作要注意国家财政的需要，但又不是单纯地从增加收入出发，“要注意打击哪些、限制哪些、照顾哪些、发展与保护哪些”，提出了“公私兼顾、劳资两利、城乡互助、内外交流”的原则。[①]

上述原则体现了这一时期对税收职能和税收负担分配的思想，明确提出了税收除了有筹集收入功能外，还具有“打击、限制、照顾、发展和保护”的调节功能。同时，也明确了公有制与私有制、劳动与资本、城市与农村以及国内与国外税收负担分配和调节的基本原则。

1950 年 3 月 22 日，《人民日报》发表薄一波的社论《税收在我们国家工作中的作用》。社论指出：税收是国家经济的重要工具。它不仅是保证国家的财政收入、平衡收支、回笼货币、保证平稳物价的工具，而且有以下重大作用：一是调节利润，调节收益；二是在生产事业上有鼓励和限制的作用；三是集中国家的分散的财力，用到国家当前有决定意义的方向；四是对国营企业征收所得税和营业税，可以促进企业经济核算制的建立。[②]

1950 年 1 月 30 日，政务院正式发布了《关于统一全国税政的决定》的通令，决定以《全国税政实施要则》作为今后整理和统一全国税政税务的具体法案，建立各级人民政府及财政税务机关并立即执行。同时，随通令附发了《全国税政实施要则》《全国各级税务机关暂行组织规程》《工商业税暂行条例》《货物税暂行条例》四个文件。[③]

《全国税政实施要则》是新中国成立后统一税政、建立新税制的纲领性文件，立法精神在于：依据合理负担原则，适当地平衡城乡负担；迅速整理各地的税收制度，尽快地统一税制。[④]《全国税政实施要则》

---

① 谢旭人主编：《中国财政 60 年（上卷）》，经济科学出版社 2009 年版，第 59 页。
② 薄一波：《税收在我们国家工作中的作用》，《人民日报》1950 年 3 月 22 日第 1 版。
③ 谢旭人主编：《中国财政 60 年（上卷）》，经济科学出版社 2009 年版，第 59 页。
④ 高培勇主编：《共和国财税 60 年》，人民出版社 2009 年版，第 16 页。

共 12 条，主要内容是：[1]

1. 为执行 1950 年预算，必须增强税务工作，建立统一的税收制度。

2. 农民负担远超过工商业者的负担，为使负担公平合理，应依照合理负担的原则，适当地平衡城乡负担。

3. 全国各地所实行的税政、税种、税目和税率极不一致，应迅速加以整理，在短期内逐步实施，达到全国税政的统一。

4. 暂列下列 14 种税收为中央与地方的税收：货物税、工商业税（包括坐商、行商、摊贩的营业税和所得税[2]）、盐税、关税、薪给报酬所得税、存款利息所得税、印花税、遗产税、交易税、屠宰税、房产税、地产税、特种消费行为税（筵席、娱乐、冷食、旅店）和使用牌照税。[3]

5. 关于税收立法的规定：

（1）凡关于全国性的税收条例法令，均由中央人民政府政务院统一制定颁布实施，各地区应切实遵照执行，如有意见可建议中央考虑。在中央未修改前，不得自行修改，或变更。

（2）凡有关全国性的各种税收条例之施行细则，由中央税务机关统一制订，经财政部批准施行。各区税务管理局得根据中央颁布的税法章则精神制定稽征办法，经大行政区财政部批准施行。

（3）凡有关地方性税收之立法，属于县范围者，由县人民政府拟议报请省人民政府或军政委员会批准，并报中央备案；其属于省（市）范围者，得由省（市）人民政府拟议报请大行政区人民政府或军政委

---

① 财政部：《中央财政公报》，1950 年第 1 期，第 21—23 页。转引自陈光焱：《中国财政通史第十卷：中华人民共和国财政史（上）》，湖南人民出版社 2015 年版，第 47—49 页。

② 工商业税是为了简化税制，将原来的营业税与所得税两个独立税种以及特种营业税、一时所得税、行商税、摊贩牌照税等小的税费合并设立的税种。所得税和营业税的性质本来不同，营业税是对营业额征税，所得税是对除去各种开支的所得额征课，本应该写成两个税法，但在新中国成立初期，受客观条件的限制，无法普遍查账，大多地区仍采用民主评议的方式，因此未分成两个税法。

③ 根据首届全国税务会议的决定，除了上述税种以外的其他税种，由省、市或者大区根据习惯拟定办法，报经大区或者中央批准后征收（当时主要有农业税、牧业税和契税等税种）。此外，船舶吨税的征收办法由财政部和海关总署拟定。刘佐著：《新中国税制 60 年》，中国财政经济出版社 2009 年版，第 6 页。

员会核转中央批准。

6. 各地区应依不同税源情况，掌握不同税收重点，各级税收领导机关，应着重城市税收，并注意税收时间季节及现金按时归库，保证支付，稳定金融。

7. 纳税是人民的光荣义务，应在人民中树立遵章纳税的爱国观念。税务工作者，应密切政府与人民的联系，提高革命品质，保持艰苦朴素的优良作风。

8. 公营企业，一律照章纳税，以企业独立的资金为单位，向所在地税务机关纳税。合作社同样应该向国家纳税，不得例外。

9. 外侨及其所经营的企业，必须遵守中华人民共和国法令，照章纳税。

10. 关于违反税法、税政的案件，税务机关应依章惩处，进行教育；严禁滥行处罚和没收。

11. 全国各地税收机构，受上级局与同级政府的双重领导，税务局长应参加同级政府的政务会议。

12. 关于几项重要制度的规定：

（1）各级税务机关必须建立严格的请示报告制度。

（2）各级税务机关必须严格执行税款报解制度按期解库，凡设有银行地区应实行金库制度，及时吸收税款入库。

（3）各级税务机关应建立会计、票照、报解、稽查、奖惩、会议、学习等制度。

（4）各级税务机关必须建立统计制度，重视调查研究工作。重点为工商情况，税收负担的轻重、税收政策对各方的影响等。

《全国各级税务机关暂行组织规程》（以下简称《规程》）规定，贯彻了首届税务会议“自中央至地方共设六级税务机构”的决定，规定：“全国设下列各级税务机关：1. 中央财政部税务总局；2. 区税务管理局；3. 省、盟或中央直辖市、区辖市税务局；4. 专区税务局及省辖市税务局；5. 县、旗、市、镇税务局；6. 税务所。各级税务局，得因税收上之必要，于铁路、河运沿线、矿区或特殊区域，呈经上级许可，设置特种税务局、所、稽征组、队或稽征员、驻厂员。重要城市之税务局，得就税类酌设专局。”“税务总局受中央财政部之领导，其职责如下：1. 关于税收法令之建议与撰拟事项。2. 关于各种税收之检查，指示具体执行事项。3. 关于各种税收稽征法规之订定事项。4. 关于税收计划之拟订及依据计划掌握征收事项。5. 关于税收机构之设置、调整及税收干部之调遣，教育、奖惩、福利事项。6. 关于税收会计之管理及票证之制定印发事项。7. 关于税源、税收、税情之调查、研究、统计事项。8. 关于各项专卖工作之计划、领导事项。”①

《规程》还规定了各级税务局“条块双重领导、条条领导为主”的原则。1951年4月召开的第三届全国税务会议，国家税务总局局长李予昂对各级局的领导关系做了说明：“1. 各省（行署区）局遵照中央人民政府政务院决定，受上级局与财政厅的双重领导：根据干部情况，税务局长可兼副厅长或由副厅长兼局长，但不论谁兼须专做税务工作。2. 各级局长由于工作需要，应出席同级政府政务会议及财委委务会议：建议各级政府根据干部条件及工作需要，尽可能地吸收税务局长为各级财委会委员，以便利配合各级财经部门进行工作。3. 各级税务机关上下级领导关系，不应视为技术（或业务）领导，而是政策与业务的统一领导，业务是不能离开政策的，政策离开具体业务也就难以实践，这一点必须明确。各级税务局必须尊重地方党政领导，各级政府（包括部、厅在内）可督促其执行上级局决定，如有不同意见，可一面执行，一面反映。”②

1950年元旦，国家税务总局成立，隶属中央财政部。各地撤销了大区税务总局，组建大区管理局，大区管理局之下的各级税务机构也陆续整顿、改组和建立。截至1950年年底，在全国税务机构中，大区管理局6个，省（市）局55个，专区（市、盟）局和分局339个，县（市、镇、旗）局1973个，税务所（卡、站）及驻厂办事处11791个，共计14164个单位。③

① 政务院：《全国各级税务机关暂行组织规程》，《税工研究》1950年第1期，第12页。

② 财政部：《关于三届全国税务会议的总结报告》，《税工研究》1951年第4、5期合刊，第7页。

③ 谢旭人主编：《中国财政60年（上卷）》，经济科学出版社2009年版，第60页。

《全国税政实施要则》《全国各级税务机关暂行组织规程》以及相继颁布的各税种实施条例，配合以计划、会计、统计、监督检查等各项管理制度的制定和实施，近代以来中国税政不统一的局面从此宣告结束。

（二）新中国关税制度的建立

1950年1月27日，政务院颁布了《关于关税政策和海关工作的决定》，规定“必须制定中华人民共和国输入输出货物的新海关税则，决定在政务院财政经济委员会下组织一个专门委员会”。关税税则委员会成立后完成了税则制定任务。1951年5月4日，政务院批准了《中华人民共和国海关进出口税则》和《中华人民共和国海关进出口税则暂行实施条例》，并于5月10日公布，自5月16日起实施。

《海关进出口税则》采用复式税率，即区分货物购运国是否与我国建立贸易互利条约或协定，适用较高税率或最低税率。同时，按照我国对进出口货物的需要程度，在税则中将进口商品分为必需品、需用品、非需用品、奢侈品和保护品五类，分别制定最低税率和最高税率。征收出口关税的只有花生油等7种商品。税则的分类目录是根据我国传统进出口商品结构，以前万国联盟（League of Nations）编制的《日内瓦统一税则目录》（Geneva Nomenclature）为基础，参照苏联的海关税则进行编排的。税则共分为17大类，89小类，939个税号，1700多个子目和分目。

新中国第一部海关税则的实施，在对进出口贸易进行调节的同时，成为国家的一项重要财政收入。1950年当年海关税收的数字就超过了预计数字的71.42%。关税收入的迅速增长对国家财政提供了巨大支持，国民经济恢复时期的关税收入达到15.31亿元，占全国税收收入的比重为6.72%。一直到改革开放前，海关税则保持了基本稳定，其间对关税税率共进行了18次局部调整，调整范围和税率调整幅度都不大。①

---

① 谢旭人主编：《中国财政60年（上卷）》，经济科学出版社2009年版，第60页，第69—70页。

在海关进出口税则公布实施前的 1950 年 12 月 22 日，财政部、海关总署联合发出《为规定海关代征吨税办法的联合通知》，对海关代征船舶吨税进行了具体规定。新中国海关征收关税和代征船舶吨税的制度由此得以确立。

（三）农业税制的建立与调整

1950 年 1 月颁布的《全国税政实施要则》中规定了 14 种工商税，未包括农业税，但其第 2 条明确指出：农民负担远超过工商业者的负担，为使负担公平合理，应依照合理负担的原则，适当地平衡城乡负担。

当时，老解放区已经实行了土地改革，而新解放区未实行土地改革，老解放区的农业税平均负担率为 21%，高于新解放区的农业税税负。①

1950 年 5 月 30 日政务院通过并于次日公布的《关于一九五〇年新解放区夏征公粮的决定》规定：夏征国家公粮，以大行政区为单位，以常年应产量作为农业税征收标准，征收总额平均不得超过夏收正产物总收入的 13%；地方附加以省为单位，不得超过国家公粮征收额的 15%。实行区分不同的阶级成分在夏粮征收上规定不同的累进税率制度，其中，贫农最高不得超过其夏收的 10%，中农不得超过 15%，富农不得超过 25%，地主不得超过 50%。特殊户每年收入在 2000 石以上者，可由各省人民政府另定征收额，但最高不得超过 80%。同时，对农业税的减免进行了规定。

1950 年 9 月 5 日，政务院公布了《新解放区农业税暂行条例》，主要内容有：（1）以户为单位，按农村人口每人平均的常年应产量累进计税，由收入所得人交纳。（2）税率共分 40 个税级，不足 150 斤免征，第一级 151—190 斤，征收 3%；第四十级为 3411 斤以上，征收 42%。（3）出租收入 100 斤作 120 斤计算；佃农收入 100 斤作 80 斤计算；

---

① 薄一波《关于 1950 年全国财政收支概算草案的报告》中讲：老解放区的农业税率平均负担率占农业总收入的 21%。参见陈光焱：《中国财政通史第十卷：中华人民共和国财政史（上）》，湖南人民出版社 2015 年版，第 63 页。

公营农场按农业总收入的 10% 计征。（4）开垦荒地，1—5 年免税。（5）上述累进税率，在一般中等地区各阶段的负担率大体是：贫农一般为 8% 左右；中农为 13% 左右；富农为 20% 左右；地主为 30% 左右，最高不超过 50%，个别大地主也不超过 80%。（6）凡遭受水、旱、虫、雹或其他灾害，经调查属实，可以酌情减免。革命烈士家属、革命军人家属、供给制工作人员家属和老、弱、孤、寡、残疾等特别贫困者，可以减免其税额。

1951 年 6 月，政务院发布《关于 1951 年农业税收工作的指示》，规定老解放区（东北、内蒙古、华北、山东、陕北）仍然实行比例税率；新解放区尚未实行土改的地区实行累进税率，已实行土改的地区则实行缓进的累进税率，最高累进税率为 30%，最低为 5%。地方附加不得超过 20%（原先规定为 15%）。1952 年对《新解放区农业税暂行条例》做了修订和改进，并同时颁布《受灾农户农业税减免办法》。

在牧业税方面，由于我国的畜牧业主要集中于西部、北部的少数民族地区，牧区地域辽阔，各地解放的时间不一样，牧业生产发展水平不同，民族众多，风俗各异，经营方式、社会情况、自然条件差别很大，制定一套统一的牧业税收制度比较困难。因此，中央人民政府始终没有就牧业税做出统一的规定，而是授权各有关省的人民政府自行拟定征收办法，报请大区人民政府或者军政委员会核准以后，转报政务院备案。①

（四）工商税制的调整

1950 年 5 月 27 日，财政部在北京召开了第二届税务工作会议，其中心任务是在公私兼顾、调整工商业的总方针指导下，调整税收，修订税法，检查各地执行政策的情况，改进征收办法。此次调整与改进的主要内容包括：②

1. 简化税目。货物税原定品目 1136 个，经简化合并为 358 个，对若干品目的税率也加以调整。印花税原定 30 个税目，简化合并为 25

① 刘佐：《新中国税制 60 年》，中国财政经济出版社 2009 年版，第 21 页。

② 谢旭人主编：《中国财政 60 年（上卷）》，经济科学出版社 2009 年版，第 67—68 页。

个，增加定额贴花。

2. 税率降低，级距增多，减轻中小工商户的负担。工商业所得税的税率，由纯所得 100 万元以下征收 5%，改为 300 万元以下征收 5%；3000 万元以上征收 30%，改为 1 亿元以上征收 30%。

3. 合并税种，简化税制。房产税和地产税合并为房地产税，遗产税和薪给报酬所得税暂不开征，从而使工商税由 14 种简化为 11 种。

4. 发挥财税杠杆作用，引导资本主义工商业沿着有利于国计民生的方向发展。继续实行工轻于商、日用品轻于奢侈品的政策，把工、商两种营业税按不同的行业征税：工业分为 26 个行业，税率分别为 1%—3%，其中重工业中的矿冶、液体燃料、机器制造和日用必需品，轻工业中的面粉制造业、纺织工业均适用 1% 的税率；商业分为 17 个行业，税率为 1.5%—3%，其中适用 2% 税率的有经营米面粮商业、煤炭、棉布、书报等必需品行业。适用 3% 税率的是一些经营一般消费品和一些贩卖性业务，如钟表、眼镜、干鲜果等。

5. 区分不同情况，简化纳税办法和手续。根据企业会计制度的情况，可分别采取自报查账、依率计征，自报公议、民主评定和在自报公议民主评定的基础上，定期定额上缴三种办法，改变过去那种单纯查账和自报不查、报多少缴多少的做法，从而大大简化了征税的方法和手续。

抗美援朝战争爆发后，为应对财政开支的急剧增长，政府采取了增加税收的措施，如开征契税、增加若干产品的货物税和进出口税等。1951 年 4 月 1 日，财政部开征棉纱统销税，并于同日发布《棉纱棉布存货补税办法》，对棉纱棉布存货予以补税，税率均为 6%。9 月 1 日，财政部公布《临时商业税稽征办法》，规定对无固定营业场所的行商和固定工商业在外埠销售本业以外货品的，均征收临时商业税。9 月 2 日，财政部又发布《关于征收土布货物税的稽征规定》，决定从 11 月 1 日起开征土布税。同时，税务机关加强了税收征管的力度，大力查办偷税漏税行为，促进了财政收入的增加。

二、1953 年的修正税制

1952 年年底，我国的财政经济状况已经根本好转，完成了国民经济恢复的任务。与此同时，经济税源情况也发生了重大变化，出现了经济日渐繁荣，税收相对下降的情况，建立于 1950 年的原有税制难以适应这一时期公私关系和经营方式引起的税源变化，因此需要对税制进行修正。

财政部税务总局在《1952 年全国税务工作报告》中指出，1952 年的工商税收，从数字上看，勉强完成了任务，收入为计划的 100.75%，但占全国税收约 70% 的华东、中南、西南三个区，都没有完成计划。从税种上看，货物税、棉纱统销税、私营营业税、临时商业税和利息所得税都未完成计划。其中货物税完成 92.2%，私营营业税只完成 82.4%。影响税收计划完成的因素，除物价下降和货物税中有些商品未能完成生产计划外，主要是私营企业的营业税与营业额没有得到同步增长。这就影响了税收计划的完成，出现了商品流通扩大、税收相对减少、税制同经济发展不相适应的新情况。

而工商企业经营方式的变化，统购统销、加工订货和包销业务逐步实施，深购远销，长距离调拨、代购代销和委托加工等范围日益扩大，导致商品流转次数减少，而加工订货与传统商品进货出货的经营方式相比税负较低，由此导致税收相应减少。

为了解决上述问题，1952 年年底，根据“保证税收、简化手续”的原则，按照从生产、批发到零售，一般要课三道营业税的税负设计思路提出了修正税制的方案，经政务院会议讨论，12 月 31 日政务院财政经济委员会根据政务会议的决定，发布了《关于税制若干修订及实施日期的通告》，于 1953 年 1 月 1 日开始试行。此次修订税制的主要内容是①：

1. 试行商品流通税。从征收货物税的品目中，选择卷烟、酒、麦粉、水泥等几种基本上可由国营经济控制的产品，把原来在生产环节应纳的货物税、营业税及其附加、印花税与在商业批发及商业零售环节应纳的营业税及印花税加以合并，只征收一次商品流通税。把棉纱统购统销税和棉花交易税合并为商品流通税的一个税目。商品流通税实行从生

① 董志凯等主编：《中华人民共和国经济史（1953—1957）（上）》，社会科学文献出版社 2011 年版，第 343—345 页。

产到零售的一次课税制。采用“就物征税”与“税不重征”的原则，已交纳过商品流通税的商品，可以行销全国，不再交纳其他各税。商品流通税的税率设计是根据每一种商品原来交纳各种税的综合税率为尺度，纳税环节放在批发环节交纳，计税价格以国营商业批发牌价为准。开征商品流通税的商品有22个项别和58个目别，最高税率甲级机制卷烟为66%，最低税率生铁为5%。

2. 修订货物税。除上述22种征收货物税的产品改征商品流通税外，对其余征收货物税的产品，将原来交纳的营业税及其附加和印花税均并入货物税内征收；粮食、土布交易税改征货物税，同时简并了货物税税目，从原来的358目改为36项174目；货物税的税率在与营业税等合并折算后也做了调整。

3. 修订工商业税。对工商业税中的营业税，除将工业企业交纳的一部分分别并入商品流通税和货物税以及将屠宰商交纳的营业税及其附加和印花税并入屠宰税外，对其余工商企业，将其交纳的营业税及其附加印花税均并入营业税内，按合并后的税率计税。并把工业品批发环节应纳的营业税移到工业环节征收。同时，对营业税、所得税、临时商业税的征收办法，分别做了修订，还简化了小型商业户和摊贩的纳税手续。

4. 对其他各税的修订。停征了药材交易税，原交易税只保留牲畜交易税；取消特种消费行为税，将其中的电影、戏剧及娱乐部分的税目单独设置文化娱乐税征收，其余税目并入营业税内征收。

1953年修正税制后，我国的税种有14个，即商品流通税、货物税、工商业税、盐税、关税、农（牧）业税、利息所得税、印花税、牲畜交易税、屠宰税、城市房地产税、车船使用牌照税、文化娱乐税、契税。

1953年修正税制的推出是必要的，执行中的效果也达到了保证税收收入的目标。但在当时由于执行中的问题引发了不小的政治风波。“修正税制”事先未经中共中央批准，也没有经过党的系统实现传达布置。针对这一问题，1953年3月10日，中共中央做出《关于加强中央人民政府系统各部门向中央请示报告制度及加强中央对政府工作领导的决定（草案）》，4月28日，中共中央又做出《关于加强对中央人民政府财政经济部门工作领导的决定》，进一步明确了中共中央领导人“分兵把口”直接领导有关财经各部的工作。

从税制本身看，修正税制变更了纳税环节，把批发环节的营业税分别转移到商品流通税、货物税，并在工厂交纳以后，批发环节不再纳税，而且出现了批发兼营零售难以划分的问题。而在修正税制的宣传上，曾出现“公私一律”的提法。公私企业都要一律按照国家统一的税法纳税是没有问题的，但在当时社会主义改造时期，把公私关系简单概括为“公私一律”是不合时宜的。

财政部对修正税制出现的问题采取了有效措施，首先解决批发兼营零售难以划分的问题。此后于1953年7月20日发出通告，自8月1日起私营批发商一律交纳营业税，纠正了修正税制中的问题。

三、促进社会主义改造的税收政策

1953年8月，周恩来总理在全国财经会议上指出：“过渡时期的税收任务，一方面要能够更多地积累资金，以利于国家的重点建设；另一方面要调节各阶级的收入，有利于巩固工农联盟，并使税制成为保护和发展社会主义、半社会主义经济，有步骤、有条件、有区别地利用、限制、改造资本主义工商业的工具。过渡时期的税收政策，对公私企业应区别对待，简繁不同。对公私合营企业应视国家控制的程度按国营企业待遇。”①

（一）促进农业合作化的税收政策

1. 稳定农业税负担

农业合作化初期，国家对新解放区的农业税仍实行累进税制。随着农业合作化的发展，全国农业税一律改为比例税制，同时以社为单位纳税。在财政经济状况好转后，国家采取了稳定农业税负担的政策。政务院在《关于一九五三年农业税工作的指示》中规定，从1953年起，3

① 中国社科院、中央档案馆编：《1953—1957中华人民共和国经济档案资料选编·财政卷》，中国物价出版社2000年版，第4页。

年内全国农业税的征收指标稳定在1952年的实际征收水平，不再增加，税率按1952年的规定执行。1955年9月，财政部向国务院报告，建议1956年和1957年全国农业税征收指标继续稳定在1952年的实际征收水平上。在农业生产逐年增加，而农业税征收额保持基本稳定的情况下，农民的负担相对减轻，这对农业生产和农业合作化起到了很好的支撑作用。

2. 对农村工商税收实行轻税和减免政策

在稳定农业税负担的同时，对农村工商税收实行轻税和减免政策。早在1951年9月1日，财政部发布的《临时商业税稽征办法》就明确规定，对农民、渔民、牧民、猎户自产货品持有当地乡（村）以上人民政府证明文件，可免征临时商业税。1954年修正了临时商业税的稽征办法，对农民在一般县城及专辖市以下乡村、集镇销售自产品，无论是否达到起征点，一律免征临时商业税。在专辖市以上城市销售自产品达到临时商业税起征点，如果有区、乡人民政府开具的自产自销证明，也免纳临时商业税。农民向国家出售统购的农产品或农、猎、牧民售给国营公司和合作社自产品，均免验自产自销证明。

1956年12月17日，为适应农业合作化的新情况，经国务院批准，财政部颁布了《关于农村工商税收的暂行规定》，这是我国历史上第一个全国统一的关于农村工商税的规定，其主要内容是：

第一，农业生产合作社（以下简称农业社）自己生产的农、林、渔、牧产品，凡是社内公用或者分配给社员，或者在本社社员之间相互调剂的部分，都一律免纳商品流通税、货物税、营业税、所得税。农业社社员和个体农民自己生产的属于农、林、渔、牧产品，自用的部分都不纳税。农业社、社员和个体农民对外出售自己生产的农、林、渔、牧产品，免纳营业税、所得税或者临时商业税。运往外地销售的，凭乡人民委员会或农业社开给的自产自销证明免税。农业社在城市、集镇设立店铺，销售上项产品，应该按照销售收入交纳3%的营业税，免纳所得税。农业社、社员和个体农民对外出售的农、林、渔、牧产品，如果属于应该交纳商品流通税、货物税的品目，销售给国营企业、供销合作社、合营企业等收购单位的，仍然按照商品流通税或者货物税税法的规定，由收购单位纳税；直接销售给消费者的，由销售者（农业社、社员或个体农民）纳税。

第二，农业社附设的手工业工场、作坊产制或者接受加工的产品，一律免纳所得税。应纳商品流通税、货物税的品目，除了供应社员的麦粉不纳税外，其他产品无论对外销售或者社内公用或者供应给社员均应纳税；不属于交纳商品流通税、货物税的品目，除了社内公用部分不纳税外，不论对外销售或者供应给社员，都应该按照销售收入或者加工所得的收益，交纳3%的营业税。农业社附设的服务性单位，如理发铺、旅店、饭馆、缝纫社和运输队等，不论对外营业或者对社员营业的收入和收益，都按3%的税率交纳营业税，免纳所得税。

第三，农业社和它附设的手工业工场、作坊及服务性单位所书立的各种凭证、账册，一律免纳印花税；它们对外和各收购单位订立的各种合同、契约，双方都免纳印花税。

3. 扶持农村信用合作社和农村供销合作社的税收政策

农村信用合作社属于社会主义经济性质，是农业合作化的一个重要组成部分。为了扶持农村信用合作社的发展，促进对农业的社会主义改造，1953—1957年，对农村信用合作社一直实行免征工商业税的政策。

农村供销合作社对农业的社会主义改造也发挥着重要作用。1953年1月1日发布的《关于税制若干修正》中规定，供销合作社营业税税率由原来的2%改为2.5%，但因为把原印花税、营业税附加合并到调整后的营业税税率中，实际税负并未增加，仍低于国营和私营商业3%—3.5%的税率。1955年2月，为了平衡税负，供销合作社营业税税率提高至3%。由于供销合作社经营的农具类生产资料在税率调整后价格不能提高，因此导致供销合作社经营利润微薄。1955年4月和1956年2月，财政部税务总局两次发布对畜力农具按2.5%税率计算交纳营业税的通知。[①] 1956年5月，财政部与农业部、铁道部、交通部、中华全国供销合作总社联合发布了《关于供销社经营的新式农具一九

---

① 这两个通知分别是1955年4月22日发布的《供销合作社经营的畜力农具一九五五年内仍按2.5%的税率交纳营业税的通知》和1956年2月2日发布的《关于供销社经营的十七种新式畜力农具在一九五六年内仍按2.5%的税率计算交纳营业税的通知》。

五六年扩充的三十四种亦可按 2.5% 税率征收营业税的通知》，对供销合作社经营新式农具按 2.5% 税率计算交纳营业税的范围由畜力型扩大到手工机械、机械、电动机等类型，品种增加到 51 种。

（二）扶持手工业合作社的税收政策

早在 1951 年 10 月公布的《合作社交纳工商税暂行办法》中就规定了对贫苦艺匠和原不纳税的个人小生产者所组成的手工业合作社免纳 3 年工商税的政策。1953 年 10 月，财政部税务总局发布的通知规定：凡新成立的手工业合作社和原批准免税的手工业合作社，在其发展过程中，新参加的社员中原纳税户不超过 25% 的都可以免税。

为进一步推动对手工业的社会主义改造，1955 年 10 月，财政部发布的《手工业合作组织交纳工商税暂行办法》对新成立的手工业生产合作社规定了优惠政策①，主要内容是：

第一，新成立的手工业生产合作社，自开工生产的月份起营业税减半缴纳一年。对个别经营仍有困难的合作社，经县市人民委员会批准后，可在应纳营业税税额 20% 的范围内酌情再给予一定期间的减税待遇。所得税自第三年起，按照条件和有关规定交纳。

第二，对其他新成立的手工业合作组织，手工业供销生产社、手工业生产小组自开工的月份起，第一年营业税减征 20%，所得税减半交纳，自第二年起按照有关规定交税。

第三，对少数民族地区、边远山区新成立的手工业合作社，营业税可在一年期限内，所得税可在两年期限内，由省、自治区人民委员会根据具体情况批准，进行减免优待；自第二年开始，对于经营仍有困难的合作社，经省、自治区人民委员会批准后，可在应纳营业税税额 50% 的范围内，酌情再给予一定期间的减免照顾；所得税自第三年起，按照条例和有关规定交纳。

第四，手工业合作组织依据本办法得到的减税、免税数额，应当全

---

① 自手工业合作化高潮以后，在改造过程中出现了一些盲目追求大社和过度集中的倾向。为此，1957 年 2 月，财政部发布了《关于修订手工业合作社组织交纳工商税暂行办法若干条款的通知》，对手工业生产小组改为手工业生产合作社的，不再给予减税优待。

部作为社（组）内的公积金，不分配给社（组）员。

（三）促进资本主义工商业社会主义改造的税收政策

对资本主义工商业的社会主义改造是过渡时期总路线的一项主要内容，1954 年中华人民共和国第一部《宪法》明确规定：“国家对资本主义工商业采取利用、限制和改造的政策。国家通过国家行政机关的管理、国营经济的领导和工人群众的监督，利用资本主义工商业的有利于国计民生的积极作用，限制它们的不利于国计民生的消极作用，鼓励和指导它们转变为各种不同形式的国家资本主义经济，逐步以全民所有制代替资本家所有制。”

在对资本主义工商业进行社会主义改造的过程中，除前述对合营企业利润分配实行的“四马分肥”和全行业公私合营后实行的定息制度外，在货物税和工商业营业税的税率设计上，根据工业轻于商业、生产资料轻于消费资料、生活用品轻于奢侈品的原则，对不同的产品和不同行业实行不同的税率。同时，工商所得税规定，对于有利于国计民生的行业给予不同程度的税收优惠，鼓励私营企业从事有利于国计民生的生产和经营，限制其消极因素。

按照对公私企业“区别对待、繁简不同”的原则，税收政策对私营企业征收全额累进的所得税，直接将利润集中到国家手里以节制其资本。对国营企业调拨农产品及国营和合作社商业的批发业务收入都免征营业税，而对私营商业的这些业务则照征营业税。国营工业相互之间调拨原材料不征营业税，而私营工业则照征；国营重工业在连续生产过程中有 135 种中间产品不征税，而私营重工业则照征。

在征收手续、征收方法方面，对国营企业、合作社实行与私营企业不同的办法。例如，1954 年 10 月 23 日财政部发布的《关于简化国营企业商品流通税、货物税照证制度的规定》，对国营企业生产的应税商品（货物）纳税后，税务机关不再核发完税凭证，可凭国营企业发货使用的单证运行；而对私营工商业，则进行严格的税务管理和监督。对于生产和制造应课商品流通税和货物税产品的私营工厂，在接受国营企业加工、订货、统购、包销任务后，其产品在包装上如有国营监制等标志的，可以不贴完税证、查验证；而私营企业之间的加工关系，则必须逐件贴证。

为促进资本主义工商业接受加工订货、经销代销的国家资本主义初级形式，对私营工商业接受国家的加工订货、经销和代销规定了明显区别于私营工商业相互之间的加工订货和经销代销的税收政策。私营工商业接受国家的加工订货和代购代销，工业可以按照所得的加工费、商业可以按照所得的手续费纳税，不按进销货行为纳税。如国营企业、合作社企业委托私营工厂加工，因特殊原因，未订立加工契约，或事后补订加工契约，经查明系加工者，都可予以承认，不作进销货行为征税。由私营加工厂代购原料，只要发货票抬头是国营企业或合作社商业，而国营企业或合作社商业只要是以同质同量原料偿还的，均可不作进销货处理。私营商业和小商小贩接受国营商业、合作社委托代购、代销、代批，不分工农业产品，都就所得手续费按7%的税率交纳营业税，代购粮食及交纳商品流通税的商品所得手续费不征营业税。每月收益额不满30元者免税。肩挑商贩、推车叫卖的个体小商贩转为合作社的代购、代销员，其所得手续费每月满30元者，按7%的税率交纳营业税，免征所得税。而对私营工业企业之间的加工业务，则实施严格的限制。①

随着对资本主义工商业社会主义改造的推进，对实行国家资本主义高级形式的公私合营企业，在所得税的计算上，如工资、福利、固定资产折旧等都放宽了尺度。1956年8月，国务院转发财政部《关于对私营工商业在改造过程中交纳工商税的暂行规定》，对公私合营企业的税收，参照国营企业的课税原则，在管理和纳税上，逐步同国营企业实行同等待遇。

① 谢旭人主编：《中国财政60年（上卷）》，经济科学出版社2009年版，第109—111页。

第三节 国营企业的财务管理体制

新中国成立后，国家通过没收官僚资本、继承解放区公营经济以及其他途径，建立了能够控制国家经济命脉的国有经济，由中央和地方政府直接经营，称为国营经济。[①] 为了把有限的资金集中用于国家最需要的建设事业，国营企业的经营利润和固定资产折旧基金都必须上缴财政，由政府统一使用，企业新增投资也来自国家预算拨款或银行信贷资金。

随着社会主义公有制和计划经济体制的建立，国营企业收入在国家财政收入中的比重不断增加，国营企业财务管理越来越成为财经管理的一项重要工作。国营企业财务管理体制，规定了国家与国营企业之间资金分配与管理权限，主要包括：资金供应制度、成本核算制度、基本折旧制度和利润分配制度等。

国营企业收入的分配制度是企业财务管理体制的重要组成部分，其实质为企业的收入如何在国家、企业和职工之间进行合理分配的问题。为了调动企业和职工的积极性、促进生产的发展，新中国成立后，在企业利润分配问题上，国家根据各个时期经济发展的需要和财力的可能，实行了不同的办法。

一、国营企业经济核算与财务管理制度

政府要实现对国营企业的直接经营，首先要实行相对准确的经济核算制度。1951 年 4 月，政务院颁布了《关于 1951 年国营工业生产建设的决定》，规定国营企业必须从实施经济核算制入手，实行计划管理；确定每个企业必要的固定资产与流动资金；实行独立会计制，建立与人

① 吴承明、董志凯主编：《中华人民共和国经济史：1949—1952》，中国财政经济出版社 2001 年版，第 186 页。

民银行的往来关系；建立购销合同制；实行企业奖励基金制度。凡条件未具备的要创造条件，已经初步实行经济核算制的企业，应把经济核算制贯彻到车间。①

1952 年 2 月 29 日，政务院财政经济委员会（中财委）颁布的《1952 年度国营企业提交折旧基金办法》明确规定：企业提取的基本折旧基金，按月解交国家金库，用以保证在国家范围内进行固定资产重置；提取的大修理折旧基金，按月交由本企业在人民银行开设的专户保存，用以保证本企业的固定资产按期大修。固定资产残值收入，扣除清理费用后，全部解交金库，或转作零星基本建设基金。国营企业利润和折旧基金的上缴等形成的企业收入逐步成为新中国财政收入的重要来源。

为简化手续，1952 年 12 月 12 日，财政部颁发了《国营企业财务收支计划编审办法》，将企业的利润、基本折旧基金、基本建设支出、流动资金增减等都实行相互抵拨。抵拨后不足的部分由国家预算拨款，多余部分向预算交款。这一改变，仅仅是企业与国家之间交、拨款手续的变化，没有从根本上改变国家与企业财力分配关系。但这一办法在实践中，由于企业资金调度不及时，资金的需要与利润的实现不相适应，导致企业普遍反映执行困难很快停止实施。②

实行折旧基金全部集中上缴国库的办法以后，企业所需的“三项费用”（指技术组织措施费、新种类产品试制费、零星基本建设支出）和“四项费用”（“三项费用”加上劳动安全保护措施费）支出，基本上是由国家预算拨款解决的。③ 1953 年 10 月 23 日，财政部在《关于编制国营企业 1954 年财务收支计划草案各项问题的规定》中，明确各部门的“三项费用”支出，同基本建设支出和各项事业费一样，同属经济拨款范围，一律由预算拨款，不得以基本折旧基金、基本建设其他收入

① 吴承明、董志凯主编：《中华人民共和国经济史：1949—1952》，中国财政经济出版社 2001 年版，第 207 页。

② 财政部工业交通财务司编：《中华人民共和国财政史料》（第 5 辑），中国财政经济出版社 1985 年版，第 18 页。

③ 董志凯：《对‘一五’建设资金的再认识》，《中国经济史研究》1998 年第 1 期，第 7—17 页，第 28 页。

和利润等抵补。

1955 年 10 月 6 日，财政部颁发了《关于 1956 年国营企业财务收支计划中若干费用划分问题的暂行规定》，明确规定：零星基本建设支出由预算拨款解决；新产品试制费，除试制新产品所需的费用性支出可摊入新产品试制成本、试制失败发生的净损失可列营业外支出外，属于新产品试制必须增添的设备及新添固定资产范围内的工具、卡具所需支出，均由国家预算拨款；技术组织措施费，除属于为改进生产组织、生产技术设备而在原有基础上稍加拆卸、改装和重大检修而又符合大修理范围的费用可由大修理基金开支、属于不增加固定资产的开支可在生产费用中分期摊销外，其他属于为提高生产过程自动化、改变工艺技术程序、平衡设备利用率而需要增加固定资产数量或价值的费用，均应由国家预算拨款。

1951—1954 年，国家对国营企业流动资金的供应和管理，实行定额流动资金由财政和银行分别供应，财政拨款和银行贷款的比例，每年有所不同。从 1955 年起，国家为了加强流动资金的计划管理，实行自有流动资金计划定额全部由财政拨款。为执行"一五"计划，加强财务管理，1954 年 9 月设立了专门办理基本建设拨款监督的中国人民建设银行。规定凡是中央和地方各部门对基本建设的投资，其监督拨款业务均集中该行统一办理，并同时负责办理对建设单位及包干企业的短期放款业务。企业机关等用于基本建设的自筹资金，也集中于该行根据国家的计划和预算监督拨付，中国人民建设银行必须按照国家的计划拨款，不仅要审查预算，并且要参与预算定额的编制，从而更好地执行以国家计划和财政预算为主体的基本建设拨款管理体制。①

二、奖励基金与利润留成制度

为发挥企业和职工的积极性，1952 年开始尝试在国营企业建立奖励基金制度，这是正确处理国家和企业之间的分配关系和权责关系、给企业一定自主权的尝试和探索。

---

① 高培勇主编：《共和国财税 60 年》，人民出版社 2009 年版，第 59—60 页。

中财委于 1952 年 1 月 15 日颁布的《国营企业提用企业奖励基金制度的暂行办法》规定：凡已确定资金，规定了合理的生产定额与消耗定额，实行经济核算制的国营基层企业[①]，在完成国家批准计划（生产、销售、财务计划等）后可以申请提留企业奖励基金。根据不同企业的不同劳动强度和影响职工健康程度以及提高生产定额和减低消耗定额的可能性，企业奖励基金的提取标准按行业分为一、二、三类企业[②]，一类企业可以分别从计划利润中提取 5%，从超额利润中提取 20% 作为企业的奖励基金；二类企业的提取比例分别为 3.5% 和 15%；三类企业的提取比例分别为 2.5% 和 12%。主管部门可以集中一部分奖励基金。奖励基金可以用于发给先进工作者、劳动模范个人及先进单位集体的奖金；职工特殊困难救济；集体福利事业，如新建、扩建、改善职工宿舍、医院、托儿所等。

这一办法在实施过程中，由于各企业管理水平不同，价格和利润形成的机制也不尽合理，导致各企业间所提奖金多寡悬殊，造成福利待遇不公平的现象。中财委于 1953 年 11 月 17 日制定了《国营企业提用企业奖励基金的临时规定》，对 1952 年 1 月的办法进行了完善。主要内容是：（1）规定了申请企业奖金的条件。规定凡已实行经济核算的国营基层企业和建设单位，须报送国家规定的利润及利润上交计划后，方可申请提取企业奖励基金。（2）重新确定企业奖励基金计算的基数。凡有计划利润的企业，从计划利润或超计划利润中提取；无计划利润的企业和亏损企业，按其与上年度计划降低成本的差额，视同计划利润；超计划降低成本额，视同超计划利润，按此差额提取。凡由于价格或工资有较大变动而使实际成本上升的，可予调整计算基数。（3）调整了各类企业奖金提取比例。如原属第一类的企业按原计划利润提取 5%，改为提取 3.5% 的超计划利润；原属第二类的企业，从原来计划利润中提

---

① 不包括国家银行、国营贸易及农林水利等企业。

② 一类企业包括：矿山开采业、煤矿工业、黑色金属冶炼业、有色金属冶炼业、石油工业、酸、碱、化学肥料、矿物化学工业、洋碱、云母、石棉业等。二类企业包括电业、机器制造业、农业机械制造业、电讯电机器材制造业、建筑器材制造业、铁路、航运、汽车运输、邮电、纺织工业、轻化学工业、工业橡胶制造业、造纸工业、印刷工业、皮革工业等。三类企业包括食品工业及不属于第一、二类的其他轻工业、公用企业等。

取3.5%改为3%，从超计划利润中提取15%改为18%；原属第三类的企业，从原计划利润中提取2.5%改为2%，从超计划利润中提取12%改为18%。（4）分行业对奖励基金占工资总额的比率等项做了明确规定：提取奖励基金总额不超过工资总额的6%—12%，最低不少于工资总额的3%—3.5%。为了明确工资总额的范围，1955年1月14日，国务院发布了《关于提取企业奖励基金的工资总额范围的规定》，自1955年起，一律以工业生产人员（非工业部门为基本业务人员）的工资总额为计算标准。①

为了鼓励企业超额完成国家计划，进一步调动企业增产增收的积极性，从1954年起，国家还对国营企业实行了超计划利润分成制度。1955年8月18日，国务院颁布了财政部拟定的《国营企业1954年超计划利润分成和使用办法》，规定以业务主管部门为单位，经过审核后的超计划利润扣除应提的超计划企业奖励基金和基层企业社会主义竞赛奖金以后40%留归各企业主管部门使用，60%上缴国家金库。各主管企业部门的超计划利润分成的适用范围如下：一是弥补1955年基本建设计划内已列项目的资金不足；二是弥补企业因超额完成生产任务或其他原因而发生的流动资金不足；三是弥补技术组织措施费和新产品试制费的不足；四是用于经国家专案批准的基本建设项目，但不得用于主管部和管理局本身行政方面的基本建设（如修建办公楼、宿舍和购置家具设备等）和企业单位计划外的福利设施（如修建俱乐部等），不得用于各项事业费和其他费用，不得转作下年继续使用。

1956年10月11日，国务院转发了财政部《关于1956年国营企业超计划利润分成和使用的规定》，进一步明确了国营企业超利润分成的计算以年度为准，以主管部门为单位，主管部门汇总的年度决算报告经过审核以后，全年实现的利润数额超过国家批准的年度计划利润的部分，即为主管部门的超计划利润。②

---

① 陈光焱：《中国财政通史第十卷：中华人民共和国财政史（上）》，湖南人民出版社2015年版，第157—158页。

② 陈光焱：《中国财政通史第十卷：中华人民共和国财政史（上）》，湖南人民出版社2015年版，第157—159页。

上述企业奖励基金办法，从1952年到1957年实行了6年，共提取企业奖励基金11.84亿元，超计划利润分成办法从1954年到1957年实行了4年，共提取超计划利润分成10.61亿元。[①] 这在一定程度上提高了企业和职工的生产积极性。

三、对国营企业的“条块”管理制度[②]

在新中国成立前后，除金融和铁路系统的管理权属于中央政府外，其余国营企业均归地方政府经营管理。到1950年3月，在“统一财经”的要求下，为统一全国的物资管理，就需要对全国商贸企业进行统一管理，中央政府在原各大区、省、市、自治区贸易公司和没收的官僚资本商业的基础上，建立粮食、百货等门类的全国性专业总公司，由中央人民政府贸易部直接领导。对原属地方政府的国营零售公司，资金由贸易部统一拨给，利润80%上缴中央，20%留归地方，但规定必须用于发展零售商业。公司的人事由地方政府负责，但经营方针、业务范围、零售价格和审核零售商店的设置计划均由贸易部管理。

对国营工矿和其他企业，国家按照“条块结合、分级管理”的原则，将工业企业分为三大类：一是中央政府所属企业；二是中央政府委托地方政府代管企业，这类企业的投资、收益和亏损均由中央负责，其经营方针、主管人员的任免及物资的调拨分配，也由中央负责；三是地方政府所属企业。在“统一财经”阶段，中央和地方划分国营企业管理权限的标准主要强调企业规模因素，这导致地方政府不敢办大企业。因此，到“分级管理”时期，国家在扩大地方政府权限的时候，明确了地方国营工业的发展方向和经营范围，主要是有丰富的地方资源可利用的轻工业、小型生产资料企业和地方公用事业。

为鼓励地方政府依赖自己的积累资金发展工业，中央对地方进行下列帮助：一是中央政府有余的生产资料，可依据地方的基本建设计划划拨地方工业建设之用，由地方按年向中央缴纳折旧费，或作为中央对地

---

① 财政部工业交通财务司编：《中华人民共和国财政史料》（第5辑），中国财政经济出版社1985年版，第4页。

② 高培勇主编：《共和国财税60年》，人民出版社2009年版，第20—22页。

方的投资；二是中央各主管工业部对地方工业作技术上的指导与帮助；三是贸易部门和银行在可能的范围内对地方工业加以扶持；四是地方国营企业在一定时期内解除上缴国库的任务，以供地方工业扩大再生产之用；五是建立地方工业的领导系统，加强对地方工业的领导和帮助。此外，中央还允许地方政府向地方国营零售公司和各大城市的国营信托投资公司投资。

第四节　1950—1957 年财政收入情况

三年恢复时期，我国在恢复和发展工农业生产方面取得巨大成就，到 1952 年年底，我国工农业生产均创历史最高水平。得益于土地改革的胜利完成、大规模农田水利建设、农业生产技术的改进和提高农产品收购价格等多方面的积极因素，1952 年农业生产总值达 484.0 亿元，比 1949 年增加 48.4%，比新中国成立前的最高水平增长了 18.5%。1952 年工业生产总值达 343 亿元，比 1949 年增长 144.9%，年均增长 34.8%；其中，重工业的比重由 26.4% 升至 35.5%。同期，各种主要工业产品的产量也有较大幅度增长，绝大多数超过新中国成立前的历史最高水平。[①]

在国民经济恢复的基础上，1953—1957 年，我国超额完成了第一个国民经济五年计划。1957 年的国内生产总值达到了 1071.4 亿元，比 1952 年国内生产总值 679.1 亿元增长了 57.77%；第一产业增加值占 GDP 的比重由 1952 年的 50.5% 降至 1957 年的 40.1%；第二产业增值的比重则由 1952 年 20.8% 升至 1957 年的 29.6%。[②]“一五”时期工业的快速发展，尤其是重工业优化发展战略的实施，使我国建立了相对完整的工业体系，为社会主义工业化奠定了坚实的基础。经济总量的增长

① 高培勇主编：《共和国财税 60 年》，人民出版社 2009 年版，第 27—29 页。
② 国家统计局网站：国家统计数据，data. stats. gov. cn。

与经济结构的优化，以及社会主义公有制和计划经济体制的建立，为财政收入的快速增长创造了条件，也决定了财政收入结构的深刻变化。

一、国民经济恢复时期财政收入的增长与结构

国民经济的全面恢复和发展为财政收入的迅速增长创造了条件。从表1－2中可以看出，1950年国家财政总收入为65.19亿元，到1952年达到了183.72亿元，是1950年的2.8倍。

随着经济的恢复和对国营企业管理的加强，国营企业逐步发展壮大。在工业方面，国营工业占工业总产值的比重由1949年的26.2%上升至1952年的41.5%；在商业方面，国营及合作社商业在批发总额中由1950年的23.8%增至1952年的63.2%，在零售总额中由1950年的16.4%增至1952年的42%。[①] 体现在收入结构上，来自国营企业以及其他社会主义性质企业的收入占财政收入的比重显著上升。1950年，企业收入为8.69亿元，到1952年上升至57.27亿元，是1950年的6.6倍，企业收入占财政收入的比重由1950年的13.33%上升至1952年的31.17%。相应的，税收收入占财政收入的比重由1950年的75.13%降至1952年的52.17%。

从产业结构看，农业税收的占比不断下降。1950年，农业税收占财政收入的比重高达29.30%，到1952年降至14.89%。同一时期，工商税收则显著增长，由1950年的26.32亿元增长至1952年的65.53亿元，增长了148.97%，1952年工商税收是农业税收的2.4倍。这说明财政收入由过去农村为主逐步向城市为主的方向转变（参见表2－2）。

表2－2　　1950—1952年财政收入状况　　单位：亿元

项目	1950年		1951年		1952年	
	金额	比重	金额	比重	金额	比重
国家财政总收入	65.19	100.00%	133.14	100.00%	183.72	100.00%
各项税收	48.98	75.13%	81.13	60.94%	97.69	53.17%
其中：工商税收	26.32	40.37%	50.84	38.19%	65.53	35.67%

① 高培勇主编：《共和国财税60年》，人民出版社2009年版，第29页。

续表

项目	1950 年		1951 年		1952 年	
	金额	比重	金额	比重	金额	比重
关税	3.56	5.46%	6.94	5.21%	4.81	2.62%
农业各税	19.10	29.30%	23.35	17.54%	27.35	14.89%
企业收入	8.69	13.33%	30.54	22.94%	57.27	31.17%
债务收入	3.02	4.63%	8.18	6.14%	9.78	5.32%
其他收入	4.50	6.90%	13.29	9.98%	18.98	10.33%

资料来源：楼继伟主编：《新中国 50 年财政统计》，经济科学出版社 2000 年版。

二、"一五"时期财政收入的增长与结构

"一五"时期经济快速发展的同时，财政收入占 GDP 的比重由 1953 年的 25.87% 升至 1954 年的 28.51% 后保持了基本稳定，1957 年为 28.30%。这一时期，中央财政收入的比重有所下降，1953 年该比重为 83.01%，1957 年实行"总额控制"的体制后降至 73.53%；相应的地方财政收入的比重在"一五"时期有所上升，但总的来看，这一时期财政收入的大部分仍集中在中央，中央集权过多，不利于发挥地方积极性的问题有所缓解，但并未完全解决（参见表 2-3）。

表 2-3　　"一五"时期财政收入基本情况　　单位：亿元

年份	GDP	财政收入（不含债务收入）	财政收入占 GDP 的比重	中央		地方	
				绝对数	比重	绝对数	比重
1953	824.4	213.24	25.87%	177.02	83.01%	36.22	16.99%
1954	859.8	245.17	28.51%	187.72	76.57%	57.45	23.43%
1955	911.6	249.27	27.34%	193.44	77.60%	55.83	22.40%
1956	1030.7	280.19	27.18%	222.10	79.27%	58.09	20.73%
1957	1071.4	303.2	28.30%	222.94	73.53%	80.26	26.47%

资料来源：GDP 数据来自国家统计局网站；其他数据来自楼继伟主编：《新中国 50 年财政统计》，经济科学出版社 2000 年版。

从财政收入结构看，"一五"时期随着社会主义公有制和计划经济体制的建立，企业收入的比重显著上升，由 1953 年的 35.96% 上升至 1957 年的 47.55%；相应的来自各项税收收入的比重则由 1953 年的

56.12%降至1957年的51.09%。这一时期，其他收入的比重有明显下降（参见表2-4）。

表2-4　　“一五”时期财政收入结构　　单位：亿元

年份	各项税收		企业收入		其他收入	
	绝对数	比重	绝对数	比重	绝对数	比重
1953	119.67	56.12%	76.69	35.96%	16.88	7.92%
1954	132.18	53.91%	99.61	40.63%	13.38	5.46%
1955	127.45	51.13%	111.94	44.91%	9.88	3.96%
1956	140.88	50.28%	134.26	47.92%	5.06	1.81%
1957	154.89	51.09%	144.18	47.55%	4.13	1.36%

资料来源：楼继伟主编：《新中国50年财政统计》，经济科学出版社2000年版。

从税收收入的结构看，“一五”时期随着工业的发展和农产品统购统销等制度的建立，直接来自农业各税的收入占税收收入的比重到1957年降至20%以下，工商税收占税收收入的比重则由1953年的72.79%升至1957年的77.11%（参见表2-5）。

表2-5　　“一五”时期税收收入结构　　单位：亿元

年份	各项税收	工商税收		关税		农业各税	
		绝对数	比重	绝对数	比重	绝对数	比重
1953	119.67	87.11	72.79%	5.05	4.22%	27.51	22.99%
1954	132.18	94.93	71.82%	4.12	3.12%	33.13	25.06%
1955	127.45	92.07	72.24%	4.66	3.66%	30.72	24.10%
1956	140.88	105.81	75.11%	5.42	3.85%	29.65	21.05%
1957	154.89	119.43	77.11%	5.79	3.74%	29.67	19.16%

资料来源：楼继伟主编：《新中国50年财政统计》，经济科学出版社2000年版。

三、“一五”时期的预算外收入

为了调动地方政府和事业行政单位、国有企业及其主管部门的积极性，在“划分收支、分级管理”的财政管理体制下，出现了预算外管理的收入，国家财政资金开始分为预算内和预算外两部分，由此形成了预算外资金。

这一时期的预算外资金主要包括三部分：一是地方财政部门管理的预算外资金，如各项附加收入、地方财政集中的企业收入和地方财政统管的事业收入等；二是事业和行政单位管理的预算外资金，如养老费收入、学校基金、咨询服务收入等；三是国营企业和主管部门管理的预算外资金，如折旧基金、大修理基金和各种形式的利润留成等。

“一五”时期，尽管预算外收入的总量较小，但其增长速度较快，其与预算内收入（财政收入）的比由1953年的4.18%升至1957年的8.68%。在预算外收入的三个构成项目中，国有（营）企业和主管部门收入的比重较高，1953年为61.05%，到1957年为64.07%；事业行政单位收入的比重由1953年的23.23%降至1957年的14.43%；地方财政收入的比重由1953年的15.71%升至1957年的21.50%（参见表2－6）。

表2－6　“一五”时期预算外收入及结构　单位：亿元

年份	预算外收入合计	与预算内收入的比	事业行政单位收入		地方财政收入		国有企业和主管部门收入	
			绝对数	比重	绝对数	比重	绝对数	比重
1953	8.91	4.18%	2.07	23.23%	1.40	15.71%	5.44	61.05%
1954	14.23	5.80%	3.34	23.47%	2.07	14.55%	8.82	61.98%
1955	17.02	6.83%	3.68	21.62%	3.27	19.21%	10.07	59.17%
1956	21.42	7.64%	3.85	17.97%	5.00	23.34%	12.57	58.68%
1957	26.33	8.68%	3.80	14.43%	5.66	21.50%	16.87	64.07%

资料来源：楼继伟主编：《新中国50年财政统计》，经济科学出版社2000年版。

第三章　计划经济时期（1958—1978 年）

1958—1978 年是我国实行计划经济的时期。这一时期分为三个阶段，第一阶段从 1958—1965 年，受经济建设中的“左”的思想的影响，1958—1960 年发生了以农业的高指标和工业的大炼钢铁为主要内容的“大跃进”运动，导致了国民经济比例关系的严重失调。面对陷入严重困境的经济，1961 年开始实行“调整、巩固、充实、提高”为主要内容的经济调整；第二阶段是从 1966—1976 年的“文化大革命”时期，“文革”十年给党、国家和人民造成了严重的损失，整个国家经济逐步恶化，国家财政遭到了严重破坏；第三阶段是从“文化大革命”结束到 1978 年十八届三中全会召开，这一阶段是全面整顿经济，财政工作从“文革”的混乱局面逐步恢复并走向正规的阶段。

第一节　计划经济时期的经济发展与财政体制

一、“大跃进”运动与经济调整时期

（一）“大跃进”运动及其后的经济调整

1958 年 5 月，中国共产党“八大”二次会议正式通过了“鼓足干劲、力争上游、多快好省地建设社会主义”的总路线。尽管总路线的

出发点是要尽快改变我国经济文化落后的状况，但由于忽视了经济发展的客观规律，夸大了主观意志和主观努力的作用，没有经过认真的调查研究和试点，就在总路线提出后轻率地发动了“大跃进”运动和“人民公社化”运动，使得以高指标、瞎指挥、浮夸风和“共产风”为主要标志的“左”倾错误严重地泛滥开来。1958—1960 年的“大跃进”，动员了空前的人力、物力和财力，但由于经验不足，片面追求速度和不切实际的高指标，结果导致积累与消费的比例、农轻重的比例以及由财政、信贷不平衡导致的社会购买力与商品可供量比例等国民经济重大比例的严重失调，由此引发了国民经济的大倒退。

面对“大跃进”运动造成的国民经济严重困境，从 1960 年下半年开始酝酿对国民经济实行全面调整。当年 8 月底，国家计划委员会向国务院汇报 1961 年经济计划时，正式提出应对国民经济实行调整、巩固、提高的意见。周恩来表示赞成，并添加了“充实”两字，从而形成了“调整、巩固、充实、提高”的八字方针。1961 年 1 月，党的八届九中全会正式确定从 1961 年起，对整个国民经济实行这八字方针，主要内容是：调整各个部门之间已经变化了的相互关系，巩固生产力和生产关系在发展和变革中获得的巨大成果，充实新发展起来的一些事业的内容，提高那些需要进一步改善的新事务的质量。八字方针的核心是“调整”，一是调整整个国民经济的发展速度和规模；二是调整农业、轻工业和重工业，生产和基本建设，积累和消费，财政、信贷和物资，经济事业和文教事业、国防事业等国民经济的重大比例关系。

1960 年冬以后，随着调整经济正确方针的贯彻执行，社会主义建设逐步地重新出现欣欣向荣的景象。1964 年 12 月 21 日，周恩来在第三届全国人民代表大会第一次会议上宣布，调整国民经济的任务已经基本完成。他代表中共中央正式提出了“四个现代化”的目标，即“在不太长的历史时期内，把我国建设成为一个具有现代农业、现代工业、现代国防和现代科学技术的社会主义强国”。

（二）“大跃进”运动对财政的冲击

“大跃进”期间，在“左”倾思想的冲击下，为适应当时的经济形势和发展要求，财政管理体制做出了多方面调整，财政指标也被不切实际地抬高，由此导致财政纪律松弛、财政管理混乱、资金使用和财权分散等一系列问题，国家财政受到了严重冲击。[①]

第一，为了充分调动地方的积极性，这一时期过急、过多地下放企业和财务管理权限。1958 年 6 月 2 日，中央决定对其所属企业进行下放，下放企业的比重高达 88%。下放后中央各部门所属企业、事业单位从 1957 年的 9300 多个骤减到 1958 年的 1200 个。1958 年 6 月 23 日，财政部发布了《关于中央下放企业、事业单位财务处理的几项规定》，该规定明确中央各部门所属企业、事业单位下放地方管理后，其财务管理权限随同下放。中央所属企业及其财务管理权限的下放使中央掌握的财力大大减少，而在当时财政高指标的要求下，支出负担却异常沉重，由此加剧了财政收支的不平衡。

第二，过多地扩大地方对基本建设投资的管理权限。在下放中央所属企业的同时，1958 年 4 月，中央决定对各类产品要实行国家与省、市、自治区以及专、县（市）分级管理、分级平衡的制度。为此，放宽了对限额以上基本建设项目的审查管理，对限额以下的项目完全由地方自行决定，并对基本建设程序做出相应改变。盲目下放基本建设管理权导致基本建设中计划外项目大量增加、规模急剧扩大，而立项科学性不足和管理经验不足等原因还导致损失浪费严重等问题。

第三，不适当地在农村推行“两放、三统、一包”。1958 年 12 月，在农村财贸工作中实行“两放、三统、一包”新体制。“两放”是指放机构和放人员，即国家在农村的粮食、商业、财政、银行等部门的基层机构，除了为几个公社或更大范围服务的某些机构外，全部下放给人民公社负责管理经营；“三统”是指统一政策、统一计划、统一流动资金管理；“一包”是指包财政任务，即国家在农村的各项税收收入、下放企业收入、事业收入和地方附加收入，统一计算，扣除原来由国家开支的行政费和事业费（包括乡干部、小学教员、农业技术推广员等人员的工资，以及农业、林业、教育、卫生等事业的费用），由公社按收入

① 谢旭人主编：《中国财政 60 年（上卷）》，经济科学出版社 2009 年版，第 141—144 页。

超额包干上缴。这一体制导致财政、金融、商业、企业、事业单位之间乱挪、乱用资金现象更为严重，特别是实行财政包干制度，混淆了公社作为经济组织的财务与国家财政之间的关系，造成了财政收入、物价、经济核算和财政监督等方面的混乱。这一体制在1959年5月就停止执行了。

第四，不切实际地试行税利合一。1959年1月，财政部确定石家庄、南京、成都、开封、锦州等7个城市试行税利合一，其基本内容是：把国营企业原来缴纳的工商统一税、地方各税和工商税附加，同企业原应上缴的财政利润合并，定名为“企业上交收入”。税利合一是“非税论”影响下弱化、甚至取消税收作用思想的体现。在试行过程中，出现了企业自行降价提价、工商争利、乱摊成本、乱列开支，拖欠上缴财政收入、增加利润留成等诸多问题，严重削弱了税收对经济的调控作用。1959年5月该项政策的试点即被中央停止了。

第五，大量规章制度被视为束缚群众手脚的条条框框而废止，冲击了财政、财务管理的正常秩序。财政部于1958年7月废除了6个工业会计制度，将12个工业会计方面的制度管理办法交由中央各主管部门及各省、自治区、直辖市财政厅（局）根据具体情况自行决定是否继续使用、修改或废除。

第六，财政出现“假结余、真赤字”。“大跃进”运动中出现了财政形势表面上一片大好，财政收支有结余，而市场商品供应十分紧张的矛盾局面。1958年12月，中央发出了要求各地清理商业资金的指示，决定对财政问题进行彻底清查，并称之为“捉鬼”。经过清查，发现当时国家资金运用上的一个突出问题，即动用商业部门和工业部门从银行借来的贷款用于办工业、搞基本建设或商品赊销预付，不仅影响了生产周转和商品流转的正常进行，而且造成了财政支出盲目扩大，扰乱了国家统一的基本建设和统一的投资分配计划。1959年7月31日，中共中央下发了《关于当前财政金融工作方面的几项规定》，要求划清基本建设和流动资金的界限，凡是1958年以后动用银行贷款和流动资金进行基本建设，或者用于其他财政性开支的，都应当用财政款项归还银行和企业。根据1962年11月，国家计划委员会、国家经济委员会、国务院财贸办公室、财政部、中国人民银行等五个部门向中央作的《关于处理一九六一年以前财政遗留问题的报告》，1961 年年底以前，国营工商企业的物资盘亏和呆账损失，各地方、各部门平调集体经济的资金，或者挤占银行贷款作财政开支的资金，需要由国家财政核销、退还和补发的，共约 348 亿元。在后面的实际操作过程中，需要财政处理的亏空资金达到了 370 亿元，比预计的 348 亿元还要多。[①]

表 3－1 是 1958—1960 年三年间财政收支数额的调整情况，从表中可以看出，三年累计，财政收入数调减了 76.20 亿元；财政支出数调增了 97.16 亿元；收支差额由原累计结余 3.97 亿元调整为赤字 169.39 亿元。[②]

表 3－1　　1958—1960 年国家财政收支数额调整情况　　单位：亿元

年份	收入数		支出数		收支差额	
	原决算数	调整后决算数	原决算数	调整后决算数	原决算数	调整后决算数
1958	418.63	387.60	409.40	409.40	9.23	－21.80
1959	541.60	487.12	527.71	552.86	13.89	－65.74
1960	562.98	572.29	582.13	654.14	－19.15	－81.85
合计	1523.21	1447.01	1519.24	1616.40	3.97	－169.39

资料来源：谢旭人主编：《中国财政 60 年（上卷）》，经济科学出版社 2009 年版，第 145 页。

“调整、巩固、充实、提高”八字方针提出后，国民经济进入全面调整时期。在调整过程中，国家财政采取了适当增加农业投资，促进农业生产恢复和发展；进一步缩短基本建设战线，调整工业投资结构；增收节支、消灭财政赤字，回笼货币，稳定市场；改进财政管理体制，加强集中统一等措施，在促进财政经济状况好转，实现国民经济调整任务方面发挥了应有的作用。

---

① 这一资金缺口主要通过以下途径解决：一是动用财政历年结余 63 亿元；二是中国人民银行用自有资金，包括历年财政拨款和盈余累积中上缴的部分，消化 180 亿元；三是动用部队交回的历年经费结余 49 亿元；四是向银行透支 52 亿元；五是中央财政集中的 1960 年和 1961 年冻结存款及其他资金 26 亿元。参见谢旭人主编《中国财政 60 年（上卷）》，经济科学出版社 2009 年版，第 145—146 页。

② 财政收支数据包括了国内外债务部分。

（三）1958—1965 年的财政管理体制

“大跃进”与经济调整时期，财政管理体制有三次较大的调整：[1]

1958 年下放财权，实行“以收定支、五年不变”的财政管理体制。这次调整总的精神是明确划分地方财政的收支范围，进一步扩大地方财政的管理权限，在保证国家重点建设的前提下，增加地方的机动财力。

在收入方面，实行分类分成的办法。属于地方财政的收入有四种：第一种是固定收入，包括原有地方企业收入、事业收入、其他收入以及七种地方税收；第二种是企业分成收入，包括中央划归地方管理的企业和虽然属于中央管理但地方参与分成的企业利润，20% 分给企业所在省（市）作为地方收入；第三种是调剂收入，包括商品流通税、货物税、营业税、所得税、农业税和公债收入，这些收入划给地方的比例，根据各个地区平衡财政收支的需要，分别计算确定；第四种是中央专案拨款收入，主要用于中央制定项目的基本建设和其他特殊的支出。

在明确划定地方财政支出范围的基础上，按地方正常支出的需要，以省（市、自治区）为单位，按照地方固定收入、企业分成收入、调剂收入、拨款补助的顺序分别划定地方的收入项目和分成比例。此次调整由“以支定收、一年一变”改为“以支定收、五年不变”，在五年内，地方可以按照收入情况自行安排支出。

1958 年财政管理体制改革是一次比较大的改革，但受到“大跃进”运动的冲击，财政收入虚假，这一体制只实行了一年，从 1959 年开始实行“收支下放、计划包干、地方调剂、总额分成、一年一变”的财政管理体制。

在收入方面，除了少数仍由中央直接管理的企业收入和不便于按地区划分的收入，如铁道、邮电、外贸、海关等收入以外，所有其他各种收入，包括各项税收和一切企业收入，全部划给所在的省（市、自治区）管理，作为地方财政收入。不再按照不同的类型，划分地方固定收入、企业分成收入和调剂收入。地方负责组织的总收入和地方财政的

---

① 陈光焱：《中国财政通史第十卷：中华人民共和国财政史（上）》，湖南人民出版社 2015 年版，第 390—398 页。

总支出挂钩，以省（市、自治区）为单位，按收支总额计算一个分成比例。地方当年的财政收支指标、分成比例和补助数额，由中央每年核定一次。

1959—1960 年基本执行了上述规定，但由于财权分散，各自为政，不利于从宏观上加强控制和综合平衡。在进入国民经济全面调整阶段后，1961 年开始实行加强集中统一的财政管理体制。在收入方面，此次调整的主要内容有：一是中央收回了部分重点企业、事业单位的收入，作为中央固定收入；二是对各地区、各部委和单位的预算外资金，采取“纳、减、管”，即纳入预算、减少数额、加强管理的办法进行整顿；三是规定凡工商统一税税目和税率的调整，盐税税额的调整，应当报经中央批准。凡开征地区性税收，地方各税税目税率变动，也必须报批；四是改进城乡人民公社的财政管理体制，划清国家财政与人民公社财务的界限。国家对人民公社中属于国家财政收支的部分，实行“收入分项计算，分别上交；支出下拨，包干使用，结余归社的办法”，对收入和支出分别管理。人民公社所属的事业单位都应交纳税款，下放给人民公社管理的国营企业，必须按规定向国家上缴利润。

1963 年 1 月 25 日，国务院发出《关于 1963 年预算管理制度的几项规定》，对财政收支范围做了调整。收入方面，规定国营商业收入除一部分批发站的收入仍全部作为中央预算收入外，饮食服务的收入全部作为地方预算收入，其他商业收入改为地方与中央三七分成。划给大中城市的房地产税，作为城市维护费用的专款，列入地方预算。1964 年，在财政收入方面，为了使地方不放松组织小宗收入，恢复收入“总额分成”加“小固定”的办法。

二、“文化大革命”时期

1966—1976 年的“文化大革命”，使党、国家和人民遭到新中国成立以来最严重的挫折和损失，这一时期的国民经济状况恶化，各项经济指标的平均年增长速度都大大低于此前的水平。国家基本建设拨款大幅增加，由于大规模投资超过了国家财力的承受能力，造成工期拖长、损失浪费严重等问题，投资效益大大降低。这一时期，企业管理的规章制度被废除，生产秩序被打乱，直接导致企业经济效益全面下降。由于片面追求生产的高指标造成积累率过高，积累和消费的比例关系，农、轻、重与交通运输业及农、轻、重各产业内部的比例关系失调。人民生活受到严重影响，人均收入增长缓慢。

这一时期，国家财政收支急剧波动，多年出现赤字；财政投资分配比例关系失调，投资结构畸形；财政机构和各项财政管理制度遭到严重破坏。由于国民经济运行遭到破坏，财政收入波动很大，财政体制不得不进行频繁变动。

1968 年，由于生产受到冲击，财政收入下降，有的省份连正常经费也难以保证。为了维持地方的必要支出，中央和地方之间不得不实行收支两条线，收入全部上缴国家，支出全部由中央拨付。1969 年又恢复实行“收支挂钩、总额分成”的办法。1970 年，财政经济形势有所好转，中央适当下放管理权限，实行中央、省、县三级管理，中央对各省、直辖市、自治区实行“定收定支、总额分成”的办法。1971 年，中央的大部分企业再次下放到地方管理，因此实行中央对各省、直辖市、自治区“定收定支、收支包干、保证上交（或差额补贴）、结余留用、一年一定”的办法。1972 年，中央对财政包干制度进行了调整，要求省、自治区、直辖市对地、市、县不宜层层包干，可以采取收入分成办法或其他办法。1973 年，华北地区和江苏省在保持收支包干办法的基础上，进行了“收入按固定比例留成，超收另定分成比例，支出按指标包干”办法的试点。1974 年开始在全国普遍试行上述办法。1976 年又恢复了“收支挂钩、总额分成、一年一定”的财政体制。

三、“拨乱反正”的转折时期

1976 年 10 月，历时十年的“文化大革命”结束，面对十年动乱遗留下来的诸多问题，为争取财政经济的尽快好转，国家采取了一系列有效的财政措施，财政状况出现了明显好转。[①]

一是整顿企业，狠抓扭亏增盈。1977 年 7 月 8 日，国务院成立扭亏

① 谢旭人主编：《中国财政 60 年（上卷）》，经济科学出版社 2009 年版，第 200—201 页。

增盈领导小组，大力开展扭亏增盈工作，取得了明显成效。1977 年的企业收入达到 402 亿元，比上年增长 19%。全国国营企业中的亏损企业减少亏损 24.1 亿元，其中工业企业减少亏损 15.4 亿元。

二是控制和节约非生产性开支。为了平衡财政收支、控制货币投放、保证市场物价的基本稳定，1977 年 3 月国务院批转财政部、国家计委、商业部、全国供销合作总社《关于坚决压缩和严格控制社会集团购买力的请示报告》，要求各地区、各部门注意控制和节约各项非生产性开支。同年 12 月 8 日，上述四部委又发出《社会集团购买力管理办法》。经过努力，基本上控制了社会购买力持续大幅度上升的趋势。

三是加强税收管理的集中统一。为了改变"文化大革命"期间任意下放税收管理权限、任意减免税收等混乱状况，国务院于 1977 年 11 月 13 日转发了财政部《关于税收管理体制的规定》，要求：税收政策的改变，税法的颁布实施，税种的开征和停征，税目的增减和税率的调整，一律由国务院统一规定；凡是一个省（直辖市、自治区）范围内对某一产品或行业的减税免税，必须报经财政部批准。

第二节　计划经济体制下的税收制度

1956 年，社会主义改造完成后，理论界出现"非税论"，认为国有企业的税收和利润都是工人阶级创造的社会积累，可以把利润上缴和国家征税合并为一种形式，以简化企业的交税手续。很快，在"大跃进"和人民公社运动的影响下，"非税论"观点一度成为主流。这使得我国的税收制度不断走向简化，特别是经过 1958 年和 1973 年两次大的简化，导致税收各项职能被严重削弱。

一、"非税论"及其影响

我国计划经济体制的建立受到当时苏联经济体制的深刻影响，与苏联计划经济体制相适应的经济理论也相应成为这一时期的主导理论。这一影响体现在财政收入理论方面，最突出的是20世纪50年代由苏联传入的“非税论”。“非税论”是以否定国有经济税收和社会主义税收必要性为主要内容的一种系统理论，是传统计划经济理论的一个组成部分。

从20世纪30年代至80年代，苏联理论界对计划经济体制下税收的定义强调的核心内容是：税收是由非全民所有制企业和单位及公民个人向预算缴纳的款项；国营企业缴的税，只具有税的形式，实质上不是税，属于非税收方法，即认为：“税收方法，在数量上限制了归国家支配的资金征收数额，非税收方法，为征收数额的变动创造了可能性。”这是按纳税人的经济性质是否属于全民所有制为标准，而不是按税收本身的质的规定性为标准来界定是税或非税。①

新中国成立后相当长的时期，我国的财政理论受到“非税论”的深刻影响。新中国成立初期在多种经济成分并存的情况下，税收作为国家筹集财政资金和调节经济的手段，在实践中得到迅速发展，在保证财政收入和配合国家对私改造政策等方面发挥了重要作用。

随着生产资料私有制的社会主义改造的完成，多种经济成分在工商业中并存的经济结构向单一的全民所有制转化。在这种条件下，“非税论”的传播更加系统和具体。此时国内“非税论”的主要观点是：全民所有制企业向国家纳税不体现财产所有权转移，因而实质上不是“税”。随着全民所有制经济的发展壮大，税收也将逐步消亡，从而否定了社会主义全民所有制内部税收存在的客观必然性。这种“非税论”，尽管不同时期表现形式不同，但其影响是广泛的。②

在社会主义改造完成后，当时有观点认为：原来配合对私改造的多种税、多次征的税收制度，已不适应基本上是单一的社会主义经济的新情况，不适应企业大力发展生产和加强经济核算的迫切需要。而受“左”的思想影响，这个时期过分强调精神的作用，不按客观规律办事，忽视发展商品生产，忽视运用价值规律，忽视贯彻物质利益原则，

---

① 王诚尧主编：《国家税收》，中国财政经济出版社1997年版，第3页。

② 刘志城主编：《社会主义税收若干问题》，中国财政经济出版社1992年版，第40—41页。

不承认社会主义企业在根本利益一致的基础上实际存在着利益的差别。与此相联系，对于以价值形式发挥分配作用的税收，它的经济杠杆作用，也被人们所忽视。因此，在生产资料所有制的社会主义改造基本完成以后，税收只剩下积累资金的财政作用了，对国营企业更不存在用税收来适当安排国家、企业、职工个人三者的物质利益问题。如果说税收对企业经济核算还有些作用，也是税收制度越简化，越有利于经济核算。1958 年年底到 1959 年年初甚至还提出税收的历史使命已经完成，出现过一种完全否定税收作用，要取消税收，搞“无税之国”的思潮。[①]

“文化大革命”时期，“非税论”演变为更为极端的“税收无用论”，甚至把税收说成“无用有害”，是“管、卡、压”，是“破坏社会主义生产和妨碍企业经济核算”，是“眼红、手痒、挖社会主义墙脚”。在实际工作中，也曾研究要对国有企业取消征税，并一度在城市试行取消征税的“税利合一”试点，在农村实行取消征税的农村财政包干。[②]在片面强调简化税制的同时，税务机构被大量撤并，大批税务人员被迫下放、改行。结果是，税种越来越少、税制越来越简单，从而大大地缩小了税收在经济领域中的活动范围及其在社会政治、经济生活中的影响，严重地妨碍了税收职能作用的发挥。[③]

二、“大跃进”时期的税制改革

（一）1958 年扩大地方税收管理权限

1958 年 6 月 5 日，全国人大常委会通过了《关于改进税收管理体制的规定》，扩大了地方税收管理权限。主要内容包括[④]：

一是对已经划分地方固定收入来源的七种地方税（印花税、利息所得税、屠宰税、牲畜交易税、城市房地产税、文化娱乐税、车船使用

① 王诚尧主编：《中国社会主义税收》，黑龙江人民出版社 1986 年版，第 18 页。

② 王诚尧主编：《国家税收》，中国财政经济出版社 1997 年版，第 38 页。

③ 刘佐：《新中国税制 60 年》，中国财政经济出版社 2009 年版，第 63 页。

④ 陈光焱：《中国财政通史第十卷：中华人民共和国财政史（上）》，湖南人民出版社 2015 年版，第 308—309 页。

牌照税），地方在中央统一的征税条例的基础上，根据当地实际情况，有权调整税目、税率，有权采取减税、免税或加税的措施。

二是允许地方在规定的范围内，对作为中央和地方调剂分成收入的商品流通税、货物税、营业税、所得税等税收实行减税或者免税，也可以进行加税。

三是地方可以根据农业税条例并结合实际情况，对所属地区、粮食作物和经济作物、农业生产合作社和个体农民之间的负担，做必要调整。

四是允许地方对盐税在原有征税办法上，根据实际情况对税额做必要调整，并报国务院备案。

五是地方为了调节生产者的收入、平衡税负、开辟财源，或者为了有计划安排生产，限制盲目的生产经营，必要时，可以把某些利润较大的土特产品和副业产品（包括集体经济和个体经济的产品），列入货物税的征收范围，或者另行制定税收办法，开征地区性的税收，并报国务院备案。

六是赋予自治区在税收管理上更大的管理权限。自治区如认为全国统一的税法与本自治区实际情况不相适应，可以制定本自治区的税收办法，报国务院备案。

七是省、直辖市、自治区人民委员会根据发展生产、繁荣经济和增加国家积累的原则，对于工商税征收环节和起征点的规定，可以机动处理，并报财政部备案。

八是省、直辖市、自治区在执行本规定时要做到以下四点：第一，在减免税中，既要照顾生产的发展需要，又要照顾到国家资金的积累；第二，调整税率或者增加税收，不要影响生产的发展和物价的稳定；第三，改革税制时，凡与邻近地区有关的，应事先共同协商，互相配合；第四，对统一计划和全国平衡有较大影响的改革，应报国务院批准。

尽管对地方执行规定提出了原则性的要求，但在执行过程中，税收管理权限的分散引发了地方任意减免税收，个别地区乱征滥罚，税务机构被撤销，征收力量被削弱，欠税、漏税现象严重等诸多问题。

（二）全面实行工商统一税

社会主义改造基本完成后，我国的所有制关系发生了根本的转变，社会主义全民所有制和集体所有制企业成为纳税的主体，原有工商税制过于烦琐和复杂，要求改革税制的呼声越来越高。为适应这种变化，1958 年进行了新中国成立后第二次大规模税制改革。

1958 年 4 月 18 日，财政部颁布了《关于对纺织印染、日用化学、制笔、热水瓶四类工业产品试行改革工商税的规定》，试点将货物税、商品流通税、营业税、印花税这四种对工商企业征收的税种合并为工商统一税。1958 年 9 月，经全国人大常委会审议通过，国务院公布试行《中华人民共和国工商统一税条例（草案）》。《货物税暂行条例》《商品流通税试行办法》《工商业税暂行条例》中的营业税部分、《印花税暂行条例》和与之相关的法规相应废止。具体来看，这次改革的主要内容有：

第一，将商品流通税、货物税、营业税和印花税四种税合并为工商统一税。从事工业品生产、农产品采购、外货进口、商品零售、交通运输和服务性业务的单位和个人都交纳工商统一税。工商统一税共设置了 108 个税目，税率从 1.5% 到 69% 不等。这次税制改革后，由于工商业税中的营业税部分纳入工商统一税，所得税部分成为一个单独的税种，称为工商所得税，沿用原有的征税制度，没有单独制定新的法规。[①]

第二，改变纳税环节。对工农业产品，从生产到流通，在工业销售环节和商业零售环节各征收一道税，商业批发环节不再征税。

第三，计税价格由分别按国家规定的调拨价格、国营企业批发牌价计税改为从事工业品生产的纳税人，按销售收入征税；从事农产品采购的纳税人，在农产品采购后，根据采购所支付的金额纳税；从事外货进口的纳税人，根据进口货物所支付的金额纳税；从事商业零售的纳税人，根据零售收入的金额纳税；从事交通运输和服务性业务的纳税人，根据业务收入的金额纳税。

第四，国家银行、保险事业、农业机械站、医疗保健事业的业务收入和科学研究机关的试验收入，免纳工商统一税。

第五，农业生产合作社和城市街道组织自办公共食堂和其他公共事

---

① 刘佐：《新中国税制 60 年》，中国财政经济出版社 2009 年版，第 40—41 页。

业的收入，农业生产合作社供销部代国营企业办理购销业务的收入，学校因勤工俭学举办的生产事业的收入，需要在税收上加以鼓励的，可以给予减税或者免税。

第六，对于农业生产合作社、社员、个体农民征收工商统一税和对于残存的资本主义工商业、个体手工业、小商小贩、临时商业征收工商统一税的办法，都由省、自治区、直辖市人民委员会依照国家规定的管理税收的权限，另行制定纳税办法，并且报国务院备案。

三、国民经济调整时期的税制与税收工作

（一）税收工作的调整与加强

党的九届八中全会通过和决定贯彻“调整、巩固、充实、提高”——这一调整国民经济的八字方针。在调整时期，对于加强税收、发挥税收的职能作用，采取了许多有力措施，收到显著的效果。

首先是强调税收作用。主要包括：一是有利于加强经济核算；二是有利于国家安排生产；三是有利于市场物价管理；四是有利于调节社会消费；五是有利于财政积累。

其次是恢复税务机构，充实征收力量。1962 年 2 月，中共中央发出《关于迅速充实银行、财政和企业事业部门的计划、财务、会计、信贷、税务人员的紧急通知》（以下简称《通知》）。《通知》指出：为贯彻执行“八字方针”，克服目前的严重困难，争取财经的早日好转，决定在 1961 年年底实有人员的基础上，财政部门增加四万人。财政部在贯彻中央《通知》中，要求“各地应积极请示党委。按中央批准的编制、根据‘精兵简政’的原则，把基层干部迅速充实起来”。[①] 各省有的提出财税机构分设、恢复税务局（所）、干部人数至 1957 年水平；有的提出县以下财税机构分开；陶铸同志在中南局会议上指出：有税无

① 财政部：《关于财政、税务干部增加人员经费问题的补充通知》（1962 年 5 月）。转引自刘志诚主编：《中华人民共和国工商税收史长编（第一部 社会主义工商税收的建立和发展），中国财政经济出版社 1988 年版，第 468 页。

人收的地区，必须将干部配齐，否则，发不出工资不能从省里借钱。[①]

再次是严肃财经纪律，加强税收管理。财政部党组1960年12月31日向党中央提出《关于改进财政体制加强财政管理的报告》，中共中央于1961年1月批转了这个报告，其主要内容为：

1. 凡属工商统一税税目的增减和税率的调整，盐税税额的调整，应当报经中央批准。凡属工商统一税纳税环节的变动，凡是牵涉一个大区内两个省、市、自治区以上的应当报经中央局批准；牵涉两个大区的，应当报经中央批准。

2. 凡属开征地区性的税收，地方各税税目税率的变动，以及在中央规定的所得税的税率范围内确定具体税率，必须报经中央局批准。

3. 凡属工商统一税中有关新试制的产品，以代用品为原料生产的产品，或者由于灾情等原因，需要给予减免照顾的，由省、市、自治区批准。地方各税的征税范围、减税免税，对小商小贩加征所得税的比例和起征点的确定，也由省、市、自治区批准。

（二）调整农业税收负担

1961年年初，根据党的八届九中全会决议，在农村贯彻中共中央《关于农村人民公社当前政策问题的紧急指示信》，即“农业十二条”，进一步纠正了“一平二调共产风”，在农村社、队规模和核算体制上有了很大的变化，基本核算单位增加，商品流通范围扩大。为适应这一变化，财政部于1963年年初提出改进农村工商税收征税办法的意见。对农村工商税收主要是以下方面做了改进：

1. 工商统一税方面

改进的主要有三项：（1）直接为农业生产服务的工业产品，基本核算单位销售的工业产品，只对土化肥和颗粒肥料两种产品免征工商统一税，其余全部征税。（2）生产队自产自用的工业产品，只对烟、酒、糖、植物油、焚化品等五种产品征税，其余产品都不征税。（3）准备改

① 税务总局：《关于全国税务机构和税务干部变化情况》（1961年5月）。转引自刘志诚主编：《中华人民共和国工商税收史长编（第一部 社会主义工商税收的建立和发展），中国财政经济出版社1988年版，第469页。

为对所有社队经营的服务企业不分对内对外营业，一般地应当征收工商统一税。

2. 所得税方面

（1）修改了社队企业不征所得税的规定。但对公社、生产大队和生产队所办的直接为农业生产服务的企业，可以不征收所得税；另外，对为社员生活服务的企业，对纳税困难企业，由各省、自治区、直辖市确定免税或减税照顾。（2）为了进一步减轻农村社、队企业的所得税负担，并且简化征税手续，以便促进农村发展社、队企业扩大资金积累，逐渐实现毛主席提出的农业机械化计划，在其他所得税 1963 年由二十一级全额累进税率改为八级超额累进税率的基础上[①]，对农村社队企业，试行按比例税率征收所得税的办法，税率一律为 20%，全年所得税在 600 元以下的，免征所得税[②]。

3. 全面开征集市交易税

在国民经济调整期间，各地集市贸易陆续恢复，城乡经济发展，促进集贸市场日益活跃。因此在工商税收上，也需要对集市开征税收，以调节价格、平衡税负、规范市场。

集市交易税的征税对象为家畜、家禽、肉类、蛋品、干鲜果、土特产品和家庭手工业产品等七类农副产品，七类以外的产品是否征税，由各省、自治区、直辖市人民委员会确定，并报财政部备案。

税率按产品分别规定：一般可以规定为 10%，少数价格特高的产品，可以规定为 15%；家庭手工业产品和国家不需要掌握的产品，可以规定为 5%。产品的计税依据为实际销售价格。

为照顾农民之间的零星交易，各省、自治区、直辖市人民委员会可以在 7 元至 10 元的幅度内，规定一个起征点，未达起征点的不征收集市交易税。

---

① 刘志城主编：《中华人民共和国工商税收史长编（第一部 社会主义工商税收的建立和发展）》，中国财政经济出版社 1988 年版，第 486 页。

② 财政部：《关于对农村人民公社、生产队所办企业试按比例税率征收工商所得税的报告》（1966 年 10 月）。转引自：刘志城主编：《中华人民共和国工商税收史长编（第一部 社会主义工商税收的建立和发展）》，中国财政经济出版社 1988 年版，第 487 页。

（三）改革国营企业工商税制

在 1959 年国营企业税利改革试点停止后，1963—1965 年，国家陆续对工商税制进行了调整。1966 年 3 月 3 日，财政部向国务院财贸办公室报送《关于改革国营企业工商税收制度安排试点的报告》，提出现行对国营企业征税的办法基本上是在对私征税制度的基础上简化合并形成的，与当前的新形势很不适应，必须彻底改革，改革的原则是采取按照企业、按照产品积累征税的办法。积累税除了在辽宁省旅大市继续试点外，再增加武汉市、重庆市、西安市、无锡市和石家庄 5 个城市试点。[①] 试点的具体内容是：[②]

1. 单独制定对国营企业的征税办法，只征一种税、一次征收

这种税可称为“国营企业工商税”（亦俗称为“积累税”）。在开征新税的同时，原来对国营企业征收的工商统一税、城市房地产税、车船使用牌照税和工商统一税的附加一律停征。

2. 按企业、按产品积累设置税率

凡独立计算盈亏、上缴利润的国营工业企业、交通运输业和商业部门办的工业企业等，按照企业或产品积累额（包括现有的税金、利润和工商统一税附加，以下同）用税收提取 50% 左右，其余 50% 左右仍以利润上交形式解缴国库。对积累水平在 5% 以下的不征税。

3. 税率的三种形式

（1）企业产品之间，积累水平差距不大，可以按企业产品积累设计一个税率；（2）企业生产的产品品种类较多，而且积累水平差距过大，可以按产品积累分档定几个税率；（3）对税源大、积累高的产品，例如烟、酒、糖、盐等等，原来税收已经提取了积累的大部分，今后仍然在保持原税负的基础上加以简化。

---

① 刘佐：《新中国税制 60 年》，中国财政经济出版社 2009 年版，第 55 页。

② 任子良：《在武汉市各企业财会人员和税务干部大会上的报告》（1966 年 3 月 22 日）。转引自：刘志城主编：《中华人民共和国工商税收史长编（第一部 社会主义工商税收的建立和发展）》，中国财政经济出版社 1988 年版，第 526—527 页。

4. 设计和调整税率的依据和特殊规定

（1）应当按照产品的积累额设计，对列入试制计划的新产品和军工产品、亏损产品，由于一般成本较积累较低或者亏损，在设计税率的时候，可以把这部分剔除，不再征税。（2）税率设计最好整齐一些，例如13%的可以进到15%，也可以考虑定为10%。（3）企业适用的税率确定之后，对生产计划调整，产品价格变化，企业积累发生较大变化，税利比重变化上下超过2%的，可以重新设计税率。（4）对国营零售单位，饮食服务业，一律按销售收入的3%征税，影剧院交纳的文化娱乐税按现行规定办理。

试行积累税的目的是将国营企业的一部分利润转化为税收形式，以简化征纳手续，但积累税只对国营企业征收，仍受到"非税论"的影响，未厘清税收和利润的关系，实际上是以税收形式出现的另一种"税利合一"。

四、"文化大革命"时期的税制与税收工作

（一）"文化大革命"对税收工作的冲击

1. 税收思想受到扰乱

"文化大革命"的"左"倾错误思想在税收工作中体现为：（1）税收的作用被否定。加强税收工作，积极发挥税收的职能作用，被说成是"鼓吹税收万能论"；（2）财税部门支持生产被说成是"为错误路线卖力，为修正主义贴金"；（3）为国家积累资金被指责为"单纯财政观点"，是"利润挂帅，见钱眼红，刮地皮"；（4）坚决执行统一的税收法令，被说成是"条条专政"，坚持依法办事，依率计征，被说成是"管、卡、压"①。

2. 税务机构遭撤并

我国各地区的税务机构，在1958年的"大跃进"中曾经进行过撤

① 《任子良同志在全国税务工作会议上的发言》（1977年4月19日）。转引自：刘志城主编：《中华人民共和国工商税收史长编（第一部 社会主义工商税收的建立和发展）》，中国财政经济出版社1988年版，第533—534页。

并，从 1961 年起相继得到恢复。“文化大革命”中，在“左”的错误思想影响下，从财政部税务总局到基层税务机构都进行了一次机构大撤并。税务总局在 1967 年被撤销，税收业务由财政部业务组下设的一个税收业务组办理。各地于 1968 年开始，在“精简机构、实行机关革命化”的号召下，进行税务机构与其他财经管理部门，如财政、银行、物资、工商、物价等的大合并。

3. 制度法纪遭到破坏

新中国成立后，各级税务部门都陆续建立了一套行之有效的管理制度，如稽征管理制度，计划、会计、统计工作制度和机关工作制度等。由于建立和坚持这些规章制度，保证了党的税收政策法令的顺利贯彻执行和税收任务的胜利完成。在“文化大革命”提出的“斗、批、改”“不破不立”、改革一切不合理的规章制度的要求下，税务部门以往一直坚持得很好的规章制度，都被当作“烦琐哲学”“管、卡、压”“修正主义”的东西来批判，有的被明文砍掉，有的则是名存实亡了。

（二）1973 年税制改革

在“文化大革命”中，提出了“认真搞好斗、批、改”“改革一切不合理规章制度”的口号。在“文化大革命”前即已提出应简化的原工商税制，一时成为批判的对象，被认为是烦琐哲学，必须予以简化。为此，按照“合并税种、简化征收方法，改革不合理的工商税收制度”的指导思想，进行了新中国成立后的第三次大规模的税制改革。这次税制改革从 1968 年开始，历时 5 年，到 1973 年完成，经历了 3 个阶段：最初是将企业缴纳的各种税收合并起来，在原税负的基础上试行“综合税”，即一个企业用一个税率征税；继而发展为试行按照行业设计税率的“行业税”，即一个行业适用一个税率征税；最后是逐步试行工商税，按照不同行业和产品设计不同的税率。在此期间，工商税收管理权限再次全面下放。[1]

1. “综合税”的试点

财政部于天津市试点了简化税制工作。天津市提出的简化税制办

① 刘佐：《新中国税制 60 年》，中国财政经济出版社 2009 年版，第 56 页。

法，“是在基本保持企业原来向国家交纳税收数额的基础上设计税率的”。为了便于比较，在试点企业中大体采用了 3 种形式：一种是，把企业销售的各种产品按不同税率交纳的工商统一税、工商统一税附加、城市房地产税、车船使用牌照合并为一种税，按一个税率交；另一种是，把企业销售的各种产品按不同税率交纳的工商统一税，合并为一个税率，城市房地产税、车船使用牌照税和工商统一税附加又合并为一个税率，分别计算交纳；第三种是，把企业销售的各种产品按不同税率交纳的工商统一税，合并为一个税率，城市房地产税、车船使用牌照税和工商统一税附加，仍按老办法分别交纳。经过初步实践，工人同志、企业财务人员和税务人员普遍认为，以上 3 种形式，第一种比较好。“它打破了对国营企业采取税种多和按产品征税的老框框，砸烂了纳税环节多、计税价格多、征免界限多和计税手续多的烦琐制度，也解决了企业多员办税，税务人员多员进厂的矛盾，是一次较大的改革。”① 天津市于 1968 年 9 月份，按照上述第一种办法在天津市毛织厂做了典型调查和试点，然后草拟了一个《简化国营企业纳税办法（试行草案）》，并在财政部工作组的帮助下，进一步在 41 个国营企业中进行了简化税制的试点。天津市于 1969 年 2 月向中央做了报告，提出分期分批试点的意见，继而于 4 月份起在纺织行业 100 多个企业进行了扩大试点。后又报经国务院原则同意，在全市国营企业进行了试点。到 1969 年 6 月份，除商业批发、外贸、粮食、铁道等单位以外，对全市 6 个工业局所属地方工业企业和商业零售单位，都试行了新的纳税办法。

这一征税办法曾被称为“简化国营企业征税办法”“四税合一”或“按综合税率征收”。财政部在之后 1972 年《各地工商税制改革的发展过程几点说明》中将这一征税办法称为“综合税”。

1969 年、1970 年，全国各地按全国税制改革座谈会（1969 年 6 月 21—28 日，经国务院批准，由财政部在天津召集）的要求，普遍进行了试点。

① 天津市财政局：《天津市改革国营企业纳税办法的调查报告》（1968 年 12 月 14 日）。转引自：刘志城主编：《中华人民共和国工商税收史长编（第一部 社会主义工商税收的建立和发展）》，中国财政经济出版社 1988 年版，第 567—568 页。

在综合税试点过程中，除了肯定其简化税制的优点之外，也发现其缺点，如：不利企业加强经济核算、由于产品品种变化而影响综合税高低并导致税负不合理、“一企一率”不便于同行业各企业之间的比较、不便于财政与企业主管部门统一政策等问题。

2. “行业税”的试点

天津市在综合税试点过程中，认识到由于这个“四税合一”征税办法，“税率是在企业原税负的基础上简并出来的，所以同一行业的各企业税负不一，参差不齐”。有的企业也提出建议，认为可以将同一行业的企业用一个税率串起来，实行按行业征税。

天津市根据这一建议，经过反复调研、典型试验，由“四税合一”发展为在同一行业内，不变动原来的税负，各企业都用一个统一的税率征税。[①] 在财政部驻津工作组的指导下，天津市又分批在国营企业中试点了按行业设计税率的征收办法。[②]

财政部负责人在 1970 年 3 月全国计划会议财政座谈会上又提出，要“开展按行业定率的试点工作，适当提高税收占积累的比例，先搞地区性的行业税，然后再搞全国性的行业税。”[③]

然而行业税试点过程也存在不少问题。比如从事两个以上行业的企业，采用“从主”办法，有的企业提出可以分开不同税率分别核算；有的认为税负变动影响了企业的利润和价格。[④] 再如对于跨行业的产品，在不同行业生产的同一产品，税负不一；而不同行业的税负差异不

---

① 天津市财政局：《关于行业税试行情况的报告》（1970 年 7 月 17 日）。转引自：刘志城主编：《中华人民共和国工商税收史长编（第一部 社会主义工商税收的建立和发展）》，中国财政经济出版社 1988 年版，第 572 页。

② 天津市财政局：《关于对纺织、一机、化工局所属国营企业试行行业税的请示报告》（1970 年 8 月 11 日）。转引自：刘志城主编：《中华人民共和国工商税收史长编（第一部 社会主义工商税收的建立和发展）》，中国财政经济出版社 1988 年版，第 572 页。

③ 财政部税务总局：《工商税制改革的过程》（1972 年）。转引自：刘志城主编：《中华人民共和国工商税收史长编（第一部 社会主义工商税收的建立和发展）》，中国财政经济出版社 1988 年版，第 573 页。

④ 北京市宣武区财金局：《关于在区工业局、街道集体工业中试行工商税的简要情况》（1971 年 8 月 14 日）。转引自：刘志城主编：《中华人民共和国工商税收史长编（第一部 社会主义工商税收的建立和发展）》，中国财政经济出版社 1988 年版，第 580—581 页。

尽合理。[①] 其他试点省市也有同样情形，在行业税办法之下，虽然相同企业使用不同税率的矛盾得以解决，但是有些产品是跨行业生产的，特别是在大搞综合利用的情况下，出现了同一种产品由于在不同行业生产就适用不同税率征税，不利于企业按产品核算和按产品定价的问题。[②]

3. 试行工商税

工商税制改革从 1969 年开始试行综合税，1970 年又进而试行行业税，到 1971 年上半年已经进行了两年多的时间。财政部于 1971 年 6 月底，在总结各地经验的基础上，与地方同志共同商量，草拟了新的《工商税条例（讨论稿）》，并在一些试点的城市，广泛听取了企业单位和工人群众的意见。[③] 财政部于 1971 年 7 月 3 日向各省、市、自治区发出通知，同时检发了《工商税条例》（讨论稿）、《工商税税率表》（讨论稿）和《工商税条例说明》（讨论稿），要求各地“抓紧时间，认真研究讨论并采取上下结合的办法，一方面向党政领导请示汇报，一方面请基层财税干部和有关部门的同志进行座谈，提出具体修改意见，报告财政部”。[④]

中共财政部核心小组于 1971 年 12 月 17 日，将在 1971 年 8 月全国工商税制改革座谈会上起草的《关于改革工商税制的报告》上报给毛主席、党中央。1972 年全国计划会议后，财政部把原来给毛主席、党中央的《关于改革工商税制的报告》，改为《关于扩大改革工商税制试点的报告》（以下简称《报告》），连同《中华人民共和国工商税条例

① 上海市财政局税务局：《关于试行改革本市国营企业征税办法的报告》（1970 年 11 月 30 日）。转引自：刘志城主编：《中华人民共和国工商税收史长编（第一部 社会主义工商税收的建立和发展）》，中国财政经济出版社 1988 年版，第 581 页。

② 天津市财政局：《关于在我市扩大工商税试点几个问题的说明》（1973 年 5 月 2 日）。转引自：刘志城主编：《中华人民共和国工商税收史长编（第一部 社会主义工商税收的建立和发展）》，中国财政经济出版社 1988 年版，第 582 页。

③ 财政部《工商税条例说明（讨论稿）》（1971 年 6 月 27 日）。转引自：刘志城主编：《中华人民共和国工商税收史长编（第一部 社会主义工商税收的建立和发展）》，中国财政经济出版社 1988 年版，第 583 页。

④ 财政部：《关于征求〈工商税条例〉（讨论稿）意见的通知》（1971 年 7 月 3 日）。转引自：刘志城主编：《中华人民共和国工商税收史长编（第一部 社会主义工商税收的建立和发展）》，中国财政经济出版社 1988 年版，第 583 页。

（草案）》上报国务院[①]。《报告》中提出：“建议各级地方党委加强对这项工作的领导”，各级财税部门“在 1972 年搞好扩大试点，做好准备工作，在 1973 年全面试行。”[②]

这次工商税制改革，主要包括以下内容：

一是合并税种。把工商统一税及其附加、城市房地产税、车船使用牌照税、盐税、屠宰税合并为工商税（盐税暂按原办法征收）。合并以后，对国营企业只征收工商税，对集体所有制企业只征收工商税和所得税。解决了对一个企业征收多种税的问题。城市房地产税、车船使用牌照税和屠宰税，只对个人和外侨等继续征收。

二是简化税目、税率。税目由过去的 108 个，减为 44 个；税率由过去的 141 个，减为 82 个。在 82 个新的税率中，有很多是相同的，实际上不同的税率只有 16 个。[③]

三是改革不合理的规定。主要是废除了税收上许多烦琐的征收办法，同时，在统一税收政策的前提下，把一部分管理权限放给地方，以利于因地制宜地解决问题。改革以后，对于新兴工业、“五小”企业、社队企业、综合利用、协作生产等，地方可根据具体情况，确定征税或者减税免税。对于城乡资本主义自发势力，地方可以及时地从税收上采取措施，加以限制和打击。另外，对国营商业（粮食）部门所属粮食和食用植物油加工企业，今后对他们不再征税。

四是对少数税率做了必要的调整。这次税制改革，大多数保持原来的负担水平，只对少数行业做了调整。如农机、农药、化肥、水泥的税率降低了一些，印染、缝纫机的税率略有提高。调整以后，有的地区税收要增加一些，多数地区没有增加或有减少。

到 1978 年，我国税制共有 14 个税种，包括工商税、盐税（名义上

---

① 财政部：《工商税制改革的过程》（1972 年）。转引自：刘志城主编：《中华人民共和国工商税收史长编（第一部 社会主义工商税收的建立和发展）》，中国财政经济出版社 1988 年版，第 589 页。

② 国务院批转财政部：《关于扩大改革工商税制试点的报告》（1972 年 3 月 30 日）。转引自：刘志城主编：《中华人民共和国工商税收史长编（第一部 社会主义工商税收的建立和发展）》，中国财政经济出版社 1988 年版，第 590—591 页。

③ 王诚尧：“建国以来税收制度的建立和改革概况（上）”，《财政研究》1983 年第 1 期，第 74—80 页。

包含在工商税中，但实际上单独存在）、工商统一税、关税、工商所得税、城市房地产税、契税、车船使用税、船舶吨税、屠宰税、牲畜交易税、集市交易税、农业税和牧业税。其中，国营企业只缴纳工商税，集体企业只缴纳工商税和工商所得税。

第三节　计划经济体制下的国营企业收入

在高度集中的计划经济体制下，国家直接从国营企业收取的利润和折旧基金是主要的财政收入来源，由此导致国家与企业的关系以及不同级次政府对企业的管理权限成为影响财政收入体制最重要的因素。如何在国家与国营企业和各级政府之间合理地划分收入以建立有效的激励与约束机制一直是计划经济时期面临的基本问题。

“大跃进”开始后，中央在短期内匆忙将企业下放给地方，极大地扩大各级地方政府和企业的经济权限。中央提出“调整、巩固、充实、提高”的八字方针后，在国家和企业关系方面，认为放权太多，从而再次强调了要加强集中。1966 年开始的“文革大革命”再一次对国民经济运行和各项财政制度产生巨大冲击。受极“左”思潮的影响，财权财力进一步集中，企业基本没有自主权，财经纪律废弛，不仅不讲激励，也不重视效率和效益。可以说，从新中国成立初期到“文革”结束，在理论和实践上，我们都没有找到适当的方式，解决高度集中计划体制下国家和企业关系以及财政关系问题。显然，这是体制问题而不是具体方法问题。[①]

① 孙翊纲主编：《财政五十年——若干财政理论问题研究》，经济科学出版社 1999 年版，第 12 页。

一、国营企业利润上缴制度

（一）1958—1961年的放权阶段

1958—1961年，为扩大企业财权，在国家与企业关系的处理上实行了利润留成制度。1958年5月22日，国务院颁发了《关于实行企业利润留成制度的几项规定》，决定中央经济各部（以下简称各部）所属企业实行利润留成制度。

企业留成比例，以各主管部为单位计算确定，留成比例确定以后，基本上5年不变。主管部可以在本部企业留成所得总数的范围内，根据各个企业的具体情况，分别确定它们的留成比例，并且可以酌量提取一部分，由部集中掌握，调剂使用。

企业留成比例以各部在"一五"期间所使用的下列资金为计算基数：（1）预算拨付的技术组织措施费、新产品试制费、劳动安全保护费和零星固定资产购置费等四项费用（商业部门还包括简易仓棚修建费）；（2）按规定提取的企业奖励基金和社会主义竞赛奖金；（3）按规定提取的超计划利润留成部分。把以上各项合在一起同各部在同一时期内所实现的利润总额作比较，即为主管部利润留成比例。

企业留成所得应当根据大部分用于生产，同时适当照顾职工福利的原则，在下列范围内统筹使用：（1）用于企业所需要的"四项费用"和简易仓棚的开支；（2）用于补充流动资金的不足和计划内的基本建设投资的不足；（3）用于其他经过批准的基本建设项目的投资；（4）用于社会主义竞赛奖金和其他各项不包括在工资总额内的奖金的支出；（5）用于职工福利设施和职工生产困难补助的支出。企业留成所得用于第4、5项两部分的数字，合计不得超过该企业职工工资总额的5%。企业留成所得，一概不许用于企业和行政的管理费用及其他非生产性开支。

这一制度于1958—1961年实行，分别提取29.11亿元、49.38亿元、56.84亿元、11.43亿元，四年共提取了留成资金146.76亿元，占同期企业收入1025.44亿元的14.3%。[①]

除了实行利润留成制度外，这一时期还改进了若干财务管理制度。主要措施有：报废固定资产变价收入不再上缴财政，改为留给企业用于更新改造；企业结合固定资产大修理进行革新改造的费用支出，允许在大修理基金中核销；对国防工业以及其他企业特别重要的新种类产品试制费用，如果超过本企业的负担能力，仍给予一定拨款。[②]

（二）“大跃进”后的调整与收权阶段

“大跃进”给国民经济带来了巨大损失，为此进行的经济调整中财政调整首当其冲。为了应对经济困难，财政采取了一系列措施，重新加强财权、财力的集中统一。

1. 降低企业留成比例并改进财政与财务管理制度

为配合经济调整，1961年1月23日，中共中央批转了财政部《关于调低企业利润留成比例，加强企业利润留成资金管理的报告》，决定从1961年起将全国企业利润留成资金从现有水平调低47.7%，调整后，全国企业利润留成比例由平均占国营企业利润收入的13.2%左右降低到6.9%。同时明确规定企业利润留成资金必须绝大部分用于“四项费用”，进行技术革新和技术革命，以及实行综合利用所需的资金，适当安排社会主义竞赛奖金和职工福利开支。企业利润留成资金一律不得用于计划外的基本建设投资。中央和各地区的企业主管部门按照规定集中的留成资金，不得超过企业利润留成资金总额的20%，主要应该用来调剂所属企业单位利润留成资金不足的需要，不得用于其他开支。企业利润留成资金的使用计划和执行情况，企业单位必须按期向企业主管部门报告，并由各级企业主管部门汇总报送各级财政部门，以便财政部门汇同计划部门汇编综合财政计划，进行检查和监督。

2. 取消利润留成制度，恢复企业奖励基金制度

1962年1月10日，财政部、国家计委发布了《国营企业四项费用

① 陈光焱：《中国财政通史第十卷：中华人民共和国财政史（上）》，湖南人民出版社2015年版，第322页。

② 高培勇主编：《共和国财税60年》，人民出版社2009年版，第76页。

管理办法》，规定从1962年起，除商业部门仍实行利润留成外，其余各部门的企业不再实行利润留成办法，企业所需的“四项经费”改由国家拨款。

对继续实行利润留成的商业部门，1963年5月8日，商业部、财政部发布了《关于下达商业部系统企业利润留成资金管理办法的通知》，规定了商业部系统利润留成比例、利润留成适用范围和利润留成中用于企业奖金部分的提取条件和办法。1966年3月9日，商业部、财政部发出《“关于商业部系统企业财务管理若干问题的规定”并核定1966年利润留成额的通知》对商业部系统企业的利润留成制度进行了调整。

在取消利润留成的同时，为了调动企业职工的积极性，在发展生产基础上逐步改善职工的生活，同年1月8日，财政部、国家经委又发布了《1962年国营企业提取企业奖金的临时办法》，决定恢复企业奖金制度，其主要内容是：

（1）提取奖金的条件和办法。企业在全面完成了国家批准的主要产品产量和质量计划（交通运输企业为运量计划，粮食、对外贸易、供销企业为商品购销计划）、新品种计划、工资总额计划、产品成本降低计划、流动资金周转计划和上缴利润计划（计划亏损企业以计划亏损额为考核条件）等六项指标后可以按工资总额3.5%提取企业奖金；没有全面完成计划的企业，每少完成一项指标，扣提奖金的六分之一。超额完成年度利润计划的企业和实际亏损小于计划亏损的企业，在年度终了后，还可以提取超计划企业奖金。盈利企业从实现的超计划利润中提取10%，亏损企业从超计划降低成本额中提取20%。企业奖金，盈利单位从利润中抵扣，亏损单位从国家弥补亏损数中解决。主管部门可以集中10%的企业奖金用于调剂。

（2）使用范围。企业奖金可以用于发给先进工作者个人和先进集体的社会主义竞赛奖金，职工临时困难补助，职工集体福利设施。各级企业主管部门有权规定所属企业上缴实得奖金数额的10%，用于举办所属企业的集体福利事业和补助所属未得奖金企业对先进工作者、先进集体的社会主义竞赛奖金，但不能用作本身的行政、事业费开支和基本建设。

1963年10月5日，国家计委、国家经委、财政部在《对1962年国营企业、自营建设单位和地质勘探单位提取企业奖金的临时办法的补充通知》中，对企业奖金的使用范围做了补充规定：企业奖金还可以用于弥补福利补助金、医药卫生补助金的不足，如有剩余，可用作必要的技术组织措施费用。

1964 年 5 月 23 日，财政部、国家计委、国家经委颁布了《1964 年国营企业提取企业奖金的补充规定》，对提取奖金的条件和办法，补充规定了工业、交通企业的成本指标，可比产品的成本，以比上年实际成本的降低率为考核指标；不可比产品的成本，以当年计划成本为考核指标（均按实际产量计算）。只完成上述两个指标中的一个，可按可比产品和不可比产品成本占全部产品的实际总成本的比重，计提应提的企业奖金。企业提取的企业奖金，除了按过去规定的使用以外，其余部分应尽可能地用于“四项费用”。

二、国营企业折旧上缴制度

1966 年 12 月 17 日，国家计委、财政部发出的《1967 年固定资产更新和技术改造资金的管理办法和分配计划（草案）》提出，基本折旧基金必须留给企业一部分。

留给企业多少，由各主管部门和各省、市、自治区自行确定。同时，实行基本折旧基金和大修理基金分别提取、合并使用的办法。该文件分析了当时固定资产更新和技术改造资金管理办法上存在的主要问题：第一，更新改造资金渠道的划分十分烦琐。有的从基本折旧基金留抵，有的由财政拨款。在财政拨款中又划分“三项费用”[①]、固定资产更新和各项专款等。第二，基本建设投资中，有一部分为老企业安排的属于简单再生产性质的投资项目，工程简单，投资少，同基建一起用对大项目的办法处理，容易误事。第三，各项资金条条控制过死，企业机动少，有些企业一分钱也拿不到。针对这些问题，该文件提出，把“三项费用”、固定资产更新和基本建设中属于简单再生产性质的投资合并为一个渠道。固定资产更新和技术改造资金实行基本折旧基金留抵

① “三项费用”是指技术组织措施费、劳动安全保护措施费和零星固定资产购置费，新产品试制费同“三项费用”合在一起，称为“四项费用”。

的办法，不再采取预算拨款和利润留成的办法。汽车、机车等设备更新专款，统一并入更新改造资金开支。亦即，从 1967 年开始，国营企业不再向国家上缴折旧基金，财政部原用于固定资产更新和技术改造的财政预算拨款改由折旧基金承担。[①]

1973 年 5 月，财政部颁发的《国营工业交通企业若干费用开支办法》规定：固定资产更新改造资金，应当大部分留给企业（一般应占 70% 左右）。每个企业单位的留用比例，由主管部门根据企业的设备状况和其他生产条件，分别核定。在保证企业固定资产更新改造需要的前提下，上级领导机关可以适当集中一部分，作为企业之间调剂使用。

由于“文革”期间国家财政状况日趋恶化，1975 年 10 月全国计划会议规定中央财政从企业集中 30% 折旧基金，地方财政集中 20%，企业留用 50%。

1977 年 12 月，国家计委、财政部《关于改进固定资产更新改造资金管理的报告》提出，为了有计划有重点地对现有企业进行技术改造，加快国民经济的发展速度，更新改造资金要由国家财政适当集中一部分，统一安排，调剂使用。从 1978 年起，企业提取的基本折旧基金，50% 留给企业，50% 作为“上交基本折旧基金”，随同企业利润一并交入国库，纳入国家预算和国家计划。此 50%“上交基本折旧基金”，由国家计委、财政部和各主管部门掌握安排 30%；国家分配给各省、市、自治区 20%。同时规定，留给企业的部分，是否还要集中调剂一部分，由各地区自行决定。此外，地、市以上新投产的企业（包括新建大型的生产车间和分厂），在建成投产后三年内提取的基本折旧基金全部上缴财政。

总的来看，在改革开放以前，国企折旧中存在的问题，主要是采用“综合折旧”的方法，即机器设备和其他固定资产统一折旧，“胡子眉毛一把抓”，结果是折旧资金无法准确反映出专用设备与其他固定资产的使用耗费情况，不利于企业的成本管理。此外，国有企业的平均折旧率相比于同时期同行业其他国家的企业而言，明显偏低。1978 年，全

① 贺绍奇：“国有企业利润上交制度方案研究报告”，《中国经济改革研究基金会 2010 年研究课题汇编》2011 年 6 月版，第 154—188 页。

国国营工业企业折旧率为4.1%，1982年平均亦仅为4.3%。财政部在经过大量调研后于1985年，经国务院批准颁布了《国营企业固定资产折旧试行条例》和《国营企业固定资产分类折旧年限表》，规定提高折旧率，改进折旧范围和方法，并且加强对折旧资金使用的监督管理。国营工业企业全面推行分类折旧办法后，平均折旧率从4.3%提高到5.3%，全国国营企业的平均折旧率也从4.1%提高到5.1%，分别提高了一个百分点。[①] 在上述调整的基础上，还对机械、铁道、水电等行业的部分固定资产，实行了加速折旧办法。如对部分机械工业使用的主要设备，允许其折旧年限比规定的年限缩短30%。[②]

第四节　1958—1978年财政收入情况

1958—1978年，我国经济社会发展经历了“大跃进”运动和“文化大革命”的严重冲击，国民经济大起大落，体制调整频繁，财政收入也出现了较大的波动。在这一时期，财政工作在受到严重冲击的同时，努力排除干扰，维持财政平衡，适时进行整顿，有力维护了国家财政的稳定局面，对经济社会起到了关键的支撑作用。

一、1958—1965的经济与财政收入情况

受“大跃进”运动的影响，1958年到1962年GDP增长率出现了明显的下降，1960年GDP的增速为0，1961年则急剧下滑了27.3%，1962年进一步下降了6.6%。1963年到1965年，国民经济调整取得了显著成绩，1963年GDP增速由负转正，达到了10.3%；1964年、1965年恢复了较高增速，分别为18.2%和17.0%。人均GDP由1958年201

① 杨敏、严华仲：《关于今后一定时期国营企业固定资产折旧政策的思考》，《会计研究》，1991年第6期，第26页。

② 财政部财税体制改革司：《财税改革十年》，中国财政经济出版社1989年版，第16页。

元大幅降至 1962 年的 175 元，一直到 1964 年还未恢复到 1959 年的水平。这一阶段，工业化进程受到严重挫折，1961 年第二产业占 GDP 的比重由 1960 年的 44.4% 骤降至 31.9%，1962 年又进一步降至 31.3%，一直到 1965 年"文化大革命"前仍未恢复到 1958 年的水平（参见表 3－2）。

表 3－2　　1958—1965 年 GDP 及其结构

年份	GDP		第一产业		第二产业		第三产业		人均 GDP（元）
	绝对值（亿元）	增长率	绝对值（亿元）	比重	绝对值（亿元）	比重	绝对值（亿元）	比重	
1958	1312.3	21.3%	445.9	34.0%	483.6	36.9%	382.8	29.2%	201
1959	1447.5	9.0%	383.8	26.5%	616.8	42.6%	446.9	30.9%	217
1960	1470.1	0.0%	340.7	23.2%	652.6	44.4%	476.8	32.4%	220
1961	1232.3	－27.3%	441.1	35.8%	393.5	31.9%	397.7	32.3%	187
1962	1162.2	－6.6%	453.1	39.0%	363.9	31.3%	345.1	29.7%	175
1963	1248.3	10.3%	497.5	39.9%	412.8	33.1%	337.9	27.1%	183
1964	1469.9	18.2%	559.3	38.1%	519.3	35.3%	391.6	26.6%	210
1965	1734.0	17.0%	551.1	37.5%	608.5	35.1%	474.4	27.4%	242

资料来源：国家统计局网站．国家数据，data.stats.gov.cn。

受经济大起大落的影响，1958—1965 年的财政收入也出现了剧烈的波动。"大跃进"运动盲目扩大投资规模给财政收入带来了巨大的压力，1958—1960 年，财政收入的增速分别高达 25.20%、28.32% 和 17.48%，这导致短短两年时间，财政收入占 GDP 的比重就上升了 10 个百分点，由 1958 年的 28.93% 升至 1960 年的 38.93%。1961 年，随着国民经济增长速度的骤然下降，财政收入也随之大幅下降，降幅高达 37.78%。1962 年财政收入又下降了 11.94%，财政收入占 GDP 的比重也大幅降至 26.98% 的水平。1963—1965 年国民经济调整的成效显现，财政收入恢复了增长，1963—1965 年的增幅分别为 9.15%、16.74% 和 18.47%，财政收入占 GDP 的比重则维持在 27% 左右的水平。

1958 年开始的大规模财政和企业管理权限的下放导致中央财政收入的比重大幅下降。1958 年，中央财政收入的占比高达 80.41%，1959 年则降至 24.38%。此后，中央和地方财政管理体制调整频繁，中央财政收入的占比出现了较大幅度的波动，如1962年财政收入的占比为29.68%，而1961年为21.53%，1963年为23.06%。1963年后，中央财政收入的比重逐步上升，到1965年达到了32.97%（参见表3-3）。

表3-3　　1958—1965年财政收入基本情况　　单位：亿元

年份	财政收入（不含债务收入）	财政收入增速	财政收入占GDP的比重	中央		地方	
				绝对数	比重	绝对数	比重
1958	379.62	25.20%	28.93%	305.26	80.41%	74.36	19.59%
1959	487.12	28.32%	33.65%	118.78	24.38%	368.34	75.62%
1960	572.29	17.48%	38.93%	142.80	24.95%	429.49	75.05%
1961	356.06	-37.78%	28.89%	76.65	21.53%	279.41	78.47%
1962	313.55	-11.94%	26.98%	93.07	29.68%	220.48	70.32%
1963	342.25	9.15%	27.42%	78.92	23.06%	263.33	76.94%
1964	399.54	16.74%	27.18%	100.81	25.23%	298.73	74.77%
1965	473.32	18.47%	27.30%	156.07	32.97%	317.25	67.03%

资料来源：财政收入数据来自楼继伟主编：《新中国50年财政统计》，经济科学出版社2000年版。

1958年的国内债务收入为7.98亿元，没有国外借款收入。从1959年开始一直到1980年，我国停止了国内公债的发行；从1958年到1978年也一直没有国外借款等外债。

从财政收入结构看，受到这一时期税收与企业收入关系频繁调整的影响，各项税收收入与企业收入的占比也出现了剧烈的波动。1959年，企业收入的占比由1958年的49.84%激增到57.30%，1960年进一步升至63.93%的高位。然而，从1961年开始，企业收入的占比出现了大幅下滑，到1962年降至46.63%，两年间大幅下降了17.3个百分点。1963年后，企业收入的占比开始逐步回升，到1965年升至55.83%。在其他收入的占比保持基本稳定的情况下，相应的税收收入的占比则出现了相反的变化（参见表3-4）。

从税收收入的结构看，1958—1965年，工商税收一直是税收收入的主要来源，其占税收收入的比重1958年为79.19%，1959年为80.44%，1960—1964年稳定在83%左右，到1965年接近85%。相应

表 3－4　　1958—1965 年财政收入的结构　　单位：亿元

年份	各项税收		企业收入		其他收入	
	绝对数	比重	绝对数	比重	绝对数	比重
1958	187.36	49.35%	189.19	49.84%	3.07	0.81%
1959	204.71	42.02%	279.1	57.30%	3.31	0.68%
1960	203.65	35.59%	365.84	63.93%	2.80	0.49%
1961	158.76	44.59%	191.31	53.73%	5.99	1.68%
1962	162.07	51.69%	146.22	46.63%	5.26	1.68%
1963	164.31	48.01%	172.68	50.45%	5.26	1.54%
1964	182.00	45.55%	212.93	53.29%	4.61	1.15%
1965	204.30	43.16%	264.27	55.83%	4.75	1.00%

资料来源：楼继伟主编：《新中国 50 年财政统计》，经济科学出版社 2000 年版。

的，农业各税的比重在 1960 年后出现了明显的下降，由 1958 年的 17.39% 降至 1960 年的 13.77%，到 1965 年进一步降至 12.62%。需要说明的是，这一时期除 1959 年、1960 年两年由于“大跃进”盲目推进工业化建设造成第一产业比重较低外，1961 年后，第一产业的比重一直保持在 35%—40% 的水平。农业各税占比只有 12.62% 并不意味着农业对财政收入的贡献低。如前所述，在整个计划经济时期，国家取得农业剩余的主要渠道是通过农产品统购统销、工农业剪刀差、城镇低工资等制度安排形成国营企业的高利润和高积累，大部分农业剩余是通过企业工商税收和国营企业利润折旧上缴获取的（参见表 3－5）。

表 3－5　　1958—1965 年税收收入的结构　　单位：亿元

年份	工商税收		关税		农业各税	
	绝对数	比重	绝对数	比重	绝对数	比重
1958	148.37	79.19%	6.40	3.42%	32.59	17.39%
1959	164.67	80.44%	7.03	3.43%	33.01	16.13%
1960	169.61	83.29%	6.00	2.95%	28.04	13.77%
1961	130.87	82.43%	6.23	3.92%	21.66	13.64%
1962	134.42	82.94%	4.82	2.97%	22.83	14.09%
1963	136.16	82.87%	4.15	2.53%	24.00	14.61%
1964	151.73	83.37%	4.38	2.41%	25.89	14.23%
1965	172.82	84.59%	5.70	2.79%	25.78	12.62%

资料来源：楼继伟主编：《新中国 50 年财政统计》，经济科学出版社 2000 年版。

二、1966—1978 年的经济与财政收入情况

1966—1976 年"文化大革命"十年间，经济社会发展受到了严重冲击，经济增长率在这一时期也出现了大起大落的局面。1966 年 GDP 的增速由 1965 年的 17.0% 降至 10.7%，1967、1968 两年则出现了负增长。而在 1969 年、1970 年，GDP 的增速快速回升至 16.9% 和 19.3% 的高水平。而从 1971—1976 年则出现了一年较高增速与一年较低增速交替出现的局面，1976 年出现了 1.6% 的负增长。1976 年"文革"结束后，国民经济逐步走向正轨，1977 年、1978 年增长率分别为 7.6% 和 11.7%。

从 GDP 构成看，1966 到 1968 年三年间，第二产业的比重出现了明显的下滑，由 1966 年的 37.9% 大幅降至 1968 年的 31.1%，这说明我国的工业化进程受到了严重影响。1969 年后第二产业的比重开始回升，到 1970 年第二产业的比重升至 40.3%，比 1968 年提高了 9.2 个百分点，此后一直到 1976 年，第二产业的比重稳定增长，到 1976 年升至 45.0%，到 1978 年进一步提高至 47.7%。相应的，第一产业的比重由 1966 年的 37.2% 降至 1978 年的 27.7%，下降了 9.5 个百分点。1978 年与 1966 年相比，第三产业比重保持了基本稳定（参见表 3 - 6）。

表 3 - 6　　1966—1978 年 GDP 及其结构

年份	GDP		第一产业		第二产业		第三产业		人均 GDP（元）
	绝对值（亿元）	增长率	绝对值（亿元）	比重	绝对值（亿元）	比重	绝对值（亿元）	比重	
1966	1888.7	10.7%	702.2	37.2%	715.4	37.9%	471.0	24.9%	257
1967	1794.2	-5.7%	714.2	39.8%	608.0	33.9%	472.0	26.3%	238
1968	1744.1	-4.1%	726.3	41.6%	542.6	31.1%	475.2	27.2%	225
1969	1962.2	16.9%	736.2	37.5%	695.0	35.4%	531.0	27.1%	247
1970	2279.7	19.3%	793.3	34.8%	918.1	40.3%	568.3	24.9%	279
1971	2456.9	7.1%	826.3	33.6%	1029.9	41.9%	600.6	24.4%	292
1972	2552.4	3.8%	827.4	32.4%	1091.6	42.8%	633.3	24.8%	296
1973	2756.2	7.8%	907.5	32.9%	1180.4	42.8%	668.3	24.2%	313
1974	2827.7	2.3%	945.2	33.4%	1199.8	42.4%	682.7	24.1%	314

续表

年份	GDP		第一产业		第二产业		第三产业		人均GDP（元）
	绝对值（亿元）	增长率	绝对值（亿元）	比重	绝对值（亿元）	比重	绝对值（亿元）	比重	
1975	3039.5	8.7%	971.2	32.0%	1378.7	45.4%	689.6	22.7%	332
1976	2988.6	-1.6%	967.1	32.4%	1346.0	45.0%	675.5	22.6%	321
1977	3250.0	7.6%	942.2	29.0%	1517.8	46.7%	790.0	24.3%	344
1978	3678.7	11.7%	1018.5	27.7%	1755.2	47.7%	905.1	24.6%	385

资料来源：国家统计局网站，国家数据，data. stats. gov. cn。

这一时期受经济形势大起大落的影响，财政收入也出现了剧烈的变动。1966年，财政收入的增速高达18.04%，而1967年、1968年骤降至-24.94%和-13.86%。财政收入占GDP的比重也由1966年的29.58%降至1968年的20.71%，短短两年时间降低了近9个百分点。1969—1971年财政收入的增速出现了大幅回升，财政收入占GDP的比重也迅速增至1971年的30.31%。1972—1976年，财政收入增幅大幅下降，1974年、1976年出现了负增长，财政收入占GDP的比重也逐年下降，到1976年"文革"结束时降至25.98%。1977年、1978年随着拨乱反正取得显著成效，在经济增速明显回升的同时，财政收入也大幅增加，尤其是1978年一年财政收入的增速高达29.48%，一年间财政收入占GDP的比重提高至30.78%，达到了历史高位。

从中央与地方财政收入划分来看，1966—1970年，中央财政收入的占比由1966年的35.17%降至1970年的27.60%。1971年受体制调整的影响，中央财政收入的占比进一步下降至16.03%，到1975年一度降至11.85%，1976年后有所回升，到1978年中央财政收入的占比为15.52%，处于非常低的水平（参见表3-7）。

受到这一时期体制频繁调整等因素的影响，财政收入的结构也出现了明显的波动。各项税收的比重在1966—1968年迅速上升，1969年则出现了显著下降，此后缓慢降至1972年的41.36%，1973—1977年则一直不断上升，到1977年升至53.55%，1978年则降至45.86%。企业收入则相应出现了此消彼长的变化（参见表3-8）。

表 3－7　　1966—1978 年财政收入基本情况　　单位：亿元

年份	财政收入（不含债务收入）	财政收入增速	财政收入占GDP 的比重	中央		地方	
				绝对数	比重	绝对数	比重
1966	558.71	18.04%	29.58%	196.49	35.17%	362.22	64.83%
1967	419.36	－24.94%	23.37%	132.44	31.58%	286.92	68.42%
1968	361.25	－13.86%	20.71%	107.11	29.65%	254.14	70.35%
1969	526.76	45.82%	26.85%	171.10	32.48%	355.66	67.52%
1970	662.9	25.84%	29.08%	182.95	27.60%	479.95	72.40%
1971	744.73	12.34%	30.31%	119.36	16.03%	625.37	83.97%
1972	766.56	2.93%	30.03%	105.81	13.80%	660.75	86.20%
1973	809.67	5.62%	29.38%	119.86	14.80%	689.81	85.20%
1974	783.14	－3.28%	27.70%	134.77	17.21%	648.37	82.79%
1975	815.61	4.15%	26.83%	96.63	11.85%	718.98	88.15%
1976	776.58	－4.79%	25.98%	98.91	12.74%	677.67	87.26%
1977	874.46	12.60%	26.91%	113.85	13.02%	760.61	86.98%
1978	1132.3	29.48%	30.78%	175.77	15.52%	956.49	84.48%

资料来源：楼继伟主编：《新中国 50 年财政统计》，经济科学出版社 2000 年版。

表 3－8　　1966—1978 年财政收入的结构　　单位：亿元

年份	各项税收		企业收入		其他收入	
	绝对数	比重	绝对数	比重	绝对数	比重
1966	221.96	39.73%	333.32	59.66%	3.43	0.61%
1967	196.63	46.89%	218.47	52.10%	4.26	1.02%
1968	191.56	53.03%	166.73	46.15%	2.96	0.82%
1969	235.44	44.70%	286.74	54.43%	4.58	0.87%
1970	281.20	42.42%	378.97	57.17%	2.73	0.41%
1971	312.56	41.97%	428.40	57.52%	3.77	0.51%
1972	317.02	41.36%	445.69	58.14%	3.85	0.50%
1973	348.95	43.10%	457.02	56.45%	3.70	0.46%
1974	360.40	46.02%	407.26	52.00%	15.48	1.98%
1975	402.77	49.38%	400.20	49.07%	12.64	1.55%
1976	407.96	52.53%	338.06	43.53%	30.56	3.94%
1977	468.27	53.55%	402.35	46.01%	3.84	0.44%
1978	519.28	45.86%	571.99	50.52%	40.99	3.62%

资料来源：楼继伟主编：《新中国 50 年财政统计》，经济科学出版社 2000 年版。

从税收收入的结构看，除了 1966—1968 年工商税收比重出现下降外，1969—1978 年工商税收的比重有进一步的提高。1971 年后，工商税收占税收收入的比重都在 85% 以上，到 1978 年已接近 90% 的水平。这一时期，农业各税收入的绝对额保持了相对稳定，因此除了在 1966—1968 年，受到工商税收大幅下降的影响，农业各税的比重有所上升外，从 1969—1978 年，随着税收收入总量的增长，农业各税的比重一直在逐步下降，到 1976 年文革结束时降至 8.01%。1977 年、1978 年，由于关税收入增长较快，农业各税的比重降至 7.11% 和 6.15%（参见表 3 – 9）。

表 3 – 9　　1966—1978 年税收收入的结构　　单位：亿元

年份	工商税收		关税		农业各税	
	绝对数	比重	绝对数	比重	绝对数	比重
1966	185.91	83.76%	6.50	2.93%	29.55	15.89%
1967	163.76	83.28%	3.92	1.99%	28.95	17.68%
1968	155.21	81.02%	6.33	3.30%	30.02	19.34%
1969	199.52	84.74%	6.36	2.70%	29.56	14.82%
1970	242.22	86.14%	7.00	2.49%	31.98	13.20%
1971	276.70	88.53%	5.00	1.60%	30.86	11.15%
1972	283.65	89.47%	5.00	1.58%	28.37	10.00%
1973	309.43	88.67%	9.00	2.58%	30.52	9.86%
1974	316.34	87.77%	14.00	3.88%	30.06	9.50%
1975	358.32	88.96%	15.00	3.72%	29.45	8.22%
1976	363.82	89.18%	15.00	3.68%	29.14	8.01%
1977	412.71	88.14%	26.23	5.60%	29.33	7.11%
1978	462.12	88.99%	28.76	5.54%	28.40	6.15%

资料来源：楼继伟主编：《新中国 50 年财政统计》，经济科学出版社 2000 年版。

三、1958—1978 年的预算外收入

1958 年进行的财政体制改革，在"大跃进"的形式下，过急过多地下放企业和财务管理权限，加上国营企业实行利润留成制度，导致预算外资金迅速增长。各地区、各部门单独管理的预算外资金达几十项，

其中有工商税附加、农业税附加、城市公用事业附加、企业利润留成、农林水利和交通方面的一部分事业收入、勤工俭学等文教事业收入，县（市）以自筹资金举办的企业收入、劳改企业收入、地方发行公债收入、社会集资收入、城市中公用事业收入和机关特种资金等。而受到财权下放和制度不严的影响，有的地区和单位变预算内资金为预算外资金，或者挪用预算资金搞计划外项目，使预算外资金在“大跃进”时期迅速增长。[①]

从表 3 - 10 中可以看出，1958—1960 年，预算外资金的数量从 1957 年的 26. 33 亿元扩大至 1960 年的 117. 78 亿元，预算外资金收入与财政收入的比由 1957 年的 8. 68% 迅速升至 1960 年的 20. 58% 。

表 3 - 10　　1958—1978 年预算外收入及结构　　单位：亿元

年份	预算外收入合计	预算外收入与财政收入的比	事业行政单位收入		地方财政收入		国有企业和主管部门收入	
			绝对数	比重	绝对数	比重	绝对数	比重
1958	55. 99	14. 75%	9. 29	16. 59%	17. 59	31. 42%	29. 11	51. 99%
1959	96. 55	19. 82%	11. 78	12. 20%	35. 39	36. 65%	49. 38	51. 14%
1960	117. 78	20. 58%	23. 13	19. 64%	23. 39	19. 86%	71. 26	60. 50%
1961	57. 40	16. 12%	15. 61	27. 20%	13. 29	23. 15%	28. 5	49. 65%
1962	63. 63	20. 29%	15. 21	23. 90%	20. 50	32. 22%	27. 92	43. 88%
1963	51. 85	15. 15%	11. 99	23. 12%	7. 19	13. 87%	32. 67	63. 01%
1964	65. 86	16. 48%	16. 07	24. 40%	8. 87	13. 47%	40. 92	62. 13%
1965	75. 56	15. 96%	18. 74	24. 80%	9. 47	12. 53%	47. 35	62. 67%
1966	81. 13	14. 52%	20. 00	24. 65%	10. 36	12. 77%	50. 77	62. 58%
1967	83. 61	19. 94%	22. 00	26. 31%	9. 72	11. 63%	51. 89	62. 06%
1968	77. 44	21. 44%	24. 00	30. 99%	9. 96	12. 86%	43. 48	56. 15%
1969	87. 42	16. 60%	26. 00	29. 74%	12. 19	13. 94%	49. 23	56. 31%
1970	100. 94	15. 23%	28. 00	27. 74%	13. 45	13. 32%	59. 49	58. 94%
1971	118. 56	15. 92%	30. 00	25. 30%	14. 72	12. 42%	73. 84	62. 28%
1972	134. 24	17. 51%	31. 66	23. 58%	23. 28	17. 34%	79. 3	59. 07%
1973	191. 29	23. 63%	32. 57	17. 03%	24. 14	12. 62%	134. 58	70. 35%
1974	219. 72	28. 06%	34. 60	15. 75%	22. 65	10. 31%	162. 47	73. 94%

① 陈光焱：《中国财政通史第十卷：中华人民共和国财政史（上）》，湖南人民出版社 2015 年版，第 351 页。

续表

年份	预算外收入合计	预算外收入与财政收入的比	事业行政单位收入		地方财政收入		国有企业和主管部门收入	
			绝对数	比重	绝对数	比重	绝对数	比重
1975	251.48	30.83%	42.30	16.82%	27.86	11.08%	181.32	72.10%
1976	275.32	35.45%	48.81	17.73%	28.35	10.30%	198.16	71.97%
1977	311.31	35.60%	56.84	18.26%	30.76	9.88%	223.71	71.86%
1978	347.11	30.66%	63.41	18.27%	31.09	8.96%	252.61	72.78%

资料来源：楼继伟主编：《新中国 50 年财政统计》，经济科学出版社 2000 年版。

1961 年后，对预算外资金进行了紧缩，1961 年 1 月 15 日，中共中央批转了财政部《关于改进财政体制加强财政管理的报告》，该文件明确要求：对各地区、各部门和单位的预算外资金，采取“纳、减、管”的办法进行整顿。应当纳入预算的有：商业部门的饮食和服务企业的收入；综合利用和多种经营收入；用预算外资金兴办的企业收入。减少提取比例的有：企业利润留成减掉一半左右。加强预算外资金管理的措施主要有：控制预算外资金的来源和使用范围，不经中央批准，不许增加项目、提高比例，不准化预算内收入为预算外收入；应当在预算外开支的不准挤入预算内。预算外资金用于基本建设的，要纳入国家计划。此后，预算外资金受到比较严格的控制，1961 年的预算外收入大幅降至 57.40 亿元，基本回到了 1958 年的水平。1972 年后，由于 1971 年开始的新一轮放权，预算外收入又出现了明显增长的趋势，预算外收入与财政收入的比由 1970 年的 15.23% 升至 1976 年的 35.45%。1977 年、1978 年仍保持高位，分别为 35.60% 和 30.66%。

从预算外收入的结构看，受体制频繁调整等因素的影响，事业行政单位收入、地方财政收入、国有企业和主管部门收入的比重在 1958—1978 年有较大波动。1963 年后总的趋势是，地方财政收入占预算外收入的比重有显著下降，国有企业和主管部门收入则出现了明显的上升。1978 年，预算外收入与财政收入的比为 30.66%，其中事业行政单位收入占预算外收入的比重为 18.27%，地方财政收入的占比为 8.96%，国有企业和主管部门收入的占比高达 72.78%。

第四章 改革开放起步时期（1978—1993 年）

1978 年 12 月，党的十一届三中全会召开，会议确立了对内搞活、对外开放的重大战略方针，要求把全党工作重点转移到社会主义现代化建设上来。我国开始了经济体制改革，其核心是赋予地方政府和企业更多的决策权，给予地方、企业和个人更多的利益，即“放权让利”。

在农村，以家庭联产承包责任制为特征的农村经济体制改革，改变了“公社化”的经济组织形式。在城市，经济体制改革的突破口是财税体制改革，以两步“利改税”作为国有企业①“简政放权”“减税让利”指导思想的实施措施，改变了国家与国有企业的分配方式，形成了国家、企业、个人三者之间新的收入分配关系。在中央与地方分配关系方面，实行以“分灶吃饭”“财政包干制”为主要内容的改革，赋予地方政府更大的财权，调动地方政府的积极性。

这一时期的财政收入体制改革，主要集中在三个领域：一是在对企业放权让利和国有企业改革，完善社会主义公有制实现形式的背景下，

① 1984 年党的十二届三中全会通过的《中共中央关于经济体制改革的决定》明确提出：通过所有权与经营权的适当分开，扩大企业自主权，使企业真正成为相对独立的经济实体，成为自主经营、自负盈亏的社会主义商品生产者和经营者。此后，按照所有权与经营权适当分开的要求，国营企业的概念逐步被国有企业所替代。1993 年 3 月 29 日第八届全国人民代表大会第一次会议通过的《中华人民共和国宪法修正案》将宪法第七条：“国营经济是社会主义全民所有制经济，是国民经济中的主导力量。国家保障国营经济的巩固和发展。”修改为：“国有经济，即社会主义全民所有制经济，是国民经济中的主导力量。国家保障国有经济的巩固和发展。”

推进国家与国有企业分配制度的改革；二是适应改革开放吸引外资和多种所有制并存的格局，建立和逐步完善涉外税收体系和改革国内税制；三是在农村家庭联产承包责任制和对地方和部门放权的背景下，减轻农民税费负担，完善预算外收入及其管理。

第一节　“放权让利”与财政包干制

一、“放权让利”改革与有计划的商品经济

（一）计划经济体制的弊端

从新中国成立到改革开放前，我国逐步建立了高度集中统一的计划经济体制。而作为一个落后的农业国，为了尽快实现工业化，尤其是实行重工业优先的发展战略，又形成了长期以来重积累、轻消费的国民收入分配格局；而当时东西方冷战的国际环境，不仅限制了对外经济交流，军备和“三线”建设等支出压力进一步压低了消费的比例。加上“大跃进”运动和“文化大革命”对经济社会发展造成的巨大冲击，到20世纪70年代末，国民经济发展中重大比例关系长期失衡，人民生活长期得不到改善，经济运行效率低下等诸多矛盾日趋严重。

财政作为国家筹集和运用资金，实现国民经济和社会发展目标的主要政策工具，也相应建立了服务于高度集中统一的计划经济体制的财政体制。高度集中统一的财政体制和运行机制，使权力过分集中，政府职能膨胀。从财政收入机制看，以低价收购农副产品和低工资为基础的特殊财政收入形成机制，使国家财政几乎集中了物质生产部门创造的所有纯收入；从财政支出机制看，大而宽的财政支出范围、高度集中的财政管理机制，使国家财政控制了各部门、各地区及各企事业单位的支出，财政取代企业微观决策职能，并包办各项社会事业。特殊的财政收入形

成机制加上过于宽泛的财政职能严重限制了地方、部门和企事业单位的积极性、创造性，难以适应丰富多样的经济事务，不利于充分发挥各方潜力、提高资源配置效率和促进社会生产力进一步发展。①

由于中国是一个幅员辽阔、区域间经济社会发展高度不均衡的发展中大国，新中国成立以来，如何在高度集中统一的计划经济体制下协调中央与地方之间的关系，调动两个积极性始终是一个极其重要的问题。改革开放前，在中央和地方政府之间经历了多次“行政性分权”改革，但“一统就死、一放就乱”的问题始终得不到解决。在大部分年份，地方收支指标、分成比例由中央审核批准，一年一变。由于体制频繁调整，规范化程度很低，难以形成长期稳定的政府间财政分配制度。

（二）“放权让利”改革

为解决计划经济体制存在的上述矛盾，改革开放之初由中央政府主导实施了“放权让利”的改革。这一改革的实质首先是调整政府、企业、居民三者的利益分配格局，减少财政在国民收入分配格局中的份额，以达到改善人民生活，激发各利益主体改革积极性的目标；同时，通过“放权让利”改革还要逐步调整和改变高度集中统一的计划经济体制，赋予微观主体和地方政府更多的决策权以充分调动发展经济的积极性。1978 年党的十一届三中全会明确提出，“现在我国经济管理体制的一个严重缺点是权力过于集中，应该有领导地大胆下放，让地方和工农业企业在国家统一计划的指导下有更多的经营管理自主权”。

“放权让利”改革首先从农村开始。1979 年，农村家庭联产承包责任制的实施使农户成为相对独立的农业生产者，极大地调动了农民的生产积极性。同时，国家大幅提高了主要农副产品的收购价格，通过对低产地区实施农业税起征点制度，适当提高农村社队工商所得税的起征点，适当放宽新办社队企业减免税期限等办法，减轻了农业税和农村社队企业的税收负担。

在增加农民收入的同时，国家通过逐步放松对城市职工的工资管

---

① 谢旭人主编：《中国财政 60 年（上卷）》，经济科学出版社 2009 年版，第 206 页。

制，恢复企业和行政事业单位的奖金制度，实行副食品价格补贴制度，进行职工工资同企业经济效益挂钩浮动的试点等措施使城市职工工资收入有了较大幅度提高。从 1978—1984 年，国有制职工年均工资水平提高了 60.6%，扣除物价上涨因素，提高了 33.9%。[①]

此外，由于农副产品收购价格提高后，农副产品的销售价格并未随之提高，购销价格倒挂，商业部门出现了巨额亏损，国家财政开始向商业部门拨付价格补贴。为调动国营企业的积极性，1978 年开始实行企业基金，1979 年在部分企业中开始推行全额利润留成试点，1980 年进行基数利润留成试点等多种形式的利润留成和盈亏包干办法。企业留利占实现利润的比重，从 1978 年的 2%、1979 年的 7.6% 上升至 1982 年的 21.1%。[②]

改革开放初期对国营企业的"放权让利"只是提高了企业在利润分配中的份额，并未从根本上改变企业对政府的行政隶属关系和计划经济的管理模式。随着改革开放的深入和有计划商品经济的提出，企业承包制改革和两步"利改税"，国营企业相应转变为国有企业，成为相对独立的商品生产者。

"放权让利"改革的实施大幅降低了政府在国民收入分配中的份额，从一般公共预算收入占 GDP 的比重来看，1978 年该比重为 30.78%，此后一直持续下降，到 1986 年降至 20.45%，到 1993 年降至 12.19%（参见表 4-3）。"放权让利"改革对于提高人民收入、激发农民和企业的生产积极性，推动计划经济体制转轨和经济社会发展发挥了重要作用。但一般公共预算收入的持续下降，尤其是到 1993 年降至仅有十几个百分点的水平，不利于发挥政府对经济的调控作用，也催生了大量预算外收入，导致国民收入分配秩序出现另一种形式的失衡。

（三）有计划的商品经济

"放权让利"改革不仅是国民收入分配格局的调整。随着对外开放的发展，外资企业进入我国后，在所有制结构上，在以全民所有制和集

① 高培勇主编：《共和国财税 60 年》，人民出版社 2009 年版，第 147 页。

② 高培勇主编：《共和国财税 60 年》，人民出版社 2009 年版，第 148 页。

体所有制形式存在的社会主义公有制之外开始出现外资成分；随着因农村农民生产自主权的扩大而出现的农副产品市场交换和城市个体工商户、私营经济的逐步发展，形成了以社会主义公有制为主体，多种所有制并存的局面。微观主体经营自主权的扩大和计划价格机制的逐步放开使商品交换、价值规律以及市场定价机制发展壮大起来，高度集中统一的计划经济体制开始向市场经济转轨。

我国在改革开放后对经济体制改革目标的探索经历了一个过程。20 世纪 80 年代初期，随着对商品交换、价值规律和市场调节认识的深化，提出了“利用商品交换、价值规律的计划经济”和“计划经济为主、市场调节为辅”。

1984 年党的十二届三中全会通过的《中共中央关于经济体制改革的决定》（以下简称《决定》）认为，新中国成立三十五年来所发生的深刻变化，已经初步显示出社会主义制度的优越性，但是必须指出，这种优越性还没有得到应有的发挥。其所以如此，除了历史的、政治的、思想的原因之外，就经济方面来说，一个重要的原因，就是在经济体制上形成了一种同社会生产力发展要求不相适应的僵化模式。这种模式的主要弊端是：政企职责不分，条块分割，国家对企业统得过多过死，忽视商品生产、价值规律和市场的作用，分配中平均主义严重。这就造成了企业缺乏应有的自主权，企业吃国家“大锅饭”、职工吃企业“大锅饭”的局面，严重压抑了企业和广大职工群众的积极性、主动性、创造性，使本来应该生机盎然的社会主义经济在很大程度上失去了活力。

《决定》指出，商品经济的充分发展，是社会经济发展不可逾越的阶段，是实现我国经济现代化的必要条件。只有充分发展商品经济，才能把经济真正搞活，促使各个企业提高效率，灵活经营，灵敏地适应复杂多变的社会需求，而这是单纯依靠行政手段和指令性计划所不能做到的。因此，要求突破把计划经济同商品经济对立起来的传统观念，建立自觉运用价值规律的计划体制，发展社会主义商品经济，由此明确了我国社会主义经济是公有制基础上的有计划商品经济。而要发展有计划的商品经济，首先要确立国家和全民所有制企业之间的正确关系，通过所有权与经营权的适当分开，扩大企业自主权，使企业真正成为相对独立的经济实体，成为自主经营、自负盈亏的社会主义商品生产者和经营者，具有自我改造和自我发展的能力，成为具有一定权利和义务的法人。

二、中央与地方分配关系的调整

中央与地方政府间财政管理体制的调整也是“放权让利”改革的一部分，为避免改革开放前“一统就死、一放就乱”的恶性循环，以 1980 年为界，传统的中央与地方财政分配体制开始进入探索稳定的中央与地方分配关系的时期。这一时期，开始实行以“财政包干制”为特征的财政管理体制改革。

（一）1980 年“划分收支、分级包干”体制

早在 1979 年，中央就在四川试行“划分收支、分级包干”，在江苏试行“收支挂钩、总额分成、比例包干、三年不变”两种扩大地方财权、加大地方责任的财政管理体制改革试点。1980 年 2 月，国务院颁布了《关于实行“划分收支、分级包干”的财政管理体制的暂行规定》，按经济管理体制的隶属关系，明确划分了中央与地方财政的收支范围，由中央和地方“一灶吃饭”改为中央与地方“分灶吃饭”。

“划分收支、分级包干”体制从 1980 年开始实行，除北京、天津和上海继续实行“收支挂钩、总额分成、一年一定”的模式外，其他各省、自治区均实施“划分收支、分级包干”体制。具体到不同省份，则分别采取了“划分收支、分级包干”体制（四川、陕西、甘肃、河南、湖北、湖南、安徽、江西、山东、山西、河北、辽宁、黑龙江、吉林、浙江等）；财政包干与民族自治结合的体制（内蒙古、新疆、西藏、宁夏、广西、云南、青海、贵州等）；财政包干与“定额上缴或定额补助”结合的体制（广东、福建）；江苏继续实行“比例包干、四年不变”的体制，1981 年起改按“划分收支、分级包干”办法执行。

在收入划分方面，“划分收支、分级包干”的体制将收入分为固定收入、固定比例分成收入和调剂收入，分类别进行分成。其中，属于中央财政固定收入的有：中央企业收入、关税收入和其他税收；属于地方

固定收入的有：地方企业收入、盐税、农牧业税、工商所得税、地方税。固定比例分成收入是指经国务院批准，各地方划给中央部门直接管理的企业，其收入按固定比例 80% 归中央，20% 归地方。工商税作为中央和地方的调剂收入，根据各地财政收支情况确定分成比例。

“分级包干”是指以 1979 年收入预计数为基数，地方收入大于支出的，多余部分按比例上缴；支出大于收入的，不足部分由中央从工商税中确定一般比例进行调剂；工商税全部留给地方还不足的，由中央给予定额补助；分成比例和补助数额确定以后，5 年不变。在包干的 5 年中，地方多收了可以多支，少收了就要少支，自行安排预算，自求收支平衡。1983 年，在总结前三年实践的基础上，根据“分灶吃饭”财政体制在执行中存在的问题，为应对中央财政收入逐年下滑，中央财政困难的局面，对“分灶吃饭”的财政体制做了调整和改进。

（二）1985 年“分级包干”财政体制改革

1983 年、1984 年，我国先后实行了两步“利改税”改革①，税收成为国家财政收入的主要形式，税后利润归企业自主安排使用。在此基础上，1985 年 3 月 21 日，国务院发出《关于实行“划分税种、核定收支、分级包干”财政管理体制的通知》，其主要内容是：按照税种将收入分为中央固定收入、地方固定收入、中央和地方共享收入；按隶属关系划分中央财政支出和地方财政支出，对不宜实行包干的专项支出，由中央专项拨款安排；按基数核定的地方预算收支，凡是固定收入大于支出的，定额上解中央，固定收入小于支出的，从中央和地方共享收入中确定一个分成比例留给地方，地方固定收入和中央地方共享收入全留地方仍不足以抵补其支出的，由中央定额补助；收入分配方法确定以后，一定五年不变，地方多收多支、少收少支、自求平衡。

在收入划分方面，基本上按照第二步“利改税”后的税种设置划分中央和地方的财政收入。

中央财政的固定收入包括：中央国营企业的所得税、调节税；铁道

① 参见本章第二节的相关内容。

部和各银行总行、保险总公司的营业税；军工企业的收入；中央包干企业的收入；粮、棉、油超购加价补贴；烧油特别税；关税和海关代征的产品税、增值税；专项调节税；海洋石油外资、合资企业的工商统一税、所得税和矿区使用费；国库券收入；国家能源交通重点建设基金；其他收入。石油部、电力部、石化总公司、有色金属总公司所属企业的产品税、营业税、增值税，以其 70% 作为中央财政固定收入。

地方财政固定收入包括：地方国营企业的所得税、调节税和承包费；集体企业所得税；农牧业税；车船使用牌照税；城市房地产税；屠宰税；牲畜交易税；集市交易税；契税；地方包干企业收入；地方经营的粮食、供销企业亏损；税款滞纳金、补税罚款收入；城市维护建设税和其他收入。尚待开征的土地使用税、房产税和车船使用税，将来也列为地方财政固定收入。石油部、电力部、石化总公司、有色金属总公司所属企业的产品税、营业税、增值税，以其 30% 作为地方财政固定收入。

中央和地方财政共享收入包括：产品税、营业税、增值税（这三个税均不含石油部、电力部、石化总公司、有色金属总公司四个部门所属企业和铁道部以及各银行总行和保险总公司交纳的部分）；资源税；建筑税；盐税；个人所得税；国营企业奖金税；外资、合资企业的工商统一税、所得税（不含海洋石油企业交纳的部分）。

（三）1988 年财政包干体制改革与 1992 年分税制财政体制改革试点

1985 年实行的“划分税种、核定收支、分级包干”的体制，存在两方面的弊端：一是地方留成比例小，不利于调动地方发展经济和组织收入的积极性；二是中央财政本级直接组织的收入占全国财政收入的比例逐年下降，中央负担的支出却连年增加，中央连续出现了财政赤字。为此，1988 年 7 月 28 日，国务院发布了《关于地方实行财政包干办法的决定》，要求从 1988 年起，对全国 39 个省、自治区、直辖市和计划单列市，除广州、西安两市财政关系仍分别与广东、陕西两省联系外，其余 37 个地区分别实行收入递增包干、总额分成法、总额分成加增长分成办法、上解额递增包干办法、定额上解办法和定额补助等六种不同形式的财政包干办法。

在财政包干体制改革与调整的过程中，关于分税制改革的理论与政策探索也在不断深入。1990年3月20日，国务院总理李鹏在七届全国人大三次会议上的《政府工作报告》中提出，要在有条件的地方，积极进行“分税制”的试点。1991年4月，七届全国人大四次会议通过的《中华人民共和国国民经济和社会发展十年规划和第八个五年规划纲要》中指出：“八五”期间，在继续稳定财政包干体制的同时，有条件的城市和地区应积极进行“分税制”改革的试点工作。1992年6月5日，财政部公布了《关于实行“分税制”财政体制试点办法》，选择天津市、辽宁省、沈阳市、大连市、浙江省、武汉市、重庆市、青岛市、新疆维吾尔自治区等9个地方进行分税制试点，在固定收入、共享收入的内容上增加了税收的成分。①

第二节　国营企业利润分配制度改革

一、有计划商品经济时期国家和国营企业的分配关系

有计划的商品经济要求国营企业作为商品生产者，具有相对的独立性，而这涉及到社会主义公有制的具体实现形式问题。国营企业的自主权建立在对生产资料所有权、支配权和使用权（经营权）分离的基础上，即国家掌握所有权，并在国家统一领导下，可以将一定的经营权下放给企业，使企业成为相对独立的经济实体。

企业作为相对独立的商品生产者就要具有参与市场竞争的自主权，承担“自负盈亏”的责任。在商品定价机制逐步放开后，计划经济时期“行政性分权”框架下以利润留成为主要手段，以激励国营企业积

① 谢旭人主编：《中国财政60年》，经济科学出版社2009年版，第221页。

极性为目标的国家和国营企业财政关系调整再也无法适应有计划商品经济的要求。因此，以相对统一和稳定的所得税替代利润上缴以建立公平竞争的市场环境就成为这一时期国家与国营企业财政关系调整的重点。

改变统收统支，逐步使企业独立自主、自负盈亏——也就是打破企业吃国家的“大锅饭”，成为当时国营企业改革的重点。在这方面，企业特别希望上缴给国家的利润，能有一个限度，有一个固定的章法，以保护企业的利益和积极性。经过数年的酝酿与探索，终于形成了一个“利改税”的概念。这个概念就是由企业向国家上缴利润，改为向国家上缴税金。“上税”就要有一个固定的“率”，即税率，用税率来约束政府与企业的行为，固定上缴的比例，这就形成1983年、1984年两步“利改税”的税制改革。[①]

利改税是国家与国营企业之间财政分配体制的重大改革，即将国营企业上缴利润改为按照规定的税率和税额缴纳税收，税后利润归企业支配。这项改革把国家与国营企业的分配关系通过税收相对固定下来，税后利润则归企业支配，而这为企业“自负盈亏”，成为相对的独立商品生产者奠定了财政制度基础。

1983年和1984年分两步实施的利改税，是在有计划商品经济背景下规范国家与国营企业之间财政关系的重要改革，是国企改革和城市经济体制改革的重要措施。通过利改税建立起来的新税制初步形成了以流转税和所得税为主体的复合税制体系，税收成为财政收入的主要形式，也成为调节经济运行的有力工具，为后续的税制建设和改革奠定了坚实的基础。在理论层面，利改税最大的贡献在于突破了社会主义公有制“非税论”的束缚，突破了长期以来对国营企业不应征收所得税的理论禁区。

但是，在当时的历史条件下，受到价格改革等其他领域配套改革不到位的约束以及对市场经济理论认识的局限，从税收理论来看，利改税无疑混淆了政府的所有者身份和税收管理者的身份，进而混淆了所有者权力和政治权力，从而模糊了利润和税收的边界，这就导致了第二步利

① 王书瑶：《赋税导论（简本）》，中国税务出版社2008年版，第5页。

改税的完全以税代利。①

由于忽视了税、利之间这种性质界限，而只是从上缴形式的固定不固定来区别税收和利润上缴。因此，当时就出现一种国家和国营企业的关系只应是一元化的税收固定关系的论调。在这种理论影响下，在利改税中就试图以税收全部取代利润上缴。在实践中除推行高税率的所得税外，由于统一的所得税不能全部集中企业应上缴的利润，又设立了名实不符的“国营企业利润调节税”，即税收是名，利润上缴是实。这种新的税、利不分，形式上似乎是强调了税收，实质上却隐藏着“非税论”重新抬头的契机。正是由于在理论上利税关系认识的混乱，到 1987 年在企业推行承包经营责任制后，把所得税也当作利润上缴包括在承包基数范围之内，实际上又把税转化为非税。尽管税务部门可以按税法规定征收所得税，但从国家和国营企业的分配关系看，最后界限是承包基数，所得税徒有其名，并不起真正的税收作用。税收作为强制性征收形式，本来对企业的预算约束和监督是刚性的，但是在税前承包的情况下，税收的这种作用被大大削弱甚至是消失了。从这个意义上说，税前承包实质上也可以说是对利改税的否定，是“非税论”在新形势下的回归。②

通过对“利改税”和承包经营责任制实践的总结，理论界对国家与国营企业关系的认识也逐步深化，在国企改革领域明确提出了政企职责分开，所有权、经营权适当分离的改革主张，而在财政收入理论方面，相应提出了税利分流的改革思路。“税利分流”改革的理论基础是对政府的社会管理者职能和国有资产所有者职能的明确区分，认为国家税收是政府作为社会管理者获取财政收入和参与国民收入分配的实现形式，利润则是政府作为国有资产所有者权利的实现形式。

因此，“税利分流”的主要特征是：国家先以社会管理者的身份依法对企业利润征收所得税，然后依据所有者的身份参与企业税后利润分配。而国家作为社会管理者，要对所有企业一视同仁，实行统一的所得

① 陈光焱：《中国财政通史第十卷：中华人民共和国财政史（下）》，湖南人民出版社 2015 年版，第 123 页。

② 刘志城：《社会主义税收理论若干问题》，中国财政经济出版社 1992 年版，第 42 页。

税制度，国营企业和其他类型企业一样承担缴纳所得税的义务。这有利于为不同类型企业平等竞争创造良好的外部环境，从而有力推动了以明晰产权、规范竞争为目标的市场取向的改革。

在实践中，1987年财政部结合承包经营责任制的推行，提出了实施税利分流改革的设想，把国家和国营企业的利润分配关系概括为“税利分流、税后还贷、税后承包”，即把国营企业上缴给国家的利润分解为两个层次：第一个层次是，国营企业实现的利润，先以所得税的形式上缴国家；第二个层次是，企业税后利润的一部分以利润形式上缴国家，税后利润的其余部分留归企业自主使用。固定资产投资借款，改为由企业用税后留用利润、固定资产折旧及其他可以用于生产发展的、企业自主使用的资金归还。在适当降低国营企业所得税税率的基础上，将当时大中型企业55%的比例税率和小型企业的八级超额累进税率统一改为35%的比例税率，取消了调节税。[①]

建立在对国家作为社会管理者和国有资产所有者职能区分基础上提出的“税利分流”理论及其实践是我国经济体制改革进程中财政收入理论的重大进展，这一理论比较彻底地摆脱了计划经济体制下“非税论”的束缚，不仅有利于理顺政企关系，推动“国营企业”转变为“国有企业”，同时也为社会主义市场经济条件下财政收入理论的发展奠定了基础，这主要体现在两个方面：一是“税利分流”后的税制建设方向逐步明确为要为不同所有制企业公平竞争奠定税制基础；二是在理论上达成了国有企业应当在履行纳税义务后向国家上缴利润的共识。尽管受到客观因素的制约，2007年我国才建立国有资本经营预算制度，但在财政收入理论层面，这一问题在“税利分流”提出后就已基本解决。

二、两步“利改税”

1979年，国家先在湖北省光化县对15户县办工业企业进行“利改税”的试点。继而，1980年，进一步将试点范围扩大至广西壮族自治

① 谢旭人主编：《中国财政60年（上卷）》，经济科学出版社2009年版，第287—288页。

区柳州市的市属工业企业。同时，上海市、四川省的部分工业企业也陆续进行了试点。到1981年年底，全国共有18个省、自治区、直辖市的456户工业和交通企业试行了“利改税”。“利改税”的试点办法在全国约有30多种，这些办法的共同特点是：以所得税为主要税种，国家首先通过征收55%左右的所得税参与企业的利润分配；征收所得税后的利润或者全部留归企业自行安排使用，或者采用诸如调节税、资金占有费、资金分红等形式，由国家进一步参与分配。[①] 在试点的基础上，逐渐确定了改革的方向。

（一）第一步“利改税”

1982年12月，第五届全国人民代表大会第五次会议通过的《关于第六个五年计划的报告》中指出：“今后三年内，对价格不作大的调整的情况下，应该改革税制，加快以税代利的步伐。”“这项改革需要分别不同情况，有步骤地进行。对国营大中型企业，要分两步走。”[②]

根据这个精神，1983年2月25日，财政部向国务院报送了《国营企业利改税试行办法（草案）》，2月28日，国务院发出通知，将财政部报送的《关于国营企业利改税试行办法（草案）的报告》及其所附的《财政部关于国营企业利改税试行办法（草案）》转发各省、自治区、直辖市人民政府和国务院各部门，要求他们立即组织有关部门和人员认真研究，以便尽快修改下达试行。同年3月下旬，财政部召开全国“利改税”工作会议。4月12日，财政部向国务院报送《关于全国利改税工作会议的报告》和修改后的《关于国营企业利改税试行办法》。4月24日，国务院发出通知，批准财政部报送的上述报告和国营企业“利改税”试行办法，并将其转发各省、自治区、直辖市人民政府和国务院各部门执行。

4月29日，根据国务院的上述通知，财政部发布了《关于对国营企业征收所得税的暂行规定》《关于国营工交企业实行利改税财务处理

---

① 高培勇主编：《共和国财税60年》，人民出版社2009年版，第159页。

② 王丙乾：《关于国营企业实行利改税和改革工商制的说明》，《中华人民共和国国务院公报》1984年第23期，第791页。

问题的暂行规定》《关于商业企业实行利改税财务处理问题的暂行规定》《关于国营企业实行利改税有关财政预算、金库报解等若干具体问题的处理办法》等四个文件。其中《关于对国营企业征收所得税的暂行规定》要求自 1983 年 6 月 1 日起，国营企业开始普遍推行“利改税”制度，征税时间自 1983 年 1 月 1 日起计算。

国营企业“利改税”在全国的试行，意味着实行了 30 多年的国营企业上缴利润开始被缴纳企业所得税替代，这在国家与国营企业财政分配关系上具有里程碑式的重大意义。

第一步利改税的主要内容包括[①]：

1. 凡有盈利的国营大中型企业（包括金融保险组织），均按照实现利润和 55% 的税率缴纳所得税。税后利润，一部分以递增包干上缴、固定比例上缴、缴纳调节税和定额包干上缴等办法上缴国家，一部分按照国家核定留利水平留给企业。其中，调节税按照企业应上缴国家利润部分占实现利润的比例，确定调节税税率。

2. 凡有盈利的国营小型企业，按照实现利润和 8 级超额累进税率缴纳所得税。缴税以后，由企业自负盈亏，国家不再拨款。但是，对于税后利润较多的企业，国家可以收取一定的承包费，或者由企业按照固定数额上缴一部分利润。

3. 营业性宾馆、饭店、招待所和饮食服务公司，都缴纳 15% 的所得税，国家不再拨款。企业税后有盈有亏的，由商业主管部门处理。

4. 县以上供销社以县公司或者县供销社为单位，按照 8 级超额累进税率[②]缴纳所得税，国家不再拨款。除了国家规定的个别商品以外，国家不再负担价格补贴。

5. 军工企业、邮电企业、粮食企业、外贸企业、农牧企业和劳改企业仍然按照原办法执行，在条件成熟以后再实行“利改税”。少数企

---

① 刘佐：《新中国税制 60 年》，中国财政经济出版社 2009 年版，第 103—104 页。

② 按照《关于对国营企业征收所得税的暂行规定》，8 级超额累进所得税税率分别为 7%（全年所得额在 300 元以下的）、10%（全年所得额超过 300 至 600 元的部分）、20%（全年所得额超过 600 至 1000 元的部分）、30%（全年所得额超过 1000 至 2500 元的部分）、35%（全年所得额超过 2500 至 1000 元的部分）、40%（全年所得额超过 10000 至 30000 元的部分）、50%（全年所得额超过 30000 至 80000 元的部分）和 55%（全年所得额超过 80000 元以上的部分）。

业经过国务院或者财政部、国家经济委员会批准实行首都钢铁公司利润递增包干办法的，在包干期满以前也暂不实行“利改税”。

6. 国营企业归还各种专项贷款，经过财政部门审查同意以后，可以用缴纳所得税以前该贷款项目新增的利润归还。今后企业向银行申请专项贷款时，必须有 10% 到 30% 的自有资金用于贷款项目。

7. 亏损企业亏损补贴的处理：凡属国家政策允许的亏损，继续实行定额补贴或者计划补贴等办法，超亏不补，减亏分成。凡属经营管理不善造成的亏损，由企业主管部门责成企业限期整顿。在规定期限以内，经财政部门审批以后，适当给予补贴；超过规定期限的，一律不再弥补。

8. 实行“利改税”以后，遇有价格调整，税率变动，影响企业利润时，除了变化较大，并经国务院批准，允许调整递增包干上缴基数和递增比例、固定上缴比例、调节税税率、定额包干上缴数以外，一律不作调整。

9. 国营企业所得税的管理工作由税务机关办理，国营企业的财务会计工作由财政部门办理。

10. 国营企业缴纳的所得税，按照企业的隶属关系，分别上缴中央财政和地方财政。

11. 民族自治地区实行“利改税”，原则上按照此办法执行。但是在某些具体做法上，可以由自治区、省人民政府因地制宜地做出必要的灵活规定。

12. 各地区在实行此办法以前，对一些企业已经实行自定的包干办法、留成办法和承包制的，应当分别按不同情况处理；有些企业应当立即改按此办法执行，有些企业经过审批可以推迟到 1984 年执行。

到 1983 年年底，全国实行“利改税”的国营工业、交通和商业企业共有 107145 户，占盈利国营企业的 92.7%。这些企业 1983 年共实现利润 633 亿元，比 1982 年增长 11.1%。上述实行“利改税”的工业、交通和商业企业共留利 121 亿元，比 1982 年增长 28.2%，大大超过了工业产值、实现税利和上缴税利的增长幅度；企业留利占利润总额的比例从 15.7% 上升到 17.9%。①

（二）第二步“利改税”

第一步“利改税”改革与传统计划经济体制下企业奖励基金和利润留成制度相比，有三个方面的优越性：一是企业的大部分利润以征收所得税的形式上交，基本上把国家与企业的分配关系固定了下来，有利于企业加强经营管理和国家财政收入的稳定；二是比较恰当地处理了国家、企业和职工三者的利益关系；三是扩大了企业财权，激发了企业和职工的积极主动性。但第一步“利改税”实施后，也存在一些亟待解决的问题，其中最主要的是企业向国家上缴所得税后的利润，国家还要对税后利润进行分配，这部分税后利润的分配，同过去利润分成的办法没有本质的区别。而且，税后利润的分配，仍然按照企业隶属关系划分，也就难以削弱部门、地方受经济利益驱使而对企业进行不必要的行政干预，不利于企业真正成为自负盈亏的商品生产者和经营者。

为了做到完全的以税代利，充分发挥税收的经济杠杆作用，1984 年 5 月，六届全国人大二次会议通过的《政府工作报告》中提出：从 1984 年第四季度开始进行“利改税”的第二步改革，从税利并存逐步过渡到完全的以税代利。具体做法是：合理调整产品税税率，增设资源税、增值税和几个地方税，在征收所得税以后区别不同情况征收调节税，税后利润留归企业支配。国营小型企业可以实行集体承包或者个人承包、租赁经营，也可以按照集体企业的办法向国家缴纳税金。

1984 年 10 月起，全国推行第二步“利改税”改革。“利改税”第二步改革建立在第一步基础上，是对国营企业所得税和调节税的进一步改革和完善，其核心内容是将国营企业原来上缴国家的财政收入改为分别按 11 个税种向国家交税，从而实现了从第一步“利改税”后“税利并存”向完全“以税代利”的过渡。在这一改革中，对企业采取适当的鼓励政策：越是改善经营管理，努力增加收入，税后留归企业安排使

① 刘佐：《新中国税制 60 年》，中国财政经济出版社 2009 年版，第 105 页。

用的财力越大。[①] 具体方案，可以概括为以下几个方面：

一是改革工商税，将原来的工商税按照纳税对象“一分为四”，即产品税、增值税、盐税和营业税，分别适用于不同类型的企业。同时，为了使税收更好地发挥调节生产、消费以及缓解价格矛盾的作用，在产品税和增值税中，按照“高利润调高税率，微利或亏损调低税率，生活相关不调税率”的原则，对一些产品的税率适当进行了调整。[②] 对某些采掘企业开征资源税，同时恢复和开征房产税、土地使用税、车船使用税、城市维护建设税等税种。

二是将国营大中型企业征收所得税后的利润上缴形式，改为征收调节税。大中型企业交纳所得税以后的余利，超过改革前企业合理留利的，再征收一定比例的调节税。调节税的税率，本着保持企业原来合理留利的精神，以 1983 年为基数，按企业的不同情况核定。为了鼓励企业增产节约，给企业留有后劲，对其利润增长部分，实行减征调节税的办法。减征的比例为 70%，按定比计算，7 年不变。这样，企业多增收即可多得好处。鉴于征收调节税是一种过渡性的办法，随着价格的调整和城市经济体制改革的进展，调节税将会起很大变化，不宜作为一个正式的税收条例，仅作为征收办法加以实施。

三是对国营小型盈利企业改按新的 8 级超额累进税率征收所得税，缴纳所得税后，不再征收调节税，一般可以自留支配使用，但是对留利过多的企业，国家可以收取一定数额的承包费。小型国营企业可以承包或租赁给集体和个人经营。为了使更多的小型企业能够逐步实行国家所有、集体经营、依法纳税、自负盈亏的管理体制，在利改税第二步改革中，适当放宽了小型国营企业的划分标准。

四是营业性的宾馆、饭店、招待所和饮食服务公司，都按新的 8 级超额累进税率缴纳所得税。

五是工商税制的改革，除国营企业所得税和调节税以外，也适用于

---

① 王丙乾：《关于国营企业实行利改税和改革工商制的说明》，《中华人民共和国国务院公报》1984 年第 23 期，第 793—794 页。

② 王丙乾：《关于国营企业实行利改税和改革工商制的说明》，《中华人民共和国国务院公报》1984 年第 23 期，第 793—794 页。

集体企业和个体经营者。

六是继续实行企业用贷款项目投产后的新增利润在缴纳所得税前归还贷款的政策。[①]

由此可见，“利改税”第二步改革实际上包括国营企业“利改税”和工商税制改革，比第一步改革前进了一大步。就税收制度的建设而言，这同时也是我国工商税制的一次全面改革。其制定的 11 个税种中，作为 20 世纪 50 年代行之有效的老税种，营业税和盐税在过去简化税制时被先后并入工商税，现在分解出来是必要的。产品税和增值税也是从原来的工商税中分解出来的，为了避免重复征税、促进专业化协作生产，将一部分产品改为征收增值税。资源税是为了调节级差收入、合理利用国家资源而新设置的税种。国营企业所得税和调节税，是根据利改税的要求而新设置的税种。城市维护建设税、房产税、土地使用税和车船使用税，除城市维护建设税外，都属于恢复开征的税种。通过这次改革，上述各个税种可以在经济活动的各个领域里发挥各自不同的作用，体现有关的经济政策，有利于经济建设事业的发展。

三、“税利分流”改革

完全的“以税代利”混淆了国家作为国有企业所得者和社会管理者的职能，还导致不同所有制企业之间税负不均等问题。1987 年，针对第二步“利改税”中出现的问题，财政部提出了实行税利分流的设想。所谓税利分流，是把政府和国营企业的利润分配关系概括为“税利分流、税后还贷、税后承包”，即把国营企业上缴给国家的利润分解为税利两个层次：一是国营企业实现的利润先以所得税的形式上交政府；二是企业税后利润的部分以利润形式上交政府，利润的其余部分留归企业使用。固定资产投资借款由原来的用缴纳所得税前的利润归还改为由企业用税后利润、固定资产折旧及其他可用于生产发展的、可以自主使用的资金归还。同时，政府适当降低所得税税率，以增强企业的还

① 高培勇主编：《共和国财税 60 年》，人民出版社 2009 年版，第 161 页。

款能力。[①] 实行利税分流，统一所得税制和税率后，国营企业和其他所有制企业依法承担缴纳所得税的义务，这有利于建立相对平等的竞争环境。

1988年3月，七届全国人大一次会议通过的《政府工作报告》中明确提出：财政体制要在企业实行承包经营责任制的基础上，逐步转向税利分流，理顺国家与企业之间的分配关系。[②] 1989年3月，在总结重庆试点税利分流经验的基础上，财政部和国家体改委联合发布了《关于国营企业实行利润分流的试点方案》，规定所有盈利的国营企业一律改按35%的比例税率缴纳所得税，按照核定的调节税税率计算缴纳调节税；1991年8月14日，财政部、国家体改委发布了《国营企业实行“税利分流、税后还贷、税后承包”的试点办法》，试点办法指出：为了进一步理顺和规范国家与国营企业的分配关系，积极搞活企业，促进企业经营机制和行为的合理化，逐步提高财政收入占国民收入的比重，特制定“税利分流、税后还贷、税后承包”的试点办法，其主要内容是：

1. 税利分流是将国营企业（简称企业）实现的利润分别以所得税和利润形式上交国家一部分，并实行所得税后还贷、所得税后承包。

2. 盈利企业的所得税率由35%降至33%。

3. 企业的固定资产投资借款，应用企业留用资金（即税后留利、更新改造资金和其他可以用于发展生产的资金）归还。

4. 取消调节税税种，企业缴纳所得税后利润应当上交国家的部分，可以实行承包等各种形式的分配办法。主要采取“按比例上交”“定额上交、增长分成”“递增上交”或者其他形式。

5. 企业留利。对于在按规定交纳能源交通重点建设基金和国家预算调节基金后的净留利，企业应建立生产发展基金、职工福利基金和职工奖励基金等三项基金。按规定奖金可以进成本的企业，其生产发展基金的比例要相应提高。三项基金的具体比例由财政部门确定。

---

① 陈光焱：《中国财政通史第十卷：中华人民共和国财政史（上）》，湖南人民出版社2015年版，第123—124页。

② http://www.gov.cn/test/2006-02/16/content_200865.htm。

6. 企业应缴纳的产品税、增值税、营业税以及国家规定的其他应缴各税，都不是税利分流的范畴，更不得实行承包。除国务院、财政部特殊批准的外，也不得用于归还企业的借款。

7. 为了调动试点地区的积极性，试行税利分流办法后，地方财政多得的部分，全部留给地方财政，以解决试点中可能出现的问题。

第三节　有计划商品经济时期的税制改革

有计划商品经济时期，出现了多种经济所有制并存的局面，除外资企业外，城乡集体所有制经济，个体经济成分也得到了发展，建立在“非税论”基础上的计划经济财政收入体制从理论到实践都需要向有计划的商品经济转变。同时，对商品经济条件下国营企业的研究也相应突破了传统理论的束缚，国营企业是相对独立的商品生产者的观点也得到了普遍认同。有计划商品经济时期，以公有制为主体，多种所有制并存的所有制格局的形成在实践上要求对税收制度进行根本性的调整。

一、有计划商品经济时期的税制改革思想

改革开放开始后，税制建设的首要任务是解决对外征税，建立涉外税制。而随着商品经济的发展和所有制格局的变化，国内税制也迫切需要进行重大调整。这一时期的税收理论主要围绕两个问题展开：一是如何处理国营企业上缴利润与税收的关系；二是如何建立与商品经济相适应，符合价值规律的税制体系问题。

1979 年 5 月，财政部在成都市召开的全国税务工作会议，对新中国成立 30 年以来税制改革的经验教训和新时期税制改革的问题做了比较充分的研究。财政部税务总局局长刘志城在会议上对税制同经济发展不相适应的问题总结为以下几个方面：第一，经济的发展要求税收发挥更大的作用，但是现在税种很少，不适应复杂的经济情况。税收同企业

经济活动的许多方面都没有直接挂钩，影响税收作用的发挥。第二，今后要扩大企业的自主权，收入分配将发生一系列变化。由于企业的技术、设备和资源等条件不同，企业利润悬殊，而现行税制不能更好地调节企业的利润，不利于正确处理国家、地方、企业和生产者个人的经济关系。第三，现行的工商税、工商所得税两个主要税种，都还是试行条例，没有正式立法。还有几种税是 20 世纪 50 年代的老税种，有些规定已经不适应当前的情况，不利于加强税收法制和税收管理。第四，随着经济改组，工业专业化协作生产的发展，农工联合企业的试办，现行的征税办法不能适应这些新的经济形式。第五，随着对外经济往来的发展，为了维护国家主权和经济利益，需要建立一套完整的涉外税收章法。

关于税制改革的原则，刘志城提出，总的指导原则是：必须服从于社会主义现代化建设的需要，符合经济规律和中国的实际情况，扩大税收在财政收入中的比重，充分发挥税收的经济杠杆作用。具体地说，有下列五条：一是坚持按照经济规律办事，更好地调节企业收入，有利于用经济手段管理经济，促进生产发展；二是在收入分配上，要正确处理中央、地方、企业和个人的经济关系，有利于调动各方面的积极性；三是随着企业自主权的扩大，有利于运用税收手段参与企业管理，促进企业加强经济核算，讲究经济效果，更好地发挥财政监督作用；四是要扩大税收的渠道，使税收成为积累财政资金的主要手段，确保国家财政收入的及时、稳妥和可靠；五是有利于在平等互利、维护国家主权和经济利益的原则下，促进对外经济往来。

随着改革开放的逐步深入，到 20 世纪 80 年代中期，对税制改革的理论研究逐步深化。在税制改革的指导思想方面，强调我国的税制改革，最根本的在于要切实地把税制建立在有计划商品经济的基础上，并充分发挥税收作为经济杠杆对社会经济生活运行的调节作用，同时税制改革要同价格、工资、信贷等制度的改革相互配套和协调。

要把税制建立在商品经济的基础上，首先，必须在承认和尊重企业是自主经营、自负盈亏的商品生产者的前提下构建税收制度。其次，税制的构建必须明确在有计划商品经济条件下，国家再也不是整个社会经济生活的直接组织者了。再次，税制的构建必须正确认识和处理国家与企业的相互关系。可以把企业与国家的关系看成是独立经营、自负盈亏的商品生产者同社会公共权力机关的法律关系。

通过税制改革充分发挥税收作为经济杠杆的调节作用，首先要通过税收杠杆促进搞活企业。同传统的税制相比较，企业的经济负担应适当减轻，使税收真正能够起到对企业的刺激作用。另外，要通过税收杠杆促进社会主义市场体系的完善。为此，税收要做到三点：一是要促进维持市场体系的协调运转，特别是保持各商品生产者之间竞争的正常进行，限制垄断，实现商品生产者在价格、资源等各方面的机会平等；二是使税收有利于排除来自各方面对市场运行的扰动，保持市场运行的相对平稳和协调；三是使税收成为国家手中掌握的一个有效的间接控制手段，能够对企业行为施以有效的约束，从而保证企业的经济行为不脱离宏观经济运行的轨道，同时使税收也能对间接控制的主体——国家形成一定反馈式的约束。①

1978 年以前的工商税是在计划经济条件下，经过多次简并后形成的流转税，具有按销售额“全值”“多环节、阶梯式”征税的特征，这导致了严重的重复征税问题，不利于专业化分工的发展。如果说在高度集中的计划经济体制下，企业没有自主权，税收只是计划价格体系的辅助工具，因此重复征税对计划经济体制运行的影响并不突出的话，那么在有计划商品经济阶段，企业作为相对独立的商品生产者，需要在经营中“自负盈亏”，多环节、全值征收的流转税重复征税的弊端就日益严重。这一时期对重复征税问题的深入研究与对国外增值税制度的介绍和引进对我国流转税制的优化起到了非常重要的作用。

从 1980 年开始，时任财政部税政司司长韩绍初等陆续在《经济管理》《财贸报》《财政及财政研究资料》等中央报纸杂志上发表研究性文章。主要介绍了国外增值税及其实施情况，研究“工商税”存在的重复征税因素和如何消除重复征税的途径，探索运用增值税的经验，部分排除我国重复征税的可行性。这些研究受到企业界和社会舆论的重视

① 杜萌昆：《对“七五”期间税制改革若干问题的争论》，《税务研究增刊》1986 年第 21 期。

并直接推动了增值税的试点。[①] 此后，国内学术界对国外增值税的介绍和借鉴不断深入，增值税改革试点的行业范围也在逐步扩大，这为 1994 年的增值税改革奠定了理论基础。

二、涉外税收制度的建立和完善

1978 年以前，我国长期被迫实行封闭的计划经济，与外国经济交流与合作很少，涉外税制基本上是一片空白。改革开放开始后，我国采取了一系列措施促进对外开放，其中包括通过吸收国际金融组织贷款、外国政府贷款和外国金融机构贷款，积极开展对外融资；通过举办三资企业、开展补偿贸易、合作开发资源等方式，积极吸引外商直接投资、引进先进技术和管理经验。但当时，我国还没有相应的涉外税法，无法有效维护国家税收权益，也不利于中外合资经营企业的发展和对外开放政策的进一步落实。[②]

1978—1992 年，经过 10 多年的努力，从所得税到流转税、财产税，从税法到细则，一套比较完整的涉外税收制度初步建立。从 1980 年 9 月到 1981 年 12 月，第五届全国人民代表大会先后公布了《中华人民共和国中外合资经营企业所得税法》《中华人民共和国个人所得税法》和《中华人民共和国外国企业所得税法》；1981 年 5 月，财政部发出《关于华侨回国投资有关纳税问题的通知》，该通知使回国华侨享受了更多的税收优惠。同时，对中外合资企业、外国企业和外国人沿用 20 世纪 50 年代制定的税收法规继续征收工商统一税、城市房地产税和车船使用牌照税。这样，就初步形成了一套大体适用的涉外税收制度，适应了我国对外开放初期引进外资和对外经济、技术合作的需要，保障了对外开放后国家的经济利益。[③]

1979—1992 年，我国合计利用外资 92113 个项目，累计金额 1914.05 亿美元；其中，外商直接投资累计金额 1107.16 亿美元，外商

---

① 刘克崮、贾康主编：《中国财税改革三十年亲历与回顾》，经济科学出版社 2008 年版，第 123 页。

② 谢旭人主编：《中国财政 60 年（上卷）》，经济科学出版社 2009 年版，第 239 页。

③ 刘佐：《我国改革开放后涉外税制的建立与内外税制统一》，《涉外税务》2010 年第 1 期，第 32—36 页。

其他投资累计59.42亿美元；实际利用外商直接投资1003.59亿美元。①

（一）涉外所得税制度

1. 中华人民共和国中外合资经营企业所得税法

1980年9月10日，五届全国人大三次会议通过了《中华人民共和国中外合资经营企业所得税法》，其主要内容是：

第一，征税范围主要针对在中国境内的中外合资经营企业生产、经营所得和其他所得。中外合资经营企业分支机构的所得，由总机构汇总缴纳所得税，在国外缴纳的所得税，可在总机构应纳所得税内抵免。

第二，中外合资经营企业所得税税率为30%，另按应纳所得税额附征10%的地方所得税，税率合计为33%。对外国投资者将从合资企业分得的利润汇出国外的，按汇出额缴纳10%的所得税。

第三，对新办的中外合资经营企业，合营期在10年以上的，从开始获利的年度起，实行“一免两减半”的优惠政策，即第一年免税，第二和第三年减半征收。对从事农业、林业等利润较低的行业和在经济不发达的边远地区开办的中外合资经营企业，在规定享受减免期满后，经财政部批准，还可以在以后的10年内继续减征15%—30%的所得税。对中外合资经营企业的合营者，使用企业分得的利润在中国境内再投资，期限不少于5年的，可以退还再投资部分已纳所得税款的40%。

2. 中华人民共和国个人所得税法

1980年9月10日，五届全国人大三次会议还通过了《中华人民共和国个人所得税法》，建立了我国个人所得税制度，该法既是一项国内税法，又是一部涉外税法。其主要内容是：

第一，凡在中国境内居住满一年，并从中国境内和境外取得所得的个人，都要按税法规定征税；不在中国居住或者居住不满1年的个人，只就从境内取得的所得征税。

第二，征税项目包括工资、薪金所得，劳务报酬所得，特许权使用费所得，利息、股息、红利所得，财产租赁所得和经中华人民共和国财

① 根据《中国统计年鉴（2017）》相关数据整理计算得出。

政部确定征税的其他所得。同时明确规定了科学、技术、文化成果奖金，福利费、抚恤金、救济金，保险赔款等 8 个免税项目。

第三，应纳税所得额的计算方法为：工资、薪金所得，按每月收入减除费用 800 元，就超过 800 元的部分纳税；劳务报酬所得、特许权使用费所得、财产租赁所得，每次收入不满 4000 元的，减除费用 800 元；4000 元以上的，减除 20% 的费用，然后就其余额纳税。利息、股息、红利所得和其他所得，按每次收入额纳税。

第四，工资、薪金所得适用 5%—45% 的超额累进税率。全月收入额 800 元以下的免税；全月收入额 801 元至 1500 元的部分适用 5% 税率；全月收入额 1501 元至 3000 元的部分适用 10% 税率；全月收入额 3001 元至 6000 元的部分适用 20% 税率；全月收入额 6001 元至 9000 元的部分适用 30% 税率；全月收入额 9001 元至 12000 元的部分适用 40% 税率；全月收入额 12001 元以上的部分适用 45% 税率。劳务报酬所得，特许权使用费所得，利息、股息、红利所得，财产租赁所得和其他所得，适用比例税率，税率为 20% 。

3. 中华人民共和国外国企业所得税法

1981 年 12 月 13 日，五届全国人大四次会议通过了《中华人民共和国外国企业所得税法》，其主要内容是：

第一，规定了三类纳税义务人。在中国境内设立机构、场所、独立经营的外资企业；在中国境内同中国公司、企业合作生产、经营的外国企业；在中国境内没有设立机构而有来源于中国的股息、利息、租金、特许权使用费和其他所得的外国企业。

第二，实行五级超额累进税率。年所得额不超过 25 万元的部分，税率为 20% ；超过 25 万元至 50 万元的部分，税率为 25% ；超过 50 万元至 75 万元的部分，税率为 30% ；超过 75 万元至 100 万元的部分，税率为 35% ；超过 100 万元的部分，税率为 40% 。外国企业另按应纳税的所得额缴纳 10% 的地方所得税。对生产规模小，利润低，需要给予减征或者免征地方所得税的外国企业，由企业所在地的省、自治区、直辖市人民政府决定。

第三，预提所得税。外国公司、企业和其他经济组织，在中国境内没有设立机构而有来源于中国的股息、利息、租金、特许权使用费和其他所得，应当缴纳 20% 的所得税。税款由支付单位在每次支付的款额中扣缴。

第四，减免税优惠。从事农业、林业、牧业等利润率低的外国企业，经营期在十年以上的，经企业申请，税务机关批准，从开始获利的年度起，第一年免征所得税，第二年和第三年减半征收所得税。免税、减税期满后，经财政部批准，还可以在以后的十年内继续减征 15% 至 30% 的所得税。

4. 中华人民共和国外商投资企业和外国企业所得税法

1991 年 4 月 9 日，七届全国人大第四次会议通过了《中华人民共和国外商投资企业和外国企业所得税法》，同时废止了《中华人民共和国中外合资经营企业所得税法》和《中华人民共和国外国企业所得税法》，实现了外商投资企业和外国企业在所得税制度上的统一。

《中华人民共和国外商投资企业和外国企业所得税法》规定了 15% 和 24% 两个优惠税率并赋予地方政府减免地方所得税的权力。

（1）设在经济特区的外商投资企业、在经济特区设立机构、场所从事生产、经营的外国企业和设在经济技术开发区的生产性外商投资企业，减按 15% 的税率征收企业所得税。设在沿海经济开放区和经济特区、经济技术开发区所在城市的老市区的生产性外商投资企业，减按 24% 的税率征收企业所得税。

（2）设在沿海经济开放区和经济特区、经济技术开发区所在城市的老市区或者设在国务院规定的其他地区的外商投资企业，属于能源、交通、港口、码头或者国家鼓励的其他项目的，可以减按 15% 的税率征收企业所得税，具体办法由国务院规定。

（3）该法第九条规定，对鼓励外商投资的行业、项目，省、自治区、直辖市人民政府可以根据实际情况决定免征、减征地方所得税。

（二）涉外流转税、财产税和行为税制

在流转税方面，涉外企业一直适用 1958 年全国人大常委会原则通过的《工商统一税条例（草案）》。1983 年 6 月，根据同年 3 月国务院

批转的《国家经济委员会、对外经济贸易部关于进一步办好中外合资经营企业的报告》，财政部发出《关于对中外合资经营企业、合作生产经营企业和外商独资企业征收工商统一税问题的通知》，该通知规定：外国公司、企业和其他经济组织同中国公司、企业合资经营、合作生产经营企业和独资开办企业等都应该按照规定缴纳工商统一税；1985年4月，财政部发出《关于对中外合资经营、合作生产、合作经营企业和客商独立经营企业征收工商统一税问题的通知》。在此后，财政、税务部门陆续又做出了一些减征、免征工商统一税的规定。

在财产和行为税方面，对外资企业一直适用1951年政务院发布的《城市房地产税暂行条例》和《车船使用牌照税暂行条例》。1988年，国务院颁布了《中华人民共和国印花税暂行条例》，内外资企业均适用。

这一时期，国家对外资在工商统一税方面的优惠规定主要有以下内容①：

（1）外商投资企业生产的出口产品，除国家限制出口的以外，免征工商统一税，但是产品内销的，要照章补税。

（2）外商投资企业专为生产出口产品而从国外进口的原材料、零部件等，免征工商统一税，但是转为内销的，要照章补税。

（3）外商投资企业作为投资进口、追加投资进口的本企业生产用设备、营业用设备、建筑设备以及企业自用的交通工具和办公用品，免征工商统一税，但转为内销的，要照章补税。

（4）外商来料加工、来件装配和中小型补偿贸易，根据合同规定，生产上所需进口的原材料、零部件和设备，免征工商统一税。

（5）中外合资企业生产内销产品，开办初期纳税有困难的，可以申请在一定期限内减免工商统一税。

（6）为了中外合作开采海洋石油，经核准需要进口直接用于作业的机器、设备和材料，以及为在国内制造供海洋开采石油作业的机器、设备、备件和经核准需要进口的零部件和材料，在进口时均予以免税。

---

① 谢旭人主编：《中国财政60年（上卷）》，经济科学出版社2009年版，第349—350页。

外国合作者为开采海洋石油而暂时进口并保证运出口的机器和其他工程器材，在进口或复运出口时予以免税。

（7）在经济特区企业生产的出口产品除原油、成品油和国家另有规定外，都免征工商统一税；特区进口用于特区建设和生产所需的机器、设备、零部件、原料、燃料以及货运车辆，以及特区内企业、行政机构、事业单位和其他机构进口的办公用品和交通工具，免征进口工商统一税；特区内企业进口供区内市场销售的货物，在审定的进口额度内减免征收进口工商统一税。

（8）对保税区内的企业、行政管理机构进口建设保税区基础设施以及自用的相关物资免征工商统一税；对保税区内企业转为生产加工出口产品所需进口的原材料、零部件、包装材料，以及转口货物免征工商统一税；从非保税区进入保税区的货物，凡符合出口条件并确实用于出口的，除国家另有规定外，免征生产环节的工商统一税；保税区内企业生产加工的产品出口，免征生产环节的工商统一税；保税区内企业生产的产品在保税区内销售时，免征生产环节的工商统一税。

（三）关税制度的完善

1984年以前，我国一直以1951年政务院颁布的《海关进出口税则暂行实施条例》为征收关税的法律依据。1985年3月，我国颁布了修改后的《中华人民共和国进出口关税条例》，将原来的16条扩大为8章37条。1987年1月22日，六届全国人大常委会第十九次会议通过了《中华人民共和国海关法》，自1987年7月1日起实施。《海关法》专设一章对关税进行了规定，为健全和完善关税制度提供了法律依据。

1985年3月，我国开始实施以《海关合作理事会税则商品目录》和《中华人民共和国进出口关税条例》为基础的进出口税则。从1992年1月起，为适应进一步改革开放和对外经济贸易快速发展的需要，我国开始实施以国际上通行的《商品名称及编码协调制度》为基础的进出口税则。新税则除5019个基本税目外，根据我国进出口商品的实际结构和体现关税政策的需要，增加了部分子目，税目总数达到6250个，比转换前增加了 4042 个。①

（四）国际税收协定

1978 年以前，我国与其他国家一般只是通过税收换文或在某些经济活动的协定中协商税收条款，达到对某项特定经济活动的收入或所得实行税收互免的目的。1978 年后，我国同外国缔结税收协定工作从签订单项税收协定开始。最早签订的单项税收协定是 1979 年 1 月 23 日在巴黎签订的《中华人民共和国政府和法兰西共和国政府关于互免航空运输企业税捐的协定》。从 1981 年起，我国开始进行同外国缔结综合税收协定的谈判工作，最早签订的综合税收协定是 1983 年 9 月 6 日在北京签订的《中华人民共和国和日本国政府关于对所得避免双重征税和防止偷漏税的协定》。截至 1992 年年底，我国已先后同日本、美国、英国、法国、德国等 30 多个国家正式签署了避免双重征税协定。②

三、工商税制改革

配合第二步“利改税”推出的工商税制改革及“税利分流”后所得税制度改革是新中国历史上继 1950 年、1958 年、1973 年后的第四次大规模税制改革。③

（一）1984 年工商税“一分为四”改革

1984 年 9 月，第六届全国人大常委会第七次会议根据国务院的建议，决定授权国务院在实施国营企业第二步利改税的同时，改革工商税收制度，拟定有关税收实行条例草案。经国务院决定，将原工商税按性质分为产品税、增值税、营业税、盐税④四个税。1984 年 9 月 18 日，国务院发布了《中华人民共和国产品税条例（草案）》《中华人民共和国增值税条例（草案）》和《中华人民共和国营业税条例（草案）》，

① 谢旭人主编：《中国财政 60 年（上卷）》，经济科学出版社 2009 年版，第 246 页。

② 谢旭人主编：《中国财政 60 年（上卷）》，经济科学出版社 2009 年版，第 247 页。

③ 谢旭人主编：《中国财政 60 年（上卷）》，经济科学出版社 2009 年版，第 231—239 页。

④ 从工商税中单独制定税收条款，恢复了盐税的独立性。为适应价格的变化调整了盐税税额，缩小了工业用盐的免税范围。

自 1984 年 10 月 1 日起试行。

1. 产品税制的主要内容

产品税以产品为课税对象，按产品设计税率，并基本上在商品实现销售时征收。由于产品税对不同产品适用不同的税率，在课税对象和调节深度上都具有选择性，可以起到调节生产和消费的作用。产品税从工商税中独立后，将工商税的大部分按行业设置税目改为按具体产品和产品类别设置税目，对那些同一产品因生产能力、原材料结构等不同而形成的利润水平相差悬殊的产品，单独设置税目，分档定率以体现国家奖励和限制的政策。当时的产品税税目由原来工商税的 44 个改为 270 个，其中工业品部分有 260 个税目，农林牧水产品有 10 个税目。产品税税率的设计打破了历次税制改革强调的“保持原税负”的框架，最低税率为 3%，最高税率为 60%。同时，对出口的产品实行免税或者退税政策，对进口产品实行进口征税政策。

2. 增值税的主要内容

增值税对生产销售环节产品销售额中增值部分征收，有利于促进专业化协作生产的发展。1984 年 9 月，国务院公布的《中华人民共和国增值税条例（草案）》开始在机器机械、汽车、机动船舶、轴承、农业机具、钢坯、钢材、自行车、缝纫机、电风扇、印染丝绸、西药等少数产品范围内实行增值税。在计算方法上，分别采用从销售收入中扣除外购原材料、燃料、动力、包装物等金额后计算税额的“扣额法”和从销售收入乘以税率计算的总税额中扣除为生产应税产品外购部分已纳税额的“扣税法”两种计算方法，并且两种方法对扣除项目既可以按当期购入数计算（即“购进法”），也可以按实际耗用数计算（即“实耗法”）。

3. 营业税的主要内容

营业税是对经营商品批发、零售业务和各种服务业取得的营业收入征收的一种税。1950 年我国曾实行过营业税，1958 年和 1973 年两次税制改革，把营业税并入了工商统一税、工商税。1984 年恢复征收的营业税，只对商业、出版业、娱乐业、加工修理业和其他各种服务业征收；其中，对批发业务征收的营业税由过去按销售全额征收改为按进销差价征税，避免了重复征税；对国营粮食企业按平价销售粮油的收入，农业机械站、排灌站的机耕和排灌收入，外贸出口商品的调拨和出口销售收入则给予免税。

（二）流转税制度的完善

为解决重复征税的问题，从1985年开始逐步扩大增值税的征收范围。1985年，先后选择了纺织品、通用机械、日用电器、电子产品、轻工产品、建材、有色金属等产品试行增值税。改革后，征收产品税的税目由270个减少到96个，征收增值税的产品发展到除卷烟、酒、石化、电力等产品以外的大部分工业产品。1989年3月，对已经实行增值税的工业企业从事工业性加工、修理、修配业务，由征收营业税改为征收增值税。

在增值税征收办法方面，1987年3月财政部发布《关于完善增值税办法的若干规定》，对征收增值税的扣除项目范围、适用税率和计税方法等方面都做了统一规范。在扣除项目的范围上，由原来只扣除主要原材料或零部件，增加到扣除原材料、燃料、动力、低值易耗品、包装物和支付的委托加工费等六项。同时，限制差别税率的适用范围，初步形成了14%的基本税率。在计税方法上，由最初的“扣额法”与“扣税法”并用，统一到“扣税法”，由“购进法”和“实耗法”并用，逐步向“购进扣税法”过渡。1988年，财政部、国家税务总局同意在武汉、上海纺织行业中进行“价税分流购进扣税法”，即增值税作为价外税进行核算的试点。1989年，经财政部同意，国家税务总局下发通知，要求各省、自治区、直辖市和计划单列市按照自愿的原则，选择一到两个城市（或县、区）试点，并决定在全国统一选定纺织、有色金属两个行业和自行车、铝制品、搪瓷制品三项产品进行试点。这些改革措施为1994年的增值税制度改革以及建立增值税凭发票注明税款扣税的征收制度奠定了基础。

1984年营业税开征初期，对国营商业企业经营的商品批发业务只就石油、五金、交电、化工四类商品征收营业税。1985年9月，财政部发出通知，对国营商业企业（包括国营物资、供销、外贸、医药、文教及其他国营企业）经营其他商品的批发业务取得的收入，自 1985 年 11 月 1 日起征收营业税。1986 年 12 月，财政部发出《关于对国营建筑安装企业承包工程收入恢复征收营业税的通知》，决定从 1987 年 1 月 1 日起，对国营建筑安装企业承包建筑安装工程、修缮业务及其他工程作业取得的收入一律恢复征收营业税。此后，1988 年 5 月 18 日，财政部发出了《对典当业征收营业税有关问题的通知》；1990 年 8 月 22 日，财政部发出《关于营业税增设“土地使用权转让及出售建筑物”和“经济权益转让”税目的通知》。由此，营业税的征收范围逐步扩大，税目增加至 14 个。

（三）建立健全所得税

除两步“利改税”和随后的“税利分流”改革建立和完善了国营企业的所得税制度[①]，在涉外税制建设中建立的外资企业所得税和个人所得税制度外，这一时期还分别建立了集体企业、城乡个体工商户和私营企业所得税。

1. 集体企业所得税

改革开放前，集体企业一直适用 1963 年国务院《关于调整工商所得税负担和改进征收办法的试行规定》，采用 8 级超额累进税制。国营企业第二步利改税后，对国营小型企业按新的 8 级超额累进税率征收所得税，为平衡集体企业和国营小型企业的税负，国务院于 1985 年 4 月 11 日发布了《中华人民共和国集体企业所得税暂行条例》，调整了 8 级超额累进税率，降低了所得税负担，使集体企业的税负与国营小型企业的税负基本持平。此外，第二步利改税后，农村社队企业也改按《中华人民共和国集体企业所得税暂行条例》执行。

2. 城乡个体工商户所得税

1963 年以前，一直按照《工商税暂行条例》中有关所得税的规定对个体经济征收所得税。1963 年调整所得税时，规定对个体经济适用 14 级全额累进税率，并对全年所得额在 1800 元以上的实行加成征税。

---

① 国营企业所得税的相关内容参见本章第二节。

党的十一届三中全会后，为鼓励扶持个体经济的发展，从 1980 年起由各地比照 8 级超额累进税率自定征收办法，减轻个体工商户的所得税负担。1986 年 1 月，国务院发布了《中华人民共和国城乡个体工商户所得税暂行条例》，规定对从事工业、商业、服务业、建筑安装业、交通运输业及其他行业，经工商行政管理部门批准的城乡个体工商户从 1986 年开始按 10 级超额累进税率征收所得税。最低一级年所得额不超过 1000 元的，税率为 7%；最高一级年所得额超过 30000 元的，税率为 60%；对年所得额超过 5 万元以上的部分，可加征 10%—40%。

3. 私营企业所得税

1988 年 6 月 22 日，国务院发布了《中华人民共和国私营企业所得税暂行条例》，规定从 1988 年起开征私营企业所得税，采用 35% 的比例税率。同时，国务院发布了《关于征收私营企业投资者个人收入调节税的规定》，对私营企业投资者参加经营取得的工资收入征收个人收入调节税，对私营企业投资者将私营企业税后利润用于个人消费的部分，按 40% 的比例税率征收个人收入调节税。

（四）多层次复合税制体系的建立

1. 开征资源税

为合理利用自然资源，调节企业因为自然资源差异而获得的级差收入，1984 年 10 月，我国开始征收资源税。主要是针对开采天然气、原油、煤和金属矿产品的企业和个人征收。由于当时金属矿产品的价格尚未调整，暂缓征收。自然资源的级差收入综合反映在产品销售利润上，因此确定依照产品销售利润率设计税率。产品销售利润率在 12% 以下不征资源税，销售利润率超过 12% 的部分，则按三个档次，按销售利润每增加 1%，税率分别增加 0.5%、0.6%、0.7%，分档计算，依据销售收入额计征。[1] 1986 年，改进计税方式，转为从量定额征收。

2. 开征和恢复地方税种

地方经济在改革开放中得到不断发展，地方经济成分、产业结构和

---

① 《中华人民共和国资源税条例（草案）》（国发〔1984〕125 号），1984 年 9 月 18 日国务院发布，见 http://www.shui5.cn/article/e8/115208.html。

生产分工逐渐呈现多元化和复杂化趋势。同时，向地方放权让利的改革过程中，地方政府承担了更多的支出责任，对财力的需求加大。要因地制宜地发展地方经济，就需要开征和恢复地方税种，以使地方获取更为稳定的收入。

地方税制改革的内容包括：扩大地方税的征收范围，加强其税收自主性。中央决定地方税的征收原则和税率最高限额，但开征、停征、减免税以及具体征税规定则由省、市、自治区根据实际情况而定。恢复车船使用牌照税、城市房产税、特种消费行为税、印花税和集市交易税。同时，新开征了土地使用税和城市维护建设税。至此，地方税收体系初步建立。[①]

3. 多层次复合税制体系逐步形成

1985—1989 年，国务院还先后发布了《中华人民共和国城市维护建设税暂行条例》《国营企业奖金税暂行规定（修订）》《国营企业工资调节税暂行规定》《集体企业奖金税暂行规定》《事业单位奖金税暂行规定》《中华人民共和国房产税暂行条例》《中华人民共和国车船使用税暂行条例》《中华人民共和国个人收入调节税暂行条例》《中华人民共和国耕地占用税暂行条例》《中华人民共和国建筑税暂行条例》（其前身是国务院 1983 年发布的《建筑税征收暂行办法》，1991 年起改为固定资产投资方向调节税）《中华人民共和国印花税暂行条例》《中华人民共和国筵席税暂行条例》《中华人民共和国城镇土地使用税暂行条例》，并决定开征特别消费税。

1991 年，国务院将建筑税改为固定资产投资方向调节税，发布了《中华人民共和国固定资产投资方向调节税暂行条例》。至此，中国的税制一共设有 37 种税收，即产品税、增值税、盐税、特别消费税、烧油特别税、营业税、工商统一税、关税、国营企业所得税、国营企业调节税、集体企业所得税、私营企业所得税、外商投资企业和外国企业所得税、个人所得税、城乡个体工商业户所得税、个人收入调节税、国营企业奖金税、集体企业奖金税、事业单位奖金税、国营企业工资调节

① 高培勇主编：《共和国财税 60 年》，人民出版社 2009 年版，第 164—165 页。

税、房产税、城市房地产税、城镇土地使用税、耕地占用税、契税、资源税、车船使用税、车船使用牌照税、印花税、城市维护建设税、固定资产投资方向调节税、屠宰税、筵席税、牲畜交易税、集市交易税、农业税和牧业税。此外，船舶吨税自 1986 年起转为预算外收入项目。[①]（参见表 4－1）

表 4－1　　1978—1992 年税收体系简况

税类	税种	颁布时间	实施时间	备注
流转税类	工商统一税	1958 年 9 月 11 日	1958 年 9 月 11 日	1994 年 1 月 1 日失效
	产品税	1984 年 9 月 18 日	1984 年 10 月 1 日	1994 年 1 月 1 日失效
	增值税	1984 年 9 月 18 日	1984 年 10 月 1 日	1994 年 1 月 1 日修订
	营业税	1984 年 9 月 18 日	1984 年 10 月 1 日	1994 年 1 月 1 日修订
	关税	1985 年 3 月 7 日	1985 年 3 月 10 日	
所得税类	国营企业所得税	1984 年 9 月 18 日	1984 年 10 月 1 日	1994 年 1 月 1 日失效
	集体企业所得税	1985 年 4 月 11 日	1985 年度	1994 年 1 月 1 日失效
	私营企业所得税	1988 年 6 月 25 日	1988 年度	1994 年 1 月 1 日失效
	城乡个体工商户所得税	1986 年 1 月 7 日	1986 年 1 月 1 日	1994 年 1 月 1 日失效
	个人所得税	1980 年 9 月 10 日	1980 年 9 月 10 日	
	个人收入调节税	1986 年 9 月 25 日	1987 年 7 月 1 日	1994 年 1 月 1 日失效
	国营企业调节税	1984 年 9 月 18 日	1984 年 10 月 1 日	1994 年 1 月 1 日失效
	国营企业奖金税	1984 年 6 月 28 日	1985 年度	1994 年 1 月 1 日失效
	集体企业奖金税	1985 年 8 月 24 日	1985 年度	1994 年 1 月 1 日失效
	事业单位奖金税	1985 年 9 月 20 日	1985 年度	1994 年 1 月 1 日失效
	国营企业工资调节税	1985 年 7 月 3 日	1985 年度	1994 年 1 月 1 日失效

① 刘佐：“我国改革开放后涉外税制的建立与内外税制统一”，《涉外税务》2010 年第 1 期，第 32—36 页。

续表

税类	税种	颁布时间	实施时间	备注
所得税类	外商投资企业和外国企业所得税	1991 年 4 月 9 日	1991 年 7 月 1 日	原《中外合资经营企业所得税法》（1980 年 9 月 10 日）和《外国企业所得税法》（1981 年 12 月 13 日）失效
资源税类	资源税	1984 年 9 月 18 日	1984 年 10 月 1 日	1994 年 1 月 1 日失效
	盐税	1984 年 9 月 18 日	1984 年 10 月 1 日	1994 年 1 月 1 日失效
	城镇土地使用税	1988 年 9 月 27 日	1988 年 11 月 1 日	
财产税类	房产税	1986 年 9 月 15 日	1986 年 10 月 1 日	
	城市房地产税	1951 年 8 月 8 日	1951 年 10 月 1 日	
行为目的税类	城市维护建设税	1985 年 2 月 8 日	1985 年度	
	耕地占用税	1987 年 4 月 1 日	1987 年 4 月 1 日	
	建筑税	1983 年 9 月 20 日	1983 年度	1991 年改征固定资产投资方向调节税
	固定资产投资方向调节税	1991 年 4 月 16 日	1991 年度	
	车船使用牌照税	1951 年 9 月 20 日	1951 年 9 月 20 日	
	车船使用税	1986 年 9 月 25 日	1986 年 10 月 1 日	
	印花税	1988 年 8 月 6 日	1988 年 10 月 1 日	
	契税	1950 年 4 月 3 日	1950 年 4 月 3 日	
	屠宰税	1950 年 12 月 19 日		征收与否和如何征收由各省、自治区、直辖市自行决定
	烧油特别税	1982 年 4 月 22 日	1982 年 4 月 22 日	1994 年 1 月 1 日失效
	特别消费税	1989 年 4 月 14 日（小轿车）；1989 年 2 月 14 日（彩电）	1989 年 4 月 22 日（小轿车）；1989 年 2 月 1 日（彩电）	1989 年 4 月 14 日（小轿车）；1989 年 2 月 14 日（彩电）
	集市交易税	1962 年 4 月 16 日		1994 年 1 月 1 日失效
	牲畜交易税	1982 年 12 月 13 日	1983 年 1 月 1 日	1994 年 1 月 1 日失效

续表

税类	税种	颁布时间	实施时间	备注
行为目的税类	筵席税	1988年9月22日	1988年9月22日	征收与否和如何征收由各省、自治区、直辖市自行决定
农业税类	农业税	1958年6月3日	1958年6月3日	
	牧业税			在牧区、半农半牧区征收，无全国性法规，中央只做政策指导，征收办法由开征此税的省、自治区人民政府执行制定

资料来源：谢旭人主编：《中国财政60年（上卷）》，经济科学出版社2019年版，第250—251页，个别项目有修订。

应当指出的是，在批判“非税论”“税收无用论”的过程中，由于对有计划商品经济在理论和实践上存在着认识的过程，这一时期在重视税收对发展商品经济作用的同时也出现了片面夸大税收调控作用的倾向，出现了诸如奖金税、筵席税、工资调节税等税种。此外，根据所有制性质分别制定不同的企业所得税法的做法也加剧了税种越来越多，税制越来越复杂的问题。

第四节　1978—1993年财政收入情况

党的十一届三中全会后，随着经济体制改革的推进和有计划商品经济的逐步确立，我国的经济体制和经济运行发生了重大变化。这一时期，除国营企业改革和相应的财政收入分配制度改革外，对财政收入影响最大的改革还有两个领域：一是随着农村家庭联产承包责任制和价格改革的推进，传统计划经济体制下政府与农业的分配体制发生了根本性的变革；二是从分配领域入手的经济体制改革是以“放权让利”为主要措施的，通过“放权让利”激发各方面的改革积极性，提高被传统经济体制窒息的国民经济活力。[①]

但在改革开放的初期，由于理论和实践中对政府与企业、政府与市场关系的认识并不清晰，单纯以“放权让利”为指导的改革思路一方面造成了在国家与企业和个人分配关系上，国民收入过多向单位和个人倾斜；在中央和地方财政分配关系上，财力过多地向地方政府倾斜；由此导致这一时期预算内收入[②]占 GDP 的比重持续下降，中央财政占财政收入的比重明确偏低；另一方面，在财力紧张的背景下，各政府部门、机构被允许采用各种方式创收，由此直接助长了部门利益的膨胀，导致各种预算外收入和非税收入泛滥。

一、预算内收入及其结构

改革开放政策的实施，极大地调动了各方的积极性，我国经济社会发展进入了一个崭新的阶段。从经济增长情况看，1978—1993 年，经济在总体上保持了持续稳定增长，16 年间有 8 个年份的经济增长率达到两位数，1993 年的名义 GDP 是 1978 年的 9.7 倍。从产业结构看，第一产业的比重由 1978 年的 27.7% 降至 1993 年的 19.3%，第二产业的比重保持了相对稳定，第三产业的比重则有显著增加，由 1978 年的 24.6% 升至 1993 年的 34.5%，提高了近 10 个百分点。经济持续稳定增长的同时，人均 GDP 也有显著增加，1978 年改革开放之初，人均 GDP 仅有 385 元，到 1993 年提高至 3027 元（参见表 4－2）。

① 高培勇主编：《共和国财税 60 年》，人民出版社 2009 年版，第 4 页。

② 我国财政收入的口径及概念有一个演变的过程，狭义的财政收入通常仅指预算内收入，与预算外收入相对应。在 1978 年前，尽管存在预算外收入，但在高度集中统一的计划经济体制下，预算内收入是政府收入的主体，因此本书第 3 章第 4 节第一、二部分所指的财政收入是指预算内收入；1978 年后，由于预算外收入迅速膨胀，因此本章财政收入的概念相当于全部政府收入，狭义的财政收入直接表述为预算内收入。2011 年全口径预算管理制度实施后，全部政府收入都纳入了预算管理，分为一般公共预算、政府性基金预算、社会保险基金预算和国有资本经营预算。因此，如不加特殊说明，本书所称的财政收入相当于政府收入。

表4-2　　1978—1993年GDP及其结构

年份	GDP		第一产业		第二产业		第三产业		人均GDP（元）
	绝对值（亿元）	增长率	绝对值（亿元）	比重	绝对值（亿元）	比重	绝对值（亿元）	比重	
1978	3678.7	11.7%	1018.5	27.7%	1755.2	47.7%	905.1	24.6%	385
1979	4100.5	7.6%	1259.0	30.7%	1925.4	47.0%	916.1	22.3%	423
1980	4587.6	7.8%	1359.5	29.6%	2204.7	48.1%	1023.4	22.3%	468
1981	4935.8	5.1%	1545.7	31.3%	2269.1	46.0%	1121.1	22.7%	497
1982	5373.4	9.0%	1761.7	32.8%	2397.7	44.6%	1214.0	22.6%	533
1983	6020.9	10.8%	1960.9	32.6%	2663.0	44.2%	1397.0	23.2%	588
1984	7278.5	15.2%	2295.6	31.5%	3124.8	42.9%	1858.1	25.5%	702
1985	9098.9	13.4%	2541.7	27.9%	3886.5	42.7%	2670.7	29.4%	866
1986	10376.2	8.9%	2764.1	26.6%	4515.2	43.5%	3096.9	29.8%	973
1987	12174.6	11.7%	3204.5	26.3%	5274.0	43.3%	3696.2	30.4%	1123
1988	15180.4	11.2%	3831.2	25.2%	6607.4	43.5%	4741.8	31.2%	1378
1989	17179.7	4.2%	4228.2	24.6%	7300.9	42.5%	5650.6	32.9%	1536
1990	18872.9	3.9%	5017.2	26.6%	7744.3	41.0%	6111.4	32.4%	1663
1991	22005.6	9.3%	5288.8	24.0%	9129.8	41.5%	7587.0	34.5%	1912
1992	27194.5	14.2%	5800.3	21.3%	11725.3	43.1%	9668.9	35.6%	2334
1993	35673.2	13.9%	6887.6	19.3%	16473.1	46.2%	12312.6	34.5%	3027

资料来源：《中国统计年鉴2018》。

（一）预算内收入基本情况

1978—1993年期间，放权让利改革思路下，政府与企业、个人的分配关系发生了重大转变，预算内收入占GDP的比重持续下降。1993年的预算内收入是1978年的3.8倍，而1993年的名义GDP是1978年的9.7倍，预算内收入占GDP的比重由1978年的30.78%降至1993年的12.19%。

从预算内收入中央与地方所占比重来看，1978年到1984年，中央财政占GDP的比重逐步提高，到1984年升至40.51%；但随后逐年下降，到1992年下降至28.12%。1993年，受到1994年分税制财政体制改革确定中央与地方财力划分基数的影响，地方在1993年实施了较大规模的增收措施，由此导致不仅 1993 年预算内收入的增速达到了 24.85%，地方预算内收入的比重也在一年之内提高了 6 个百分点，达到了 77.98%（参见表 4－3）。

表 4－3　　1978—1993 年预算内收入基本情况

年份	预算内收入（不含债务收入）	预算内收入增速	预算内收入占 GDP 的比重	中央		地方	
				绝对数	比重	绝对数	比重
1978	1132.26	29.48%	30.78%	175.77	15.52%	956.49	84.48%
1979	1146.38	1.25%	27.96%	231.34	20.18%	915.04	79.82%
1980	1159.93	1.18%	25.28%	284.45	24.52%	875.48	75.48%
1981	1175.79	1.37%	23.82%	311.07	26.46%	864.72	73.54%
1982	1212.33	3.11%	22.56%	346.84	28.61%	865.49	71.39%
1983	1366.95	12.75%	22.70%	490.01	35.85%	876.94	64.15%
1984	1642.86	20.18%	22.57%	665.47	40.51%	977.39	59.49%
1985	2004.82	22.03%	22.03%	769.63	38.39%	1235.19	61.61%
1986	2122.01	5.85%	20.45%	778.42	36.68%	1343.59	63.32%
1987	2199.35	3.64%	18.07%	736.29	33.48%	1463.06	66.52%
1988	2357.24	7.18%	15.53%	774.76	32.87%	1582.48	67.13%
1989	2664.90	13.05%	15.51%	822.52	30.86%	1842.38	69.14%
1990	2937.10	10.21%	15.56%	992.42	33.79%	1944.68	66.21%
1991	3149.48	7.23%	14.31%	938.25	29.79%	2211.23	70.21%
1992	3483.37	10.60%	12.81%	979.51	28.12%	2503.86	71.88%
1993	4348.95	24.85%	12.19%	957.51	22.02%	3391.44	77.98%

资料来源：《中国统计年鉴 2018》。

（二）能源交通重点建设基金和预算调节基金

“放权让利”改革导致财政预算内收入增长率大幅下滑，而改革开放初期高度集中的计划经济投资体制尚未改变，随着国家对企业的放权让利和中央对地方下放财权，预算外资金的规模迅速增长，由此导致国家计划内的重点建设项目缺乏资金，而地方、企业的自有资金大幅度上升，计划外的建设项目大大增加。为了集中一部分预算外资金，调节社会投资结构，保证能源和交通重点建设的需要，1983 年开始征集国家能源交通重点建设基金，1989 年开始征集国家预算调节基金作为预算内收入。

中共中央、国务院于1982年12月15日发出了《关于征集国家能源交通重点建设基金的通知》，同日，国务院发布了《国家能源交通重点建设基金征集办法》，于1983年1月1日起开始征收。1983年9月和1987年4月国务院两次做出《关于提高征收比例、扩大征集范围以及中央与地方的收入分成问题的决定》。该项基金到1993年停征，1994—1996年对尾欠款进行了清收，累计征收1810.89亿元。[①]

国家能源交通重点建设基金的征集范围包括地方财政的预算外资金，行政事业单位的预算外资金，国营企业及其主管部门提取的各项专项基金，其他没有纳入预算管理的资金，以及城乡集体企业、私营企业和个体工商户缴纳所得税后的利润。该项基金的征集比例为15%。对纳入征集范围的城镇合作商店、运输合作社、街道企业、知青办企业、乡村办的乡镇集体企业、农村信用合作社和经工商行政管理部门批准的其他城乡集体企业，以及私营企业和城乡个体工商户缴纳所得税后的利润，从1987年5月1日起按7%计征。1991年起，分三年免征国营大中型企业税后利润缴纳的国家能源交通重点建设基金。

针对当时预算外资金增长过快的问题，为适当集中一部分财力加强国家宏观调控能力、对资金投入进行引导，加强重点建设，调整投资结构，1989年2月17日，国务院发布了《国家预算调节基金征集办法》，决定从1989年1月1日起征集国家预算调节基金。该基金的征集范围是所有国营企业事业单位、机关团体、部队和地方政府的各项预算外资金，以及所有集体企业、私营企业和个体工商户缴纳所得税后的利润，征集比例为10%。从1989年开征至1996年全面停征，累计征收的国家预算调节基金达685.97亿元。[②]

（三）预算内收入的结构

1978—1993年，预算内收入最大的结构变化是两步“利改税”后税收收入比重的大幅增长。1984年各项税收占预算内收入的比重为

---

① 谢旭人主编：《中国财政60年（上卷）》，经济科学出版社2009年版，第303页。

② 谢旭人主编：《中国财政60年（上卷）》，经济科学出版社2009年版，第304页。

57.66%，比 1978 年的 45.86% 提高了 12 个百分点。1985 年，完全以税代利后，各项税收由 1984 年的 947.35 亿元激增至 2040.79 亿元，企业收入则从 276.77 亿元降至 43.75 亿元，而且由于企业亏损补贴作为预算内收入的冲减项，1985 年开始企业亏损补贴的数量远高于企业收入，这导致各项税收占预算内收入的比重部分年份甚至超过 100%。从 1985 年开始，税收收入成为预算内收入的主要来源，从根本上重新塑造了我国财政收入的基本构成，适应了经济体制转轨过程中所有制结构的变动，具有非常重要的意义（参见表 4－4）。

表 4－4　　1978—1993 年预算内收入结构　　单位：亿元

年份	各项税收		企业收入	企业亏损补贴	能源交通重点建设基金收入	预算调节基金收入	教育费附加收入	其他收入
	绝对值	比重						
1978	519.28	45.86%	571.99					40.99
1979	537.82	46.91%	495.03					113.53
1980	571.70	49.29%	435.24					152.99
1981	629.89	53.57%	353.68					192.22
1982	700.02	57.74%	296.47					215.84
1983	775.59	56.74%	240.52		93.00			257.84
1984	947.35	57.66%	276.77		122.45			296.29
1985	2040.79	101.79%	43.75	－507.02	146.79			280.51
1986	2090.73	98.53%	42.04	－324.78	157.07			156.95
1987	2140.36	97.32%	42.86	－376.43	180.18			212.38
1988	2390.47	101.41%	51.12	－446.46	185.93			176.18
1989	2727.40	102.35%	63.60	－598.88	202.18	91.19		179.41
1990	2821.86	96.08%	78.30	－578.88	185.08	131.21		299.53
1991	2990.17	94.94%	74.69	－510.24	188.22	138.53	28.01	240.10
1992	3296.91	94.65%	59.97	－444.96	157.11	117.47	31.72	265.15
1993	4255.30	97.85%	49.49	－411.29	117.72	102.46	44.23	191.04

资料来源：楼继伟主编：《新中国 50 年财政统计》，经济科学出版社 2000 年版。

（四）税收收入的结构

在税收收入占预算内收入的比重急剧增加的同时，这一时期税收收入的结构随着 1985 年国营企业所得税和集体企业所得税的征收也有所调整。总的来看，关税和农业各税的比重已非常低且在 1985 后有进一步的下降；国营企业所得税、集体企业所得税的比重在 1985—1993 年也呈现逐步下降的趋势，其中国营企业所得税占税收收入的比重由 1985 年开征时的 29.20% 降至 1993 年的 13.70%；集体企业所得税的比重由 1985 年的 4.91% 降至 1993 年的 2.25%；相应的，工商税收的比重则在 1985 年后出现了逐年上升的趋势，由 1985 年的 53.78% 升至 1993 年的 75.07%（参见表 4－5）。

表 4－5　　1978—1993 年税收收入结构　　单位：亿元

年份	工商税收		关税		农业各税		国营企业所得税		集体企业所得税	
	绝对数	比重	绝对数	比重	绝对数	比重	绝对数	比重	绝对数	比重
1978	462.12	88.99%	28.76	5.54%	28.40	5.47%				
1979	482.31	89.68%	26.00	4.83%	29.51	5.49%				
1980	510.50	89.30%	33.53	5.86%	27.67	4.84%				
1981	547.50	86.92%	54.04	8.58%	28.35	4.50%				
1982	623.18	89.02%	47.46	6.78%	29.38	4.20%				
1983	688.75	88.80%	53.88	6.95%	32.96	4.25%				
1984	809.44	85.44%	103.07	10.88%	34.84	3.68%				
1985	1097.47	53.78%	205.21	10.06%	42.05	2.06%	595.84	29.20%	100.22	4.91%
1986	1202.19	57.50%	151.62	7.25%	44.52	2.13%	595.40	28.48%	97.00	4.64%
1987	1282.47	59.92%	142.37	6.65%	50.81	2.37%	563.20	26.31%	101.51	4.74%
1988	1485.72	62.15%	155.02	6.48%	73.69	3.08%	570.93	23.88%	105.11	4.40%
1989	1760.49	64.55%	181.54	6.66%	84.94	3.11%	583.59	21.40%	116.84	4.28%
1990	1858.99	65.88%	159.01	5.63%	87.86	3.11%	604.12	21.41%	111.88	3.96%
1991	1981.11	66.25%	187.28	6.26%	90.65	3.03%	627.59	20.99%	103.54	3.46%
1992	2244.21	68.07%	212.75	6.45%	119.17	3.61%	624.77	18.95%	96.01	2.91%
1993	3194.49	75.07%	256.47	6.03%	125.74	2.95%	582.91	13.70%	95.69	2.25%

资料来源：楼继伟主编：《新中国 50 年财政统计》，经济科学出版社 2000 年版。

二、预算外收入及其管理

预算外资金是指国家机关、事业单位、社会团体、具有行政管理职能的企业主管部门和政府委托的其他机构为履行或代行政府职能，依据国家的有关法律法规和具有法律效力的规章而收取、提取、募集和安排使用，未纳入财政预算管理的各种财政性资金。①

在改革开放初期，国营企业实行“利税分流”之前，国营企业的留存利润在性质上也属于预算外资金的范畴，这也是改革开放初期预算外资金迅速膨胀的原因之一。随着“放权让利”“分级包干”等改革政策的实施，地方政府和国有企业的自主财权得到扩大，原有的财政筹集收入的能力被削弱，各级政府纷纷采取筹集预算外资金的方式弥补自身财力的不足。1980 年，《中共中央、国务院关于节约非生产性开支、反对浪费的通知》规定：“一切有条件组织收入的事业单位，都要积极挖掘潜力，从扩大服务项目中合理地组织收入，以解决经费不足的问题。”这一规定使得行政事业单位收费大大增加，导致了预算外收入的快速膨胀。此外，农村家庭联产承包责任制的实行和人民公社解体后，为筹集县乡政府履行职能和提供农村公共服务的资金，农村收费日益增加，形成了预算外资金膨胀的另一个重要来源。收费方式主要有村提留、乡统筹、摊派、收费、派购、克扣、罚款等。尽管中央三令五申要减轻农民负担，但农民的负担却与日俱增，有的地方对农民的收费达 100 多种，仅与婚姻登记有关的收费就有 10 多种。②

1978 年，预算外收入与预算内收入的比为 30.66%，此后持续快速增长，到 1988 年，预算外收入甚至超过了预算内收入，1992 年，预算外收入与预算内收入的比达到了 110.67%（参见表 4－6）。

表 4－6　　1978—1993 年的预算外收入　　单位：亿元

年份	预算外收入合计	预算外收入与预算内收入的比	事业行政单位收入		地方财政收入		国有企业和主管部门收入	
			绝对数	比重	绝对数	比重	绝对数	比重
1978	347.11	30.66%	63.41	18.27%	31.09	8.96%	252.61	72.78%
1979	452.85	39.50%	68.66	15.16%	39.94	8.82%	344.25	76.02%
1980	557.40	48.05%	74.44	13.35%	40.85	7.33%	442.11	79.32%
1981	601.07	51.12%	84.90	14.12%	41.30	6.87%	474.87	79.00%

① 参见 1996 年 11 月 18 日财政部颁布的《预算外资金管理实施办法》，第一章第二条。

② 谢旭人主编：《中国财政 60 年（上卷）》，经济科学出版社 2009 年版，第 332—333 页。

续表

年份	预算外收入合计	预算外收入与预算内收入的比	事业行政单位收入		地方财政收入		国有企业和主管部门收入	
			绝对数	比重	绝对数	比重	绝对数	比重
1982	802.74	66.21%	101.15	12.60%	45.27	5.64%	656.32	81.76%
1983	967.68	70.79%	113.88	11.77%	49.79	5.15%	804.01	83.09%
1984	1188.48	72.34%	142.52	11.99%	55.23	4.65%	990.73	83.36%
1985	1530.03	76.32%	233.22	15.24%	44.08	2.88%	1252.73	81.88%
1986	1737.31	81.87%	294.22	16.94%	43.20	2.49%	1399.89	80.58%
1987	2028.80	92.25%	358.41	17.67%	44.61	2.20%	1625.78	80.14%
1988	2360.77	100.15%	438.94	18.59%	48.94	2.07%	1872.89	79.33%
1989	2658.83	99.77%	500.66	18.83%	54.36	2.04%	2103.81	79.13%
1990	2708.64	92.22%	576.95	21.30%	60.59	2.24%	2071.10	76.46%
1991	3243.30	102.98%	697.00	21.49%	68.77	2.12%	2477.53	76.39%
1992	3854.92	110.67%	885.45	22.97%	90.88	2.36%	2878.59	74.67%
1993	1432.54	32.94%	1317.83	91.99%	114.71	8.01%		

资料来源：楼继伟主编：《新中国 50 年财政统计》，经济科学出版社 2000 年版。

预算外资金的过度膨胀影响了预算内资金的增长，加剧了国家的财政困难，削弱了宏观调控能力的同时，也导致基本建设投资和社会集团消费的失控，严重扰乱了分配秩序。为此，1983 年 2 月，财政部发布了《预算外资金管理试行办法》，明确规定了预算外资金的范围和管理体制。其中规定，预算外资金在所有权不变、资金使用权不变、资金收支渠道不变的前提下，实行同级财政专户储存、计划管理、财政审批和银行监督的管理办法，开始建立全国预算外资金管理制度。

1986 年 4 月，国务院发出了《关于加强预算外资金管理的通知》，再次强调各种预算外资金的收费标准、提留比例、开支范围和标准，都必须按照国务院及财政部规定的制度执行；预算外资金用于基本建设要严格控制，并按规定程序报批。各地区、各部门、各单位应编制年度预算外资金收支计划和决算，并按季报送收支执行情况，由财政部门逐级汇总后，上报财政部。各级预算外资金收支计划，都要纳入综合财政信贷计划，进行综合平衡，以便加强对社会财力的引导。1993 年，随着企业财务与会计制度改革，拥有法人财产权的企业及其主管部门集中的资金不再列为预算外资金，由此对预算外收入的口径进行了重大调整。

在预算外收入之外，这一时期还存在着对农民和企业的乱收费、乱罚款、乱摊派。为治理“三乱”，1988 年 4 月，国务院发布了《禁止向企业摊派的暂行条例》；1990 年 2 月发出《关于切实减轻农民负担的通知》；1990 年 9 月，中共中央和国务院发布《关于坚决制止乱收费、乱罚款和各种摊派的决定》，在全国范围内开展了治理“三乱”的工作。尽管政府部门每次治理都会有大量的收费、基金、罚没等项目被取消，部分符合政策的项目纳入预算管理或者专户管理，但每次清理整顿之后，“三乱”又会产生，从而形成“治理—乱—治理”的恶性循环。①

这一时期，导致预算外收入膨胀和税费关系混乱的原因主要有以下四个方面：一是转轨时期国民收入分配机制不规范形成了非规范的政府收入膨胀，导致税收的缺位和非税收入的越位；二是我国在转轨时期形成了政府收入多元化格局的原因在于改革以来公共需要的增长（历史欠账需要还），分权化改革带来了事权的财权化和各级政府相互博弈的体制以及正税流失迫使政府收费和本位利益驱动部门收费；三是转轨时期市场、技术和体系的转变较大，模糊了公共品和私人品的边界，导致费的扩张。四是地方政府的正式收入不足迫使地方政府在制度外寻找出路，产生非规范的收费行为。②

对预算外收入和税费关系的研究一直延续到 1992 年后相当长的时期，在建立社会主义市场经济目标确立后，这一领域的研究逐步深入到对各级政府及各政府部门利用权力获取收入方式及其预算控制和监督的层面，这些研究直接推动了市场经济条件下税收法治和全口径预算管理从理论到实践的发展。

---

① 陈光焱：《中国财政通史第十卷：中华人民共和国财政史（下）》，湖南人民出版社 2015 年版，第 184—185 页。

② 高培勇主编：《“费改税”：经济学界如是说》经济科学出版社 1999 年版；贾康主编：《税费改革研究文集》，经济科学出版社 2001 年版；高培勇主编：《中国税费改革问题研究》，经济科学出版社 2004 年版。

第五章　建立和完善社会主义市场经济时期（1994—2012年）

1992年10月，党的十四大明确提出，我国经济体制改革的目标是建立社会主义市场经济体制。2002年11月，党的十六大把“完善社会主义市场经济体制”作为21世纪头20年经济建设和改革的主要任务之一。

财税体制作为经济体制的重要组成部分，财税体制改革也逐步摆脱了以“放权让利”为主要内容的“行政性分权”的束缚，进入以“制度创新”为特征的崭新阶段。[①] 1994年实施的税制改革和分税制财政体制改革初步奠定了与社会主义市场经济相适应的财税体制，我国财政由此进入了一个新的历史时期。

第一节　社会主义市场经济与分税制财政体制

一、社会主义市场经济与公共财政

（一）社会主义市场经济体制

我国经济体制改革确定什么样的目标模式，是关系整个社会主义现

① 高培勇主编：《共和国财税60年》，人民出版社2009年版，第182页。

代化建设全局的一个重大问题。这个问题的核心，是正确认识和处理计划与市场的关系。1978年改革开放以来，随着经济体制改革的深入，我国对计划与市场关系的认识也在逐步深化。党的十二大提出计划经济为主，市场调节为辅；党的十二届三中全会指出商品经济是社会经济发展不可逾越的阶段，我国社会主义经济是公有制基础上的有计划商品经济；党的十三大提出社会主义有计划商品经济的体制应该是计划与市场内在统一的体制；党的十三届四中全会后，提出建立适应有计划商品经济发展的计划经济与市场调节相结合的经济体制和运行机制。

1992年春，邓小平同志视察中国南方并发表重要讲话，带来了一次大的思想解放。邓小平同志指出：计划经济不等于社会主义，资本主义也有计划；市场经济不等于资本主义，社会主义也有市场。计划和市场都是经济手段。计划多一点还是市场多一点，不是社会主义与资本主义的本质区别。这个精辟论断，从根本上解除了把计划经济和市场经济看作属于社会基本制度范畴的思想束缚，使我们在计划与市场关系问题上的认识有了新的重大突破。

1992年10月召开的党的十四大明确提出：我国经济体制改革的目标是建立社会主义市场经济体制，以利于进一步解放和发展生产力。我们要建立的社会主义市场经济体制，就是要使市场在社会主义国家宏观调控下对资源配置起基础性作用，使经济活动遵循价值规律的要求，适应供求关系的变化；通过价格杠杆和竞争机制的功能，把资源配置到效益较好的环节中去，并给企业以压力和动力，实现优胜劣汰；运用市场对各种经济信号反应比较灵敏的优点，促进生产和需求的及时协调。同时也要看到市场有其自身的弱点和消极方面，必须加强和改善国家对经济的宏观调控。我们要大力发展全国的统一市场，进一步扩大市场的作用，并依据客观规律的要求，运用好经济政策、经济法规、计划指导和必要的行政管理，引导市场健康发展。[①]

---

① 参见：《加快改革开放和现代化建设步伐，夺取有中国特色社会主义事业的更大胜利——江泽民在中国共产党第十四次全国代表大会上的报告》。

（二）从“生产建设财政”到“公共财政”

在计划经济体制下，政府是资源配置的主体，国家财政不仅要满足从国防安全、行政管理、公安司法到环境保护、文化教育、基础科研、卫生保健等方面的社会公共需要，进行能源、交通、通信和江河治理等一系列社会公共基础设施和非竞争性基础产业项目的投资，还要承担为国有企业供应经营性资金、扩大再生产资金以及弥补亏损的责任，甚至还要为国有企业所担负的诸如职工住房、医疗服务、子弟学校、幼儿园和其他属于集体福利设施的投资提供补贴，等等。正是由于财政职能范围所特有的事无巨细、包揽一切的特征，我们将计划经济体制下的财政称为“生产建设财政”。随着建立社会主义市场经济体制改革目标的确立，迫切需要建立与这一体制相适应的财政体制。[①] 应运而生的“公共财政论”为生产建设性财政向公共财政转型提供了理论基础，1998 年年底全国财政工作会议明确提出了建立公共财政基本框架的目标。

在市场经济条件下，由于社会资源的主要配置者是市场，不是政府，因此财政的职能范围相对于计划经济条件的财政职能范围来说是小而窄的，此时的财政可称为“公共财政”。[②] 市场经济要求的是公共财政，只有公共财政才能适应于、服务于并有利于市场经济的存在和发展，这是数百年来市场经济在西方的发展历程所鲜明昭示的。我国要建立社会主义市场经济很自然也要建立与之相适应的公共财政。[③]

在“公共财政”视角下，国家参与国民收入分配的方式发生了根本性变革，相应的我国财政收入理论在这一时期也彻底摆脱了计划经济体制下“非税论”的束缚，以政府与市场关系为基础的财政收入理论发展为这一时期的财政收入体制改革提供了理论依据。具体来说，主要有以下几个方面：

首先，明确区分了国家作为社会管理者凭借政治权力获取的收入与

---

① 谢旭人主编：《中国财政 60 年（上卷）》，经济科学出版社 2009 年版，第 368—369 页。

② 安体富、高培勇：《社会主义市场经济体制与公共财政构建》，《财贸经济》1993 年第 4 期。

③ 张馨：《论公共财政》，《经济学家》1997 年第 1 期。

国家作为国有资本所有者凭借财产权力获取的收入。而且，国家作为国有资本所有者，其权力的行使也要遵循现代企业制度和相关法律法规的要求，国有企业作为市场主体应与其他所有制企业公平竞争。

其次，国家凭借政治权力建立起来的政府与市场的财政分配关系要对不同所有制企业一视同仁，为所有市场主体奠定公平竞争的市场环境是建立和完善社会主义市场经济体制对财政收入制度的基本要求。

再次，在市场经济条件下，政府作为社会管理者的基本职能是为满足社会公共需要提供公共物品和服务。财政收入的取得，要建立在为满足社会公共需要而筹集资金的基础上，特定时期社会公共需要的总量和结构决定了财政收入的总量和结构，政府收支行为不能以营利为目的。

最后，政府向市场主体获取收入的制度要规范化、法治化。政府的所有收支活动必须全部置于各级立法机关和全体社会成员的监督之下，要按照税收法定原则由立法机关制定税法，在全部政府收支在行政层面归口财税部门管理的同时，要将全部政府收支纳入预算管理，不允许存在游离于预算之外的政府收支活动。

二、分税制财政体制的建立与完善

（一）分税制财政体制改革的原则与主要内容

1994 年之前的财政体制采用多种形式的包干办法，既不规范，也经常变动，不仅弱化了中央财政宏观调控能力，也造成地方政府通过减免税等手段无序竞争、重复建设和区域市场封锁等问题，无法适应建立社会主义统一、开放大市场，转变政府职能，加强宏观调控的要求。党的十四大确立了建立社会主义市场经济体制的目标后，1994 年我国在工商税制改革的基础上，进行了分税制财政体制改革，打破了长期以来“放权让利”和“条块分割”的传统改革思路和财政收入分配格局，向构建市场经济条件下的财政运行机制迈出了关键一步。分税制财政体制按照税种划分中央与地方收入，增强了中央宏观调控能力，调动了地方的积极性，促进了全国统一大市场的形成，为社会主义市场经济发展提供了有力的财政体制支撑。[①]

1993年12月，国务院发布了《关于实行分税制财政管理体制的决定》，从1994年1月1日起在全国实行分税制财政体制。这次改革的原则和主要内容是：按照中央与地方政府的事权划分，合理确定各级财政的支出范围；根据事权与财权相结合原则，将税种统一划分为中央税、地方税和中央地方共享税，并建立中央税收和地方税收体系，分设中央与地方两套税务机构分别征管；科学核定地方收支数额，逐步实行比较规范的中央财政对地方的税收返还和转移支付制度；建立和健全分级预算制度，硬化各级预算约束。

分税制财政管理体制的具体内容是：

1. 中央与地方事权和支出的划分

中央财政主要承担国家安全、外交和中央国家机关运转所需经费，调整国民经济结构、协调地区发展、实施宏观调控所必需的支出以及由中央直接管理的事业发展支出。具体包括：国防费，武警经费，外交和援外支出，中央级行政管理费，中央统管的基本建设投资，中央直属企业的技术改造和新产品试制费、地质勘探费，由中央财政安排的支农支出，由中央负担的国内外债务的还本付息支出，以及中央本级负担的公检法支出和文化、教育、卫生、科学等各项事业费支出。地方财政主要承担本地区政权机关运转所需支出以及本地区经济、事业发展所需支出。具体包括：地方行政管理费，公检法支出，部分武警经费，民兵事业费，地方统筹的基本建设投资，地方企业的技术改造和新产品试制经费，支农支出，城市维护和建设经费，地方文化、教育、卫生等各项事业费，价格补贴支出以及其他支出。

2. 中央与地方收入划分

根据事权与财权相结合的原则，按税种划分中央与地方的收入。将维护国家权益、实施宏观调控所必需的税种划为中央税；将同经济发展直接相关的主要税种划为中央与地方共享税；将适合地方征管的税种划为地方税，并充实地方税税种，增加地方税收入。

---

① 谢旭人主编：《中国财政60年（上卷）》，经济科学出版社2009年版，第378页。

中央固定收入包括：关税，海关代征消费税和增值税，消费税，中央企业所得税，地方银行和外资银行及非银行金融企业所得税，铁道部门、各银行总行、各保险总公司等集中交纳的收入（包括营业税、所得税、利润和城市维护建设税），中央企业上缴利润等。外贸企业出口退税，除 1993 年地方已经负担的 20% 部分列入地方上交中央基数外，以后发生的出口退税全部由中央财政负担。

地方固定收入包括：营业税（不含铁道部门、各银行总行、各保险总公司集中交纳的营业税），地方企业所得税（不含上述地方银行和外资银行及非银行金融企业所得税），地方企业上缴利润，个人所得税，城镇土地使用税，固定资产投资方向调节税，城市维护建设税（不含铁道部门、各银行总行、各保险总公司集中交纳的部分），房产税，车船使用税，印花税，屠宰费，农牧业税，对农业特产收入征收的农业税（简称农业特产税），耕地占用税，契税，遗产或赠与税，土地增值税，国有土地有偿使用收入等。

中央与地方共享收入包括：增值税、资源税、证券交易税。增值税中央分享 75%，地方分享 25%。资源税按不同的资源品种划分，大部分资源税作为地方收入，海洋石油资源税作为中央收入。证券交易税，中央与地方各分享 50%。

3. 中央财政对地方税收返还额的确定

为了保持现有地方既得利益格局，逐步达到改革的目标，中央财政对地方税收返还数额以 1993 年为基期年核定。按照 1993 年地方实际收入以及税制改革和中央与地方收入划分情况，核定 1993 年中央从地方净上划的收入数额（即消费税 +75% 的增值税 - 中央下划收入）。1993 年中央净上划收入全额返还地方，保证现有地方既得财力，并以此作为以后中央对地方税收返还基数。1994 年以后，税收返还额在 1993 年基数上逐年递增，递增率按全国增值税和消费税的平均增长率的 1∶0.3 系数确定，即上述两税全国平均每增长 1%，中央财政对地方的税收返还增长 0.3%。如若 1994 年以后中央净上划收入达不到 1993 年基数，则相应扣减税收返还数额。

（二）分税制财政体制改革的配套措施

分税制财政体制改革的配套措施主要有：

1. 改革国有企业利润分配制度。根据建立现代企业制度的基本要求，结合税制改革和实施《企业财务通则》《企业会计准则》，合理调整和规范国家与企业的利润分配关系。从 1994 年 1 月 1 日起，国有企业统一按国家规定的 33% 税率交纳所得税，取消各种包税的做法。考虑到部分企业利润上交水平较低的现状，作为过渡办法，增设 27% 和 18% 两档照顾税率。企业固定资产贷款的利息列入成本，本金一律用企业留用资金归还。取消对国有企业征收的能源交通重点建设基金和预算调节基金。逐步建立国有资产投资收益按股分红、按资分利或税后利润上交的分配制度。作为过渡措施，近期可根据具体情况，对 1993 年以前注册的多数国有全资老企业实行税后利润不上交的办法，同时，微利企业交纳的所得税也不退库。

2. 同步进行税收管理体制改革。建立以增值税为主体的流转税体系，统一企业所得税制。从 1994 年 1 月 1 日起，在现有税务机构基础上，分设中央税务机构和地方税务机构。在机构分设过程中，要稳定现有税务队伍，保持税收工作的连续性，保证及时足额收税。

3. 改进预算编制办法，硬化预算约束。实行分税制之后，中央财政对地方的税收返还列中央预算支出，地方相应列收入；地方财政对中央的上解列地方预算支出，中央相应列收入。中央与地方财政之间都不得互相挤占收入。改变目前中央代编地方预算的做法，每年由国务院提前向地方提出编制预算的要求。地方编制预算后，报财政汇总成国家预算。

4. 建立适应分税制需要的国库体系和税收返还制度。根据分税制财政体制的要求，原则上一级政府一级财政，同时，相应要有一级金库。在执行国家统一政策的前提下，中央金库与地方金库分别向中央财政和地方财政负责。实行分税制以后，地方财政支出有一部分要靠中央财政税收返还来安排。为此，要建立中央财政对地方税收返还和转移支付制度，并且逐步规范化，以保证地方财政支出的资金需要。

（三）分税制财政体制的完善

分税制改革实施后，根据经济形势的变化，采取了以下调整和完善措施。

1. 调整证券交易印花税中央与地方分享比例。1997 年 1 月 1 日起，证券交易印花税中央与地方（上海市和深圳市）分享比例由各 50% 调整为中央 80%，地方 20%。后因证券交易印花税税率由原来对买卖双方各征收 3‰调高至 5‰，调高税率增加的收入全部作为中央收入，实际分享比例折算为中央 88%，地方 12%。2000 年，国务院决定从当年起分三年将证券交易印花税分享比例逐步调整到中央 97%、地方 3%。

2. 实施所得税收入分享改革。1994 年分税制财政体制改革是按照隶属关系划分中央与地方所得税收入的。为适应社会主义市场经济发展的要求，国务院于 2001 年 12 月发出《关于印发所得税分享改革方案的通知》，决定从 2002 年 1 月 1 日起实施所得税收入分享改革，主要内容包括：

（1）除铁路运输、国家邮政、中国工商银行、中国农业银行、中国银行、中国建设银行、国家开发银行、中国农业发展银行、中国进出口银行以及海洋石油天然气企业缴纳的所得税继续作为中央收入外，其他企业所得税和个人所得税收入由中央与地方按比例分享。

（2）分享比例。2002 年所得税收入中央分享 50%，地方分享 50%；2003 年所得税收入中央分享 60%，地方分享 40%；2003 年以后年份的分享比例根据实际收入情况再行考虑。

（3）中央因改革所得税收入分享办法增加的收入全部用于对地方，主要是中西部地区的一般性转移支付。

（4）中央保证各地区 2001 年地方实际的所得税收入基数，实施增量分成。

（5）跨地区经营、集中缴库的中央企业所得税等收入，按相关因素在有关地区之间进行分配。2002 年 1 月 17 日，财政部印发了《跨地区经营集中缴库的企业所得税地区间分配暂行办法》，规定集中缴纳的企业所得税中地方分享部分按企业经营收入、职工人数和资产总额三个因素在相关地区间分配，其权重分别为 0.35、0.35 和 0.3。①

3. 完善财政转移支付制度。作为分税制财政体制改革的配套措施，1995 年开始实施过渡期转移支付。2002 年开始实施的所得税收入分享改革，建立了转移支付资金稳定增长的机制，过渡期转移支付同时改称一般性转移支付。此后，逐步构建了以财力性转移支付和专项转移支付为主的财政转移支付体系。

三、经济发展取得的巨大成就

1992 年党的十四大召开后，随着社会主义市场经济体制的逐步建立和完善，我国的经济社会发展取得了巨大的成就，到 2010 年中国的 GDP 总量按美元计算超过了日本，跃升为世界第二。

这一时期的经济增长可以大体分为三个阶段：第一阶段是从 1992 年到 2001 年，虽然总体上经济增速较高，但从 1992 年的 14.2% 逐步下降至 1999 年的 7.7%，到 2000 年、2001 年回升至 8.5% 和 8.3%；第二阶段以 2001 年年末加入世界贸易组织为标志，从 2002 年到 2007 年，经济增速逐年提高，由 2002 年的 9.1% 升至 2007 年的 14.2%；第三阶段是从 2008 年下半年国际金融危机爆发到 2012 年党的十八大召开，经济增速开始下行，尽管 2009 年开始实施的以大规模基础设施建设为主

---

① 2007 年《中华人民共和国企业所得税法》颁布后，2008 年 1 月 15 日，财政部、国家税务总局、中国人民银行印发了《跨省市总分机构企业所得税分配及预算管理暂行办法》，规定属于中央与地方共享收入范围的跨省市总分机构企业缴纳的企业所得税，按照统一规范、兼顾总机构和分支机构所在地利益的原则，实行“统一计算、分级管理、就地预缴、汇总清算、财政调库”的处理办法，总分机构统一计算的当期应纳税额的地方分享部分，25% 由总机构所在地分享，50% 由各分支机构所在地分享，25% 按一定比例在各地间进行分配。总机构在每月或每季终了之日起十日内，按照以前年度（1—6 月份按上上年，7—12 月份按上年）各省市分支机构的经营收入、职工工资和资产总额三个因素，将统一计算的企业当期应纳税额的 50% 在各分支机构之间进行分摊（总机构所在省市同时设有分支机构的，同样按三个因素分摊），各分支机构根据分摊税款就地办理缴库，所缴纳税款收入由中央与分支机构所在地按 60∶40 分享。分摊时三个因素权重依次为 0.35、0.35 和 0.3，当年新设立的分支机构第二年起参与分摊；当年撤销的分支机构第二年起不参与分摊。该办法自 2008 年 1 月 1 日起执行，《财政部关于印发〈跨地区经营集中缴库的企业所得税地区间分配暂行办法〉的通知》（财预〔2002〕5 号）同时废止。2012 年 6 月 12 日，财政部、国家税务总局、中国人民银行印发了《跨省市总分机构企业所得税分配及预算管理办法》，自 2013 年 1 月 1 日执行，《财政部国家税务总局中国人民银行关于印发〈跨省市总分机构企业所得税分配及预算管理暂行办法〉的通知》（财预〔2008〕10 号）同时废止。

要内容的“稳增长”措施使 2010 年的经济增速回升至 10.6%，但随着中国经济由高速增长阶段转向高质量发展阶段，经济增速到 2012 年降至 7.9%（参见表 5－1）。

这一时期，我国的产业结构进一步优化，第一产业占 GDP 的比重由 1992 年的 21.3% 逐步下降至 2012 年的 9.1%；第二产业占 GDP 的比重保持了基本稳定，1992 年为 43.1%，到 2006 年达到 47.6% 的峰值后开始下降，到 2012 年为 45.4%；这一时期第三产业比重由 1992 年的 35.6% 升至 2012 年的 45.5%，提高了近 10 个百分点。伴随经济总量的快速增长，人均名义 GDP 迅速提高，由 1992 年的 2334 元提高至 2012 年的 39874 元，是 1992 年的 17 倍（参见表 5－1）。

表 5－1　　　　1992—2012 年 GDP 及其结构

年份	GDP		第一产业		第二产业		第三产业		人均 GDP（元）
	绝对值（亿元）	增长率	绝对值（亿元）	比重	绝对值（亿元）	比重	绝对值（亿元）	比重	
1992	27194.5	14.2%	5800.3	21.3%	11725.3	43.1%	9668.9	35.6%	2334
1993	35673.2	13.9%	6887.6	19.3%	16473.1	46.2%	12312.6	34.5%	3027
1994	48637.5	13.0%	9471.8	19.5%	22453.1	46.2%	16712.5	34.4%	4081
1995	61339.9	11.0%	12020.5	19.6%	28677.5	46.8%	20641.9	33.7%	5091
1996	71813.6	9.9%	13878.3	19.3%	33828.1	47.1%	24107.2	33.6%	5898
1997	79715.0	9.2%	14265.2	17.9%	37546.0	47.1%	27903.8	35.0%	6481
1998	85195.5	7.8%	14618.7	17.2%	39018.5	45.8%	31558.3	37.0%	6860
1999	90564.4	7.7%	14549.0	16.1%	41080.9	45.4%	34934.5	38.6%	7229
2000	100280.1	8.5%	14717.4	14.7%	45664.8	45.5%	39897.9	39.8%	7942
2001	110863.1	8.3%	15502.5	14.0%	49660.7	44.8%	45700.0	41.2%	8717
2002	121717.4	9.1%	16190.2	13.3%	54105.5	44.5%	51421.7	42.2%	9506
2003	137422.0	10.0%	16970.2	12.3%	62697.4	45.6%	57754.4	42.0%	10666
2004	161840.2	10.1%	20904.3	12.9%	74286.9	45.9%	66648.9	41.2%	12487
2005	187318.9	11.4%	21806.7	11.6%	88084.4	47.0%	77427.8	41.3%	14368
2006	219438.5	12.7%	23317.0	10.6%	104361.8	47.6%	91759.7	41.8%	16738
2007	270092.3	14.2%	27674.1	10.2%	126633.6	46.9%	115784.6	42.9%	20494
2008	319244.6	9.7%	32464.1	10.2%	149956.6	47.0%	136823.9	42.9%	24100
2009	348517.7	9.4%	33583.8	9.6%	160171.7	46.0%	154762.2	44.4%	26180
2010	412119.3	10.6%	38430.8	9.3%	191629.8	46.5%	182058.6	44.2%	30808

续表

年份	GDP		第一产业		第二产业		第三产业		人均 GDP（元）
	绝对值（亿元）	增长率	绝对值（亿元）	比重	绝对值（亿元）	比重	绝对值（亿元）	比重	
2011	487940.2	9.6%	44781.4	9.2%	227038.8	46.5%	216120.0	44.3%	36302
2012	538580.0	7.9%	49084.5	9.1%	244643.3	45.4%	244852.2	45.5%	39874

资料来源：国家统计局网站，国家数据，data. stats. gov. cn。

第二节　与社会主义市场经济体制相适应的税制改革

建立与社会主义市场经济体制相适应的税收制度是 1994 年以来税制改革的基本指导思想。中国 1994 年进行了影响深远的税制改革，奠定了现行税制的基本框架。1994—2012 年，在近 20 年的时间里，中国的税制进行了不断的调整和完善。取消农业税、内外资企业税制的并轨、增值税转型以及从 2012 年开始的营业税改征增值税改革显示了税制持续改进的趋势和能力。①

一、1994 年的工商税制改革

（一）1994 年税制改革的背景

1978 年改革开放后实施的工商税制改革，首先是为满足吸引外资的要求，以建立和健全涉外税制为起点的，内外资企业在流转税、所得税、财产税等方面基本实行两套不同的税制。而伴随着计划经济体制的

① 本节的部分内容参见张斌：《税收制度改革：评估与展望》，载于高培勇主编：《中国财政政策报告 2014/2015—1994 年的财税改革：20 年进程评估与未来 10 年展望》，中国财政经济出版社 2014 年版。

转轨，尤其是国有企业和价格体系的改革，税收制度逐步替代了国有企业利润上缴（利改税），同时针对多种所有制并存的格局，区分不同所有制企业建立了所得税体系；作为计划经济价格体制改革的配套措施，为缓解价格不合理的矛盾设置了多档次的流转税税率结构；而随着资源、土地等生产要素进入市场，设置了资源税、城镇土地使用税等对级差收入进行调节。随着对外开放和工资制度改革的推进，个人收入分配差距逐步显现，为此则设立了针对外籍人员和不同所有制企业的个人所得税、个人收入调节税和工资调节税、奖金税等诸多旨在调节收入分配的税种。

在这一时期，税收还作为政府调控经济的工具被广泛地使用，如为抑制投资过热开征了固定资产投资方向调节税，为调整能源消费结构出台了烧油特别税，为引导合理消费、提倡勤俭节约社会风尚出台了筵席税等。这套以计划经济价格体制和以所有制“区别对待”为基础的税制远远不能适应社会主义市场经济体制的要求，迫切需要进行彻底的改革。

（二）1994 年税制改革的主要内容

1994 年税制改革是在明确建立社会主义市场经济体制的总体改革目标后，为建立与社会主义市场经济体制相适应的税制体系而进行的重构性的税制改革，改革的基本思路和具体内容集中体现为 1993 年 12 月 25 日发布的《国务院批转国家税务总局工商税制改革实施方案的通知》，该《通知》将此次改革称为“新中国成立以来规模最大、范围最广泛、内容最深刻的一次税制改革”。

1994 年税制改革的指导思想是：统一税法、公平税负、简化税制、合理分权，理顺分配关系，保障财政收入，建立符合社会主义市场经济要求的税制体系。核心目标是为不同所有制企业建立公平的税收环境，同时明确指出要“通过税制改革，逐步提高税收收入占国民生产总值的比重”。

改革的主要内容包括：统一内资企业和外资企业的流转税制度；为不同所有制的内资企业设立了统一的企业所得税制度；建立统一的个人

所得税制度。

1994年税制改革后，中国建立了以增值税、营业税、消费税、企业所得税、个人所得税五大税种为主体的税制体系。最初建立的五大税种的基本特征是：

增值税：对货物销售和加工、修理修配劳务的增值额征收，但不允许固定资产的抵扣，属于“生产型”增值税；基本税率为17%、优惠税率为13%、实行出口退税。增值税纳税人分为一般纳税人和小规模纳税人两类，一般纳税人按增值额征收；小规模纳税人以销售额为税基，不允许抵扣，适用6%（工业）和4%（商业）的税率。

营业税：对劳务（交通运输业、建筑业、金融保险业、邮电通信业、文化体育业、娱乐业、服务业）及转让无形资产、销售不动产征收。

消费税：在征收增值税的基础上，选择部分行业（烟、酒及酒精、化妆品、护肤护发品、贵重首饰及珠宝玉石、鞭炮焰火、汽油、柴油、汽车轮胎、摩托车、小汽车等）征收，将特别消费税并入消费税。

企业所得税：取消了按照所有制性质分别征收的国营企业所得税、集体企业所得税、私营企业所得税，统一了内资企业所得税制度，但对内资企业和外资企业仍分别适用两套不同的税法。

个人所得税：将分别征收的个人所得税、个人收入调节税、城乡个体工商户所得税合并为统一的个人所得税，建立了由11类所得项目构成的分类个人所得税制。

除上述五个税种外，针对原资源税征税范围窄，税负偏低的问题，扩大了资源税的征税范围，覆盖了所有矿产资源，将盐税作为资源税的一个税目征收，实行分产品类别从量定额计算征税的办法。为适当调节房地产交易中的过高利润，在房地产交易环节按照超率累进税率征收土地增值税。此外，取消了集市交易税、牲畜交易税、烧油特别税、奖金税和工资调节税；将屠宰税、筵席税下放给地方管理。

按照《工商税制改革实施方案》的设计，改革后工商税制中的税种减少到18个，这18个税种是：增值税、营业税、消费税、企业所得税、外商投资企业和外国企业所得税、个人所得税、资源税、土地增值税、城市维护建设税、印花税、固定资产投资方向调节税、城镇土地使用税、房产税、车船使用税、筵席税、屠宰税、证券交易税、遗产税。而在执行中，证券交易税和遗产税一直未开征，《车船使用牌照税暂行条例》和《城市房地产税暂行条例》一直分别实行至2007年和2009年。

（三）1994年税制改革方案的后续实施

《工商税制改革实施方案》（以下简称《方案》）中明确提出了改革目标，但1994年当年改革未完成，通过后续改革完成的项目有：

1. 统一内外资企业所得税。《方案》中明确指出：1994年1月1日起统一内资企业所得税，下一步再统一内外资企业所得税。2007年3月16日十届人大五次会议通过《中华人民共和国企业所得税法》，2008年1月1日起，内外资企业所得税实现了统一，税率由33%下调至25%。

2. 城镇土地使用税。《方案》中要求：适当提高土地使用税的税额，扩大征收范围，适当下放管理权限。《城镇土地使用税暂行条例》在2006年12月31日进行了修订，2007年1月1日起实施。

3. 城市房地产税和车船使用牌照税。《方案》中明确要求：取消对外资企业、外籍人员征收的城市房地产税和车船使用牌照税，统一实行房产税和车船使用税，并将现在偏低的税率和税额适当调高。2007年1月1日，针对外资企业、外籍人员征收的车船使用牌照税废止，内外资企业统一缴纳车船税。① 2009年1月1日，针对外资企业、外籍个人征收的城市房地产税废止，内外资企业统一缴纳房产税。②

4. 对外资企业征收城市维护建设税（简称“城建税”）。《方案》

① 根据2006年12月27日国务院第162次常务会议通过、并于2007年1月1日起施行的《中华人民共和国车船税暂行条例》第十四条规定，1951年9月13日原政务院发布的《车船使用牌照税暂行条例》和1986年9月15日国务院发布的《中华人民共和国车船使用税暂行条例》同时废止。原车船使用牌照税与车船使用税一同废止，自2007年1月1日起开征车船税。

② 2008年12月31日，国务院第546号国务院令宣布1951年8月8日由原政务院公布的《城市房地产税暂行条例》自2009年1月1日起废止。自2009年1月1日起，外商投资企业、外国企业和组织以及外籍个人，依照《房产税暂行条例》缴纳房产税。

中要求：现在不缴纳城建税的外资企业，也应成为城建税的纳税人。2010年12月1日，外资企业和外籍个人适用《城市维护建设税暂行条例》和《征收教育费附加的暂行规定》。[①] 至此，内外资企业税制实现了完全的统一。

1994年改革方案中明确提出，但迄今为止未完成的项目有：

1. 城建税改变征税依据。《方案》中明确指出：城乡维护建设税[②]由现行按流转税额附加征收改为以销售收入为计税依据；改变现行不太合理的税率结构，税率为市区0.6%，县、镇0.4%，市区、县、镇以外0.2%，使其成为地方税体系中的骨干税种之一。但至今城建税仍然是以流转税额为税基的附加税。

2. 开征证券交易税。《方案》中明确提出：把现在对股票交易征收印花税的办法，改为征收证券交易税。由于全国人大常委会正在审议《中华人民共和国证券法》，为了便于衔接，开征证券交易税拟缓一步出台。1998年12月29日九届人大常委会第六次会议通过了《中华人民共和国证券法》，但迄今为止，股票交易仍然征收印花税，证券交易税一直未出台。

3. 开征遗产税。《方案》明确提出了开征遗产税的要求，此后20年间开征遗产税也多次被写入五年规（计）划等政策文件，但由于种种原因，迄今为止遗产税仍未开征。

（四）1994年税制改革的成就

1994年的税制改革是一次全方位、根本性的改革，在时间上也体现了一揽子推出的特点。其改革力度之大、利益调整之深、影响范围之广，在新中国历史上从未有过。此次税制改革初步建立了与社会主义市

---

① 根据《国务院关于统一内外资企业和个人城市维护建设税和教育费附加制度的通知》（国发〔2010〕35号）的规定，自2010年12月1日起，外商投资企业、外国企业及外籍个人适用国务院1985年发布的《城市维护建设税暂行条例》和1986年发布的《征收教育费附加的暂行规定》。1985年及1986年以来，国务院及国务院财税主管部门发布的有关城市维护建设税和教育费附加的法规、规章、政策同时适用于外商投资企业、外国企业及外籍个人。

② 1985年国务院发布的《城市维护建设税暂行条例》中城建税的全称是城市维护建设税，但《方案》中称为城乡维护建设税。

场经济相适应的税制体系，其成就主要体现在以下几个方面：

第一，内资企业所得税和内外资企业流转税的统一为不同所有制企业创造了一个公平竞争、同等纳税的外部环境，奠定了基础条件。

按所有制性质分立税种是改革开放以来经济转轨过程中税制设置的特点，这导致国有企业、集体企业、私营企业、外商投资企业分别适用不同的税种和税率，这种以所有制性质为基础区别对待的税制体系不符合社会主义市场经济体制的要求。1994 年税制改革对内外资企业实施统一的流转税制，统一了不同所有制内资企业的所得税，并明确提出了下一步内外资企业税制完全统一的改革目标，为不同所有制企业的公平竞争奠定了税制基础。

第二，建立了统一的流转税体系。

计划经济体制下，区分行业和产品设置的复杂流转税体系实际上是用差别税率来平衡各种产品计划价格的扭曲，税制是附属于计划价格体系的。1994 年税制改革建立了以增值税主要对货物和部分服务征收，消费税在增值税基础上选择行业征收，营业税对服务业通过差别税率分行业征收的流转税体系，初步建立了适应市场经济体制的流转税制。

第三，实现了税制的简化，初步建立了适应社会主义市场体制要求、较为完备的税制体系。改革后工商税制中的税种数量减少为 18 个，初步实现了税制的高效和简化。

第四，初步建立了与社会主义市场经济体制和分税制财政管理体制相适应的税收征管体系。

此次税制改革通过分设中央地方两套税务机构，建立了与分税制财政管理体制相配套的税收征管机构，明确规定中央税和全国统一实行的地方税的立法权集中在中央，并特别强调除税法规定的减免税以外，各级政府和任何部门都不能开减免税的口子。

二、1994 年到 2012 年的税制改革

1994 年税制改革后，根据经济社会发展的要求，以 1994 年的税制框架为基础，中国的税制进行了持续的改进和完善，主要内容包括以下几个方面：

（一）农村税费改革与取消农业税

从 20 世纪 90 年代后期开始，中共中央、国务院及其各有关部门和地方各级党委、政府发出了一系列重要文件，反复强调要依法征收农业税，不得随意改变税法规定，增加农民负担，并积极推进农村税费制度的改革。

2000 年 3 月 2 日，中共中央、国务院发出《关于进行农村税费改革试点工作的通知》，在安徽省进行农村税费改革的试点工作。

试点的主要内容是：取消乡统筹费、农村教育集资等专门面向农民征收的行政事业性收费和政府性基金、集资，所有专门面向农民征收的行政事业性收费、政府性基金和涉及农民的集资项目，要一律取消。取消屠宰税，取消统一规定的劳动积累工和义务工，调整农业税和农业特产税政策，改革村提留征收使用办法。

2003 年 3 月 27 日，国务院发布《关于全面推进农村税费改革试点工作的意见》（国发〔2003〕12 号），要求 2003 年在进一步总结经验、完善政策的基础上，全面推进农村税费改革试点工作。

2003 年党的十六届三中全会通过的《中共中央关于完善社会主义市场经济体制若干问题的决定》（以下简称十六届三中全会《决定》）中要求深化农村税费改革，其中明确提出：要取消农业特产税和逐步降低农业税税率。

2004 年 3 月 5 日，国务院总理温家宝在十届全国人大二次会议上所做的《政府工作报告》中提出：2004 年要继续推进农村税费改革，5 年内取消农业税。

2004 年 6 月 30 日，财政部、国家税务总局发出《关于取消除烟叶税外的农业特产税有关问题的通知》（财税〔2004〕120 号），《通知》规定：自 2004 年起，对烟叶继续征收农业特产税。取消其他农业特产品的农业特产税。

2005 年 12 月 29 日，十届全国人大常务委员会第十九次会议通过决定，2006 年起废止《中华人民共和国农业税条例》。2006 年 2 月 17 日，国务院废止了 1994 年 1 月 30 日发布的《关于对农业特产收入征收农业税的规定》（2006 年 4 月 28 日公布实施了《中华人民共和国烟叶税暂行规定》）和 1950 年 12 月 19 日政务院发布的《屠宰税暂行条例》。至此，除烟叶税外，中国全面取消了农业税。

（二）内外资企业税制的完全统一

如前所述，早在 1994 年税制改革时，《工商税制改革实施方案》中就明确提出统一内外资企业所得税，对外资企业实行统一的房产税和车船使用税，对外资企业征收城建税的要求。在 1996 年《“九五”计划》中提出“统一企业所得税”，但未能实施；2001 年《“十五”计划》再次提出“逐步统一企业所得税”；2003 年党的十六届三中全会《决定》中要求“统一各类企业税收制度”；2006 年《“十一五”规划》中再次重申“统一各类企业税收制度”。

从 1993 年年底《工商税制改革实施方案》算起，历经“九五”“十五”两个五年计划，内外资企业税制的完全统一在“十一五”时期得以实现。2007 年 1 月 1 日，车船使用牌照税废止，内外资企业统一缴纳车船税；2008 年 1 月 1 日，《中华人民共和国企业所得税法》正式实施，统一了内外资企业所得税并将税率下降至 25%；2009 年 1 月 1 日，城市房地产税废止，内外资企业统一缴纳房产税；2010 年 12 月 1 日起，外资企业和外籍个人适用《城市维护建设税暂行条例》和《征收教育费附加的暂行规定》。

（三）交通和车辆税费改革

除农村税费改革外，税费改革的领域的另一个重点是交通和车辆税费改革。2000 年 10 月 22 日，国务院批转了财政部、国家计委等 12 个部门报送的《交通和车辆税费改革实施方案》（以下简称《方案》），改革的主要内容是：取消不合法和不合理的收费项目；将具有税收特征的收费实行“费改税”；将不体现政府行为的收费转为经营性收费，严格按照经营性收费的规定管理；保留少量必要的规费，降低不合理的收费标准，实行规范化管理。

其中，“费改税”的具体做法是：开征车辆购置税取代车辆购置附加费。开征燃油税取代公路养路费、公路客货运附加费、公路运输管理费、航道养护费、水路运输管理费、水运客货运附加费，以及地方用于公路、水路、城市道路维护和建设方面的部分收费。开征车辆购置税和燃油税后，相关收费同时废止。

《方案》明确提出：制定《中华人民共和国车辆购置税暂行条例》《中华人民共和国燃油税暂行条例》及其征收管理办法，相应修订有关法规。其中《中华人民共和国车辆购置税暂行条例》自 2001 年 1 月 1 日起实施。《中华人民共和国燃油税暂行条例》的出台时间，由国务院另行决定。

2001 年 1 月 1 日，《中华人民共和国车辆购置税暂行条例》如期出台，车辆购置附加费改为征收车辆购置税。然而，燃油税却迟迟没有出台。

2006 年《“十五”计划》重申：适时开征燃油税。但直至 2008 年 12 月 18 日，国务院发布《关于实施成品油价格和税费改革的通知》（国发〔2008〕37 号）明确提出：提高现行成品油消费税单位税额，不再新设立燃油税，利用现有税制、征收方式和征管手段，实现成品油税费改革相关工作的有效衔接。燃油税改革通过提高消费税成品油单位税额的方式得以实现。

改革的主要内容是：取消公路养路费、航道养护费、公路运输管理费、公路客货运附加费、水路运输管理费、水运客货运附加费等六项收费；逐步有序取消政府还贷二级公路收费；汽油消费税单位税额每升提高 0.8 元，柴油消费税单位税额每升提高 0.7 元，其他成品油单位税额相应提高。

（四）增值税转型与“营改增”改革的启动

除内外资企业税制未实现完全统一外，生产型增值税（纳税人购进固定资产的进项税额不允许抵扣）和增值税、营业税并行的一般流转税制是 1994 年税制改革遗留的重大税制改革课题。

2004 年 7 月 1 日起，在东北三省，选择装备制造业、石油化工业、冶金业、船舶制造业、汽车制造业、农产品加工业等 6 个行业和军品、高新技术产品，试行扩大进项税额抵扣范围。

2007 年 7 月 1 日起，在山西、安徽、江西、河南、湖北和湖南 6 个省的 26 个老工业基地城市，选择装备制造业、石油化工业、冶金业、汽车制造业、农业产品加工业、电力业、采掘业和高新技术产业 8 个行业，试行扩大进项税额抵扣范围。

2008 年 7 月 1 日起，增值税转型试点扩大到内蒙古东部地区的 8 个行业和四川省汶川地震受灾严重地区。

2009 年 1 月 1 日起，在全国所有地区、所有行业推行增值税转型改革，允许企业抵扣新购入设备所含的增值税，同时取消进口设备免征增值税和外商投资企业采购国产设备增值税退税的规定。但厂房等固定资产仍未纳入抵扣范围，增值税转型改革尚未完全实现。

增值税“扩围”改革，即营业税改征增值税的改革于 2012 年 1 月 1 日在上海的交通运输业和部分现代服务业开始试点；2012 年 9 月 1 日开始，改革试点在北京、天津、江苏、广东等 8 个省（直辖市）陆续推开。①

（五）个人所得税改革

1994 年以来，个人所得税的改革除储蓄存款利息所得税的开征和停征、纳税人自行纳税申报和扣缴义务人全员全额扣缴申报制度外，历次改革的焦点都集中在工资薪金所得减除费用标准（免征额）的上调方面。

2005 年 10 月 27 日，十届人大常务委员会第十八次会议通过了对《个人所得税法》颁布以来的第三次修订，将工资、薪金所得的减除费用标准由 800 元上调至 1600 元。

2007 年 12 月 29 日，十届人大常务会第三十一次会议将工资、薪金所得的减除费用标准由 1600 元上调至 2000 元。

2011 年 6 月 30 日，十一届人大常委会第二十一次会议将工资、薪金所得的减除费用标准由 2000 元上调至 3500 元。同时，对工资、薪金所得税率的级次级距由 5%—45% 的九级累进税率调整为 3%—45% 的

① “营改增”改革在 2013 年后的进展参见本书第六章的相关内容。

七级累进税率，对个体工商户生产、经营所得税目的税率级次级距也进行了较大幅度调整。

然而，1994年后，从“九五”计划到“十二五”规划，包括十六届三中全会、十六届六中全会的《决定》中不断重申要建立综合与分类相结合的个人所得税制度，但综合与分类相结合的个人所得税改革一直到2018年才推出。

（六）消费税改革

中国的消费税属于选择性课征的特殊流转税，其主要功能是在对货物生产和销售普遍征收增值税的基础上，对特定产品征收消费税以起到调节的作用。1994年以来，除2009年1月1日配合成品油税费改革提高成品油税目的单位税额外，2006年3月20日，财政部、国家税务总局发出《关于调整和完善消费税政策的通知》（财税〔2006〕33号），对消费税制进行了比较大的调整，其主要内容是：

1. 新增高尔夫球及球具、高档手表、游艇、木制一次性筷子、实木地板税目。

2. 取消汽油、柴油税目，增列成品油税目。汽油、柴油改为成品油税目下的子目（税率不变）。另外新增石脑油、溶剂油、润滑油、燃料油、航空煤油五个子目。

3. 取消护肤护发品税目，将原属于护肤护发品征税范围的高档护肤类化妆品列入化妆品税目。

4. 调整小汽车税目税率。取消小汽车税目下的小轿车、越野车、小客车子目。在小汽车税目下分设乘用车、中轻型商用客车子目。

5. 将摩托车税率改为按排量分档设置：气缸容量在250毫升（含）以下的，税率为3%；气缸容量在250毫升以上的，税率为10%。

6. 将汽车轮胎10%的税率下调到3%。

7. 调整白酒税率。粮食白酒、薯类白酒的比例税率统一为20%。定额税率为0.5元/斤（500克）或0.5元/500毫升。

此外，1998年7月（国税发〔1998〕121号文）、2001年6月（财税〔2001〕91号文）、2009年5月（财税〔2009〕84号文）三次对烟消费税进行了调整，其中卷烟消费税由 1994 年的 40% 经过历次调整变为：生产环节从量计征每支 0.003 元后，不含增值税每条调拨价 70 元（含）以上的甲类卷烟的税率为 56%，不含增值税每条调拨价在 70 元以下的乙类卷烟的税率为 36%；批发环节税率为 5%。

（七）资源税费改革

1994 年后资源税改革有两项任务：一是扩大资源税征收范围；二是按照价、税、费、租联动机制，适当提高资源税税负，完善计征方式，将重要资源产品由从量定额征收改为从价定率征收，促进资源合理开发利用。而已经实施的资源税改革措施除了适时细化和调整资源税的定额税率外，主要是对原油、天然气行业实行的从价计征改革。

从 2010 年 6 月 1 日起，在新疆地区率先实行了原油、天然气从价计征改革，税率为 5%；2010 年 7 月，这项改革扩大至西部十二个省区市。2011 年 9 月 30 日，国务院发布第 605 号国务院令，修订了《资源税暂行条例》，增加了从价定率计征的方法，并将原油、天然气的从价税率定位为 5%—10%。2011 年 11 月 1 日起在全国范围内实行。

（八）房地产税改革

中国房地产税费改革的任务主要有两个方面：一是对经营性房产和城镇土地征收的房产税和城镇土地使用税的改革；二是对居民住宅征收房产税的改革。

2003 年 10 月，党的十六届三中全会《决定》中明确提出：实施城镇建设税费改革，条件具备时对不动产开征统一规范的物业税，相应取消有关收费。2006 年 3 月，《“十一五”规划》提出：改革房地产税收制度，逐步推行物业税并相应取消有关收费。这一时期，对居民住宅征收房产税的改革被冠以“物业税”改革，强调实行城镇建设税费的综合改革，要求相应取消相关收费。

随着这一时期房地产价格的快速上涨，对居民住宅征收房产税的改革成为遏制房价过快上涨的政策工具。改革的思路也由开征“物业税”转变为通过修改现行《房产税暂行条例》，将居民住宅纳入房产税征收范围的方式实现。

2011 年 1 月 28 日起，经国务院同意，上海、重庆率先开展个人住房房产税改革试点。但这两地的试点方案，主要是对增量房产征收，除独栋商品住宅外基本不涉及存量房产。

（九）其他税制改革措施

继 2007 年起内外资企业统一适用《车船税暂行条例》后，2011 年 2 月 15 日，十一届全国人大常委会第十九次会议通过了《中华人民共和国车船税法》，自 2012 年 1 月 1 日起施行。这是继个人所得税、企业所得税之后第三部由全国人大制定的实体税法。

1991 年开征的固定资产投资方向调节税（1991 年 4 月 16 日中华人民共和国国务院令第 82 号发布）是为了抑制投资过热设置的税种，随着中国宏观经济形势的变化和市场经济体制的完善，2000 年 1 月 1 日起该税暂停征收。2012 年 11 月 9 日公布的《国务院关于修改和废止部分行政法规的决定》废止了《中华人民共和国固定资产投资方向调节税暂行条例》。

1994 年税制改革时，国务院决定将屠宰税、筵席税下放给地方管理，征收与否，由各省、自治区、直辖市人民政府自行决定。2006 年伴随着农业税的取消，《屠宰税暂行条例》宣布废止；2008 年第 516 号国务院令宣布《筵席税暂行条例》失效。

经过上述改革后，到 2012 年我国税制由 18 个税种构成，分别是：增值税、营业税、消费税、企业所得税、个人所得税、城市建设维护税、车辆购置税、资源税、关税、船舶吨税、烟叶税、印花税（含证券交易印花税）、车船税、房产税、城镇土地使用税、契税、耕地占用税和土地增值税。

三、税收法治与税收征管

（一）税收法治建设

在市场经济条件下，税收是国家凭借政治权力对公民财产的无偿征收，如何规范这种分配关系，有效制约政府的征税权是处理好政府与市场关系的制度基础，围绕这种分配关系形成的权力配置则构成了税制改革的博弈规则。一般认为，税收法定主义，也就是由立法机关掌握税收立法权是市场经济条件下税收权利配置的基本原则。

在改革开放初期，为了适应对外开放的需要，全国人大制定了中外合资经营企业和外资企业所得税相关法律和个人所得税法。而在国内税制方面，则采用了授权国务院立法的方式。1984 年 9 月 18 日六届全国人大常委会第七次会议通过了《关于授权国务院改革工商税制发布有关税收条例草案试行的决定》[①]，授权国务院在实施国营企业利改税和改革工商税制的过程中，拟定有关税收条例，以草案形式发布试行，再根据试行的经验加以修订，提请全国人民代表大会常务委员会审议。国务院发布试行的以上税收条例草案，不适用于中外合资经营企业和外资企业。

1985 年 4 月 10 日，为了保障经济体制改革和对外开放工作的顺利进行，六届全国人大三次会议通过了《关于授权国务院在经济体制改革和对外开放方面可以制定暂行的规定或者条例的决定》，授权国务院对于有关经济体制改革和对外开放方面的问题，必要时可以根据宪法，在同有关法律和全国人民代表大会及其常务委员会的有关决定的基本原则不相抵触的前提下，制定暂行的规定或者条例，颁布实施，并报全国人民代表大会常务委员会备案。经过实践检验，条件成熟时由全国人民代表大会或者全国人民代表大会常务委员会制定法律。

上述两项授权立法的决定使得在工商税制改革的过程中，大量实体税法是采用国务院“暂行条例”的方式颁布实施的，考虑到经济体制改革及与之配套的工商税制改革是一个具有探索性、动态且复杂的过程，因此这一时期的授权立法体制具有其合理性和必要性。

1994—2012 年，除《个人所得税法》外，2007 年 3 月 16 日，十届全国人大五次会议通过了《中华人民共和国企业所得税法》，实现了内外资企业所得税的并轨，该法自 2008 年 1 月 1 日起施行。1991 年 4 月 9

---

① 该决定于 2009 年 6 月废止。

日七届全国人民代表大会四次会议通过的《中华人民共和国外商投资企业和外国企业所得税法》和 1993 年 12 月 13 日国务院发布的《中华人民共和国企业所得税暂行条例》同时废止。

2011 年 2 月 25 日，十一届全国人大常委会第十九次会议通过了《中华人民共和国车船税法》，自 2012 年 1 月 1 日施行。2006 年 12 月 29 日国务院颁布的《中华人民共和国车船税暂行条例》同时废止。

这一时期，税收法治建设的相对滞后不仅体现在实体税法方面，国务院授权立法的税种仍然较多，更为重要的是大量具有税收性质，面向社会无偿征收的政府性基金和收费，如教育费附加、地方教育费附加、排污费、水资源费等项目也应通过税费综合改革纳入税收法定的范围以促进政府收入体系的优化和政府职能的转变。

（二）税收征管改革

1993 年年底颁布的《工商税制改革实施方案》对税收征管改革提出了明确要求，其主要内容是：普遍建立纳税申报制度；积极推行税务代理制度；加速推进税收征管计算机化的进程；建立严格的税务稽查制度；适应实行分税制的需要，组建中央和地方两套税务机构等。

1994 年税制改革后，为适应社会主义市场经济发展对税收征管改革的要求，1997 年，国务院办公厅以国办发 1 号文转发了国家税务总局《关于深化税收征管改革的方案》，该《方案》的核心是建立“以纳税申报和优化服务为基础，以计算机网络为依托，集中征收，重点稽查”为特征的税收征管新模式。2004 年 7 月，全国税收征管工作会议上，以上述 30 字方针为基础，增加了“强化管理”，拓展为“34 字”方针。以此为指导，国家税务总局在纳税服务、纳税评估、税源专业化管理等方面进行了新征管模式的改革试点。在信息化建设方面，通过金税工程的推进，以增值税管理为重点的税收信息化取得了显著的成绩，税收征管效率得到持续的提高。

第三节　非税收入的规范化与全口径预算管理

1978 年改革开放以来，从有计划商品经济到社会主义市场经济体制的逐步建立，中国政府收入体系也随之发生了根本性的改变。概括来说，这种改变集中体现在四个方面：一是随着国有企业改革的深入，两步利改税的实施使国有企业利润上缴逐步减少并最终取消，直到 2007 年实施国有资本经营预算后，国有企业才恢复上缴利润；二是随着土地、资源等要素的市场化改革，以划拨为主的土地、资源配置方式逐渐转变为有偿出让，政府通过国有土地和国有资源出让获得的收入逐步增加；三是在税收收入之外，各政府部门和地方政府的行政事业性收费、政府性基金等非税收入的种类和收入规模迅速增加；四是随着社会保障制度的逐步发展和完善，社会保险基金收入的规模迅速扩大。

上述四个方面的变化导致政府收入形式和相应的预算管理模式趋于多样化和复杂化。1994 年财税体制改革后，初步建立了与社会主义市场经济体制相适应的税制体系，在 1994 年税制框架的基础上不断完善税制的同时，加强非税收入的管理，尤其是加强预算外资金管理，将全部政府收支纳入预算管理成为政府收入体系改革的重点。①

一、预算外收入与全口径预算管理

（一）加强预算外资金管理

为加强对预算外资金的管理，在 1990 年、1993 年两次治理“乱收费”工作的基础上，从 1995 年起，开始对乱收费情况进行清查摸底和全面整顿。1996 年 7 月 6 日，国务院发布了《关于加强预算外资金管

① 本节的部分内容参见张斌：《推进政府收入体系改革》，载于高培勇、杨志勇主编：《中国财政政策报告 2013/2014——将全面深化改革落到实处》，中国财政经济出版社 2014 年版。

理的决定》（以下简称《决定》），《决定》指出：近年来有的地方违反《中华人民共和国预算法》和国务院的有关规定，擅自将财政预算资金通过各种非法手段转为预算外资金，有些部门和单位擅自设立基金或收费项目，导致国家财政收入流失，预算外资金不断膨胀。同时，由于管理制度不健全，预算外资金的使用脱离财政管理和各级人大监督，乱支滥用现象十分严重。这些问题不仅造成了国家财政资金分散和政府公共分配秩序混乱，而且加剧了固定资产投资和消费基金膨胀，助长了不正之风和腐败现象的发生。为此，《决定》将预算外资金界定为国家机关、事业单位和社会团体为履行或代行政府职能，依据国家法律、法规和具有法律效力的规章而收取、提取和安排使用的未纳入国家预算管理的各种财政性资金。首次明确了预算外资金是国家财政性资金，不是部门和单位自有资金，必须纳入财政管理。

《决定》的具体内容主要有以下几个方面：

第一，从 1996 年起将养路费、车辆购置附加费、铁路建设基金、电力建设基金、三峡工程建设基金、新菜地开发基金、公路建设基金、民航基础设施建设基金、农村教育事业附加费、邮电附加、港口建设费、市话初装基金、民航机场管理建设费等 13 项数额较大的政府性基金（收费）纳入财政预算管理。基金（收费）在预算上单独编列反映，按规定专款专用，不得挪作他用，也不能平衡预算。

第二，地方财政部门按国家规定收取的各项税费附加，从 1996 年起统一纳入地方财政预算，作为地方财政的固定收入，不再作为预算外资金管理。同时明确，今后要积极创造条件，将应当纳入财政预算管理的预算外资金逐步纳入财政预算管理。

第三，预算外资金的范围主要包括：法律、法规规定的行政事业性收费、基金和附加收入等；国务院或省级人民政府及其财政、计划（物价）部门审批的行政事业性收费；国务院以及财政部审批建立的基金、附加收入等；主管部门从所属单位集中的上缴资金；用于乡镇政府开支的乡自筹和乡统筹资金；其他未纳入预算管理的财政性资金。

第四，明确社会保障基金在国家财政建立社会保障预算制度以前，先按预算外资金管理制度进行管理，专款专用，加强财政、审计监督。

第五，按照《企业财务通则》和《企业会计准则》的规定，国有企业税后留用资金不再作为预算外资金管理。事业单位和社会团体通过市场取得的不体现政府职能的经营、服务性收入，不作为预算外资金管理，收入可以不上缴财政专户，但必须依法纳税，并纳入单位财务收支计划，实行收支统一核算。

第六，行政事业性收费要严格执行中央、省两级审批的管理制度，省、自治区、直辖市以下各级人民政府（包括计划单列市）及其部门无权审批设立行政事业性收费项目或调整收费标准。收费项目按隶属关系分别报国务院和省、自治区、直辖市人民政府的财政部门会同计划（物价）部门批准；确定和调整收费标准，按隶属关系分别报国务院和省、自治区、直辖市人民政府的计划（物价）部门会同财政部门批准；省、自治区、直辖市人民政府批准的行政事业性收费项目和收费标准报财政部、国家计委备案。

第七，征收政府性基金必须严格按照国务院规定统一报财政部审批，重要的报国务院审批。基金立项的申请和审批要以国家法律、法规和中共中央、国务院有关文件规定为依据，否则一律不予立项。地方无权批准设立基金项目，也不得以行政事业性收费的名义变相设立基金项目。

第八，财政部门要在银行开设统一的专户，用于预算外资金收入和支出管理。部门和单位的预算外收入必须上缴同级财政专户，支出由同级财政按预算外资金收支计划和单位财务收支计划统筹安排，从财政专户中拨付，实行收支两条线管理。

从 1996 年起，为控制预算外资金的膨胀，国家分期分批取消了大量不合法、不合理的收费项目。1996 年，公布取消了 48 项涉及建设项目的收费，涉及 14 个部门。1997 年，分两批公布取消了 49 项行政事业性收费，涉及 13 个部门。同年，公布取消了第一批基金（附加、收费项目），共计 217 项。1998 年，公布取消了第二批基金项目，共计 147 项。同时，地方各级政府对本行政区域出台的收费基金也进行了清理，到 1998 年 3 月底，各省、自治区、直辖市取消的收费基金项目共计 2028 项。1998 年以后，财政部门会同有关部门进一步加大了对乱收费的治理力度。在取消收费基金项目的同时，对保留的收费基金项目实行目录管理，每年向社会公布《全国性及中央部门和单位行政事业性收费项目目录》和《全国政府性基金项目目录》，各省、自治区、直辖市每年也编制本行政区域的行政事业性收费项目目录。①

表 5 - 2 是 1993—2010 年预算外收入的基本情况。1993 年、1996 年的预算外收入范围分别有所调整，与以前年度不可比。从 1997 年起，预算外资金不包括纳入预算管理的政府性基金（收费），从 2004 年起，预算外资金收入为财政预算外专户收入。2003 年起，农村税费改革在全国推开，乡镇自筹与统筹资金逐步取消，但个别省份在 2003 年以后仍有清欠收入。其他收入，包括彩票公益金、中央电视台广告收入等。从表 5 - 2 中可以看出，经过清理整顿，从 1997 年起，预算外收入与一般公共预算收入的比值呈现了逐步下降的趋势，到 2010 年该指标从 1997 年的 32.67% 降至 6.97%，这为 2011 年起全部政府收支纳入预算管理奠定了坚实的基础。

表 5 - 2　　1993—2010 年预算外收入及其结构　　单位：亿元

年份	预算外收入	预算外收入与一般公共预算收入的比	行政事业性收费	政府性基金收入	乡镇自筹、统筹资金	地方财政收入	国有企业和主管部门收入	其他收入
1993	1432.54	32.94%	1317.83			114.71		
1994	1862.53	35.69%	1722.50			140.03		
1995	2406.50	38.55%	2234.85			171.65		
1996	3893.34	52.56%	3395.75		272.90	224.69		
1997	2826.00	32.67%	2414.32		295.78	115.90		
1998	3082.29	31.21%	1981.92	478.41	337.31		54.67	229.98
1999	3385.17	29.58%	2354.28	396.51	358.86		50.11	225.41
2000	3826.43	28.57%	2654.54	383.51	403.34		59.22	325.81
2001	4300.00	26.24%	3090.00	380.00	410.00		60.00	360.00
2002	4479.00	23.69%	3238.00	376.00	272.00		72.00	521.00
2003	4566.80	21.03%	3335.74	287.10	293.14		52.33	598.49

① 谢旭人主编：《中国财政 60 年（上卷）》，经济科学出版社 2009 年版，第 447 页。

续表

年份	预算外收入	预算外收入与一般公共预算收入的比	行政事业性收费	政府性基金收入	乡镇自筹、统筹资金	地方财政收入	国有企业和主管部门收入	其他收入
2004	4699.18	17.80%	3208.42	351.29	213.09		64.12	862.26
2005	5544.16	17.52%	3858.19	359.29	192.94		47.84	1085.90
2006	6407.88	16.53%	4216.80	376.49	221.29		44.91	1548.39
2007	6820.32	13.29%	4681.05		180.25		40.16	1918.86
2008	6617.25	10.79%	4835.81		220.74		47.08	1513.62
2009	6414.65	9.36%	4598.14		220.56		84.10	1511.85
2010	5794.42	6.97%	3691.82		257.18		58.14	1787.28

资料来源：《中国统计年鉴 2012》。

（二）政府收支分类改革与全口径预算管理

随着预算外资金管理改革的推进，将全部政府收支纳入预算管理逐步成为社会各界的共识。1993 年 11 月，党的十四届三中全会通过的《中共中央关于建立社会主义市场经济体制若干问题的决定》中明确提出：建立政府公共预算和国有资产经营预算，并可以根据需要建立社会保障预算和其他预算。2003 年 10 月，党的十六届三中全会通过的《中共中央关于完善社会主义市场经济体制若干问题的决定》明确指出，要“实行全口径预算管理和对或有负债的有效监控。加强各级人民代表大会对本级政府预算的审查和监督。”2005 年 4 月，国务院发布的《关于 2005 年深化经济体制改革的意见》中也提出了“进一步扩大预算管理制度改革的范围和规模，抓紧研究科学的政府收支分类体系”，“改革和完善非税收收入收缴管理制度，逐步实行全口径预算管理”的要求。

2006 年 2 月 10 日，经国务院同意，财政部制定发布了《政府收支分类改革方案》，并据此制定了《2007 年政府收支分类科目》，自 2007 年 1 月 1 日起执行。该方案将政府收入分为税收收入、社会保险基金收入、非税收入、贷款转贷回收本金收入、债务收入、转移性收入六类。其中，非税收入分设 8 款，分别是：政府性基金收入、专项收入、彩票资金收入、行政事业性收费收入、罚没收入、国有资本经营收入、国有资源（资产）有偿使用收入、其他收入。

为积极稳妥地推进政府收支分类改革，2007年实行政府收支分类改革后，暂不改变目前预算管理的基本流程和管理模式，不改变预算平衡口径及预算内资金（包括现有一般预算资金、政府性基金）、预算外资金、社会保险基金分别管理的方式。各级财政继续向各级人大报送一般预算、基金预算和债务预算收支情况，财政、国库、税务部门以及各预算单位继续按现行预算资金管理方式和预算编报程序编制预算、组织预算执行。

2010年6月1日，财政部发布《关于将按预算外资金管理的收入纳入预算管理的通知》，明确要求从2011年1月1日起，将按预算外资金管理的收入（不含教育收费）全部纳入预算管理。全部预算外收入纳入预算管理后，相应修订《2011年政府收支分类科目》，取消全部预算外收支科目。至此，按照预算管理模式划分，我国的各类政府收支已基本上全部纳入了预算管理。

2011年3月，十一届全国人大四次会议审议通过的《中华人民共和国国民经济与社会发展第十二个五年规划纲要》第四十七章第二节“完善预算管理制度”中明确要求：实行全口径预算管理，完善公共财政预算，细化政府性基金预算，健全国有资本经营预算，在完善社会保险基金预算基础上研究编制社会保障预算，建立健全有机衔接的政府预算体系。

按照2014年修正的《中华人民共和国预算法》的规定，预算包括一般公共预算、政府性基金预算、国有资本经营预算、社会保险基金预算四大类。一般公共预算、政府性基金预算、国有资本经营预算、社会保险基金预算应当保持完整、独立。政府性基金预算、国有资本经营预算、社会保险基金预算应当与一般公共预算相衔接。

一般公共预算是对以税收为主体的财政收入，安排用于保障和改善民生、推动经济社会发展、维护国家安全、维持国家机构正常运转等方面的收支预算。

政府性基金预算是对依照法律、行政法规的规定在一定期限内向特定对象征收、收取或者以其他方式筹集的资金，专项用于特定公共事业发展的收支预算。政府性基金预算应当根据基金项目收入情况和实际支出需要，按基金项目编制，做到以收定支。

国有资本经营预算是对国有资本收益做出支出安排的收支预算。国有资本经营预算应当按照收支平衡的原则编制，不列赤字，并安排资金调入一般公共预算。

社会保险基金预算是对社会保险缴款、一般公共预算安排和其他方式筹集的资金，专项用于社会保险的收支预算。社会保险基金预算应当按照统筹层次和社会保险项目分别编制，做到收支平衡。

二、一般公共预算中的非税收入

《2012 年政府收支分类科目》中《公共财政预算收入科目》列示的非税收入共有六款：即专项收入、行政事业性收费收入、罚没收入、国有资本经营收入、国有资源（资产）有偿使用收入和其他收入。

专项收入包括 10 款，即排污费收入、水资源费收入、教育费附加收入、铀产品出售收入、三峡库区移民专项收入、国家留成油上缴收入、场外核应急准备收入、草原植被恢复费收入、矿产资源专项收入和其他专项收入。其中，矿产资源专项收入包括矿产资源补偿费收入，探矿权、采矿权使用费收入和探矿权、采矿权价款收入。

行政事业性收费和罚没收入按照行政机关和事业单位列示了所有行政事业性收费和罚没收入。

国有资本经营收入包括利润收入（中国人民银行上缴收入、金融企业利润收入、其他企业利润收入），股利、股息收入（金融业公司股利、股息收入和其他股利、股息收入），产权转让收入，清算收入，国有资本经营收入退库，国有企业计划亏损补贴和其他国有资本经营收入。

国有资源（资产）有偿使用收入包括海域使用金收入、场地和矿区使用费收入、特种矿产品出售收入、专项储备物资销售收入、利息收入、非经营性国有资产收入、出租车经营权有偿出让和转让收入、无居民海岛使用金收入和其他国有资源（资产）有偿使用收入。

其他收入包括捐赠收入，动用国储棉、糖、油上交财政收入，动用国储粮油上交差价收入，主管部门集中收入，乡镇自筹和统筹收入，免税商品特许经营费收入，基本建设收入，石油特别收益金专项收入，动用国储盐上交财政收入，差别电价收入，成品油价格和税费改革清退补缴收入和其他收入。

《中国统计年鉴》等资料公布的全国一般公共预算中的非税收入仅包括专项收入、行政事业性收费收入、罚没收入，其他三项收入合并为其他收入。表 5 - 3 是 2007 年政府收支分类改革以来一般公共预算中非税收入的规模和结构。2012 年一般公共预算非税收入是 2007 年的 2. 92 倍，其中，专项收入为 2. 60 倍；行政事业性收费为 2. 42 倍；包括国有资本经营收入、国有资源（资产）有偿使用收入和其他收入在内的非税收入为 4. 22 倍。

表 5 - 3　一般公共预算中非税收入的结构（2007—2012 年）　单位：亿元

项目＼年份	2007 年	2008 年	2009 年	2010 年	2011 年	2012 年	2012 年比 2007 年
非税收入合计	5699. 81	7106. 56	8996. 71	9890. 72	14136. 04	16639. 24	2. 92
其中：专项收入	1241. 85	1554. 10	1636. 99	2040. 74	3056. 41	3232. 63	2. 60
行政事业性收费	1895. 35	2134. 86	2317. 04	2996. 39	4039. 38	4579. 54	2. 42
罚没收入	840. 26	898. 40	973. 86	1074. 64	1301. 39	1559. 81	1. 86
其他收入	1720. 35	2519. 20	4068. 82	3778. 95	5738. 86	7267. 26	4. 22

资料来源：历年《中国统计年鉴》。

三、国有资本经营预算收入

计划经济时期，国有企业利润上缴是政府财政收入的重要来源。改革开放以来，随着国有企业承包制的推行和两步“利改税”的实施，国有企业利润上缴占财政收入的比重逐步下降。

1993 年 11 月，党的十四届三中全会通过的《中共中央关于建立社会主义市场经济体制若干问题的决定》就明确要求：在降低国有企业所得税税率，取消能源交通重点建设基金和预算调节基金的基础上，企业依法纳税，理顺国家和国有企业的利润分配关系，并提出要建立

“国有资本经营预算”。

1993 年 12 月，国务院发布的《关于实行分税制财政管理体制的决定》中明确要求：逐步建立国有资产投资收益按股分红、按资分利或税后利润上交的分配制度。作为过渡措施，近期可根据具体情况，对 1993 年以前注册的多数国有全资老企业实行税后利润不上交的办法。

1994 年 9 月 21 日，财政部、国家国有资产管理局、中国人民银行发布了《国有资产收益收缴管理办法》，明确规定国有资产收益应按中央、地方产权关系和现行财政体制，分别列入同级政府国有资产经营预算。该《办法》规定的国有资产收益，具体包括：

（1）国有企业应上缴国家的利润；

（2）股份有限公司中国家股应分得的股利；

（3）有限责任公司中国家作为出资者按照出资比例应分取的红利；

（4）各级政府授权的投资部门或机构以国有资产投资形成的收益应上缴国家的部分；

（5）国有企业产权转让收入；

（6）股份有限公司国家股股权转让（包括配股权转让）收入；

（7）对有限责任公司国家出资转让的收入；

（8）其他非国有企业占用国有资产应上缴的收益；

（9）其他按规定应上缴的国有资产收益。

《国有资产收益收缴管理办法》发布后，由于当时国有企业出现了经营困难，亏损面扩大的情况，为了让国有企业休养生息，减轻包袱推进改革，设定了过渡期。在过渡期内，停止国有企业利润上缴，同时企业亏损政府也不补贴，努力为国有企业创造良好的经营环境。

随着国民经济发展和国有企业改革的深入，尤其是 2001 年加入世界贸易组织后，国有企业的经营状况逐渐好转。2002 年，国有企业[①]盈利面只有 50.1%，利润总额为 3786.3 亿元，盈利企业盈利额为 5588.8 亿元。到 2011 年，国有企业的盈利面达到了 59.6%，比 2002 年提高了 9.5 个百分点；利润总额达到了 24669.8 亿元，是 2002 年的 6.52 倍；

① 不包括国有金融企业。

盈利企业盈利额达到了33889.1亿元，是2002年的6.06倍（参见表5-4）。

表5-4　　全国国有企业盈利和亏损状况（2002—2011年）

年份	企业户数（万户）	利润总额（亿元）	盈利面（%）	盈利企业盈利额（亿元）	亏损企业亏损额（亿元）
2002	15.9	3786.3	50.1	5588.8	-1802.5
2003	14.6	4769.4	47.4	7589.1	-2819.5
2004	13.6	7368.8	48.0	10429.4	-3060.6
2005	12.6	9579.9	50.1	12005.9	-2426.0
2006	11.6	12193.5	53.4	15701.1	-3507.5
2007	11.2	17441.8	56.5	21220.4	-3778.6
2008	11.0	13335.2	56.8	19863.7	-6528.4
2009	11.1	15606.8	58.6	20983.8	-5377.0
2010	11.4	21428.2	60.0	27715.5	-6287.3
2011	13.6	24669.8	59.6	33889.1	-9219.3

资料来源：《中国财政年鉴2012》。

2007年9月，国务院发布《关于试行国有资本经营预算的意见》，标志着国有资本经营预算制度的正式建立。2007年12月，财政部和国资委联合印发了《中央企业国有资本收益收取管理暂行办法》，明确国有资本收益是指国家以所有者身份依法取得的国有资本投资收益，包括：

（1）应交利润，即国有独资企业按规定应当上交国家的利润；

（2）国有股股利、股息，即国有控股、参股企业国有股权（股份）获得的股利、股息收入；

（3）国有产权转让收入，即转让国有产权、股权（股份）获得的收入；

（4）企业清算收入，即国有独资企业清算收入（扣除清算费用），国有控股、参股企业国有股权（股份）分享的公司清算收入（扣除清算费用）；

（5）其他国有资本收益。

《中央企业国有资本收益收取管理暂行办法》采取了区别不同行业适用不同比例的收益收取方式，将企业划分为三类，第一类是具有资源性特征行业企业，上交比例为净利润的 10%；第二类为一般竞争性行业企业，上交比例为净利润的 5%；第三类为国家政策性企业，暂缓 3 年上交或者免交。

2010 年 12 月 23 日，财政部发布《关于完善中央国有资本经营预算有关事项的通知》，扩大了中央国有资本经营预算的实施范围[①]，并从 2011 年起适当提高中央企业国有资本收益收取比例，具体收取比例分为四类执行，第一至第三类企业分别收取 15%、10% 和 5%，第四类企业免交国有资本收益。[②]

图 5-1 是 2007—2012 年中央国有资本经营收入的情况[③]，2012 年中央国有资本经营收入达到了 970.68 亿元，是 2007 年 139.9 亿元的 6.94 倍。[④] 2012 年地方国有资本经营预算也开始编制，2012 年的地方国有资本经营收入为 525.22 亿元，全国中央和地方国有资本经营收入合计为 1495.90 亿元。

表 5-5 是 2010—2012 年中央国有资本经营收入的构成情况，除 2010 年金融类国有股减持收入 121.85 亿元，占国有资本经营收入的 21.81% 外；2011 年、2012 年利润收入占国有资本经营收入绝大部分。在利润收入中，烟草、石油石化、电力、电信和煤炭五个行业的上缴利润占所有 29 个行业类别中央企业上缴利润的比重高达 80%，2010—2012 三年分别为 83.48%、79.08% 和 82.42%。

---

① 从 2011 年起，将教育部、中国国际贸易促进委员会所属企业，国家广播电影电视总局直属中国电影集团公司，文化部直属中国东方演艺集团公司、中国文化传媒集团公司、中国动漫集团公司，农业部直属黑龙江北大荒农垦集团公司、广东省农垦集团公司，以及中国出版集团公司和中国对外文化集团公司纳入中央国有资本经营预算实施范围。

② 第一类企业包括中国烟草总公司等 15 家烟草、煤炭、石油石化、电力、通讯行业的中央企业；第二类企业包括中国铝业公司等 78 家中央企业；第三类企业包括中国核工业集团公司等 33 家中央企业；第四类企业包括中国储备粮管理总公司和中国储备棉管理总公司两家中央企业。2012 年起，中国烟草总公司税后利润上缴比例提高至 20%。

③ 2007—2009 年中央国有资本经营收入数据来自历年预算报告。2010—2012 年数据来自财政部《中央国有资本经营收入决算表》。

④ 2009 年 988.7 亿元中央国有资本经营收入中包括电信企业重组专项资本收益 600 亿元，扣除这部分后的收入额为 388.7 亿元。

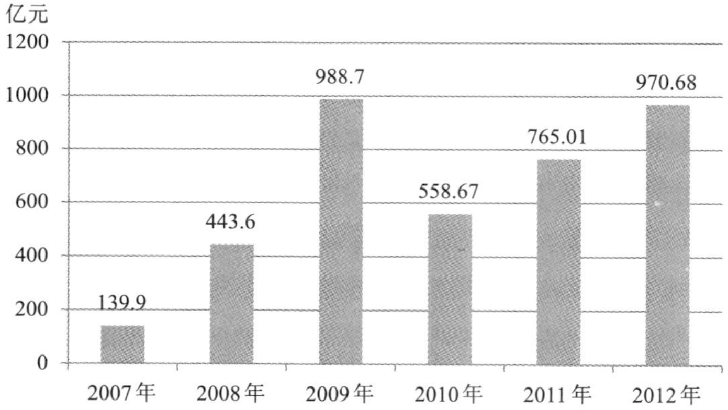

图5－1 中央国有资本经营收入（2007—2012年）

表5－5 中央国有资本经营预算收入的结构（2010—2012年）

项目	2010年		2011年		2012年	
	金额（亿元）	比重	金额（亿元）	比重	金额（亿元）	比重
一、利润收入	424.52	75.99%	757.35	99.00%	950.64	97.94%
其中：烟草企业	117.22	27.61%	139.75	18.45%	252.64	26.58%
石油石化企业	123.36	29.06%	266.85	35.23%	302.03	31.77%
电力企业	5.03	1.18%	54.54	7.20%	62.84	6.61%
电信企业	82.72	19.49%	92.52	12.22%	106.90	11.25%
煤炭企业	26.07	6.14%	45.24	5.97%	59.10	6.22%
五类企业合计	354.40	83.48%	598.90	79.08%	783.51	82.42%
二、股利、股息收入	0.99	0.18%	7.01	0.92%	1.63	0.17%
三、产权转让收入	127.10	22.75%	0.65	0.08%	18.40	1.90%
金融类国有股减持收入	121.85	21.81%	0.00	0.00%	0.46	0.05%
其他国有股减持收入	5.25	0.94%	0.65	0.08%	17.94	1.85%
四、其他国有资本收入	6.06	1.08%	0.00	0.00%	0.00	0.00%
合计	558.67	100%	765.01	100%	970.68	100%

注：烟草、石油石化、电力、电信和煤炭及这五类企业合计的比重为占利润收入的比重。

资料来源：财政部相关年份《中央国有资本经营收入决算表》。

四、政府性基金与国有土地出让收入

按照财政部的定义，政府性基金是指各级政府及其所属部门根据法律、行政法规和党中央、国务院文件规定，为支持某项特定基础设施建设和公共事业发展，向公民、法人和其他组织无偿征收的具有专项用途的财政资金。[①] 而政府性基金预算则是国家通过向社会征收以及出让土地、发行彩票等方式取得收入，并专项用于支持特定基础设施建设和社会事业发展的财政收支预算，是政府预算体系的重要组成部分。[②]

（一）政府性基金收入

表5-6是2012年全国政府性基金收入决算表列示的政府性基金项目，从表中可以看出，政府性基金预算不仅包括对社会无偿征收的具有专项用途的资金，还包括国有土地出让相关收入、彩票公益金、无线电频率占用费、转让政府还贷道路收费权、中央特别国债经营基金财务收入等具有资产转让、资产收益和捐赠等性质的政府收入。

表5-6　　2012年全国政府性基金收入决算表　　单位：亿元

序号	项目	决算数	备注
1	农网还贷资金收入	144.05	电
2	山西省煤炭可持续发展基金收入	190.27	煤
3	铁路建设基金收入	622.50	铁路货运
4	民航发展基金收入	231.26	航空
5	海南省高等级公路车辆通行附加费收入	12.86	汽油、柴油
6	转让政府还贷道路收费权收入	23.01	
7	港口建设费收入	170.38	水运
8	散装水泥专项资金收入	14.46	袋装水泥
9	新型墙体材料专项基金收入	71.94	建筑面积
10	旅游发展基金收入	7.61	
11	文化建设事业费收入	92.15	部分行业营业收入
12	地方教育费附加收入	936.74	流转税的附加
13	国家电影事业发展专项资金收入	7.69	电影票房
14	新菜地开发建设基金收入	10.21	
15	新增建设用地有偿使用费收入	1108.60	

① 财政部：《中国财政基本情况2011》（三）财政收入：非税收入及其管理。http://www.mof.gov.cn/zhuantihuigu/czjbqk2011/czsr2011/201208/t20120831_679825.html。

② http://www.mof.gov.cn/zhengwuxinxi/caizhengshuju/201005/t20100511_291390.html。

续表

序号	项目	决算数	备注
16	育林基金收入	38.21	林产品
17	森林植被恢复费收入	82.67	占用林地
18	水利建设基金收入	406.09	销售收入等
19	南水北调工程基金收入	25.88	水
20	残疾人就业保障金收入	205.81	
21	政府住房基金收入	208.25	
22	城市公用事业附加收入	233.73	水、电
23	国有土地使用权出让金收入	26691.52	
24	国有土地收益基金收入	897.32	
25	农业土地开发资金收入	194.86	
26	大中型水库移民后期扶持基金收入	222.73	电
27	大中型水库库区基金收入	33.50	电
28	三峡水库库区基金收入	7.79	电
29	中央特别国债经营基金财务收入	601.02	
30	彩票公益金收入	738.34	
31	城市基础设施配套费收入	884.06	建筑面积
32	小型水库移民扶助基金收入	10.15	电
33	国家重大水利工程建设基金收入	296.17	电
34	车辆通行费收入	1196.47	机动车过路过桥
35	船舶港务费收入	50.05	水运
36	贸促会收费收入	0.81	
37	长江口航道维护收入	5.29	
38	核电站乏燃料处理处置基金收入	17.50	电
39	可再生能源电价附加收入	196.11	电
40	船舶油污损害赔偿基金收入	0.49	
41	铁路资产变现收入	0.00	
42	电力改革预留资产变现收入	0.00	
43	无线电频率占用费收入	34.50	
44	废弃电器电子产品处理基金收入	8.54	电器电子产品
45	其他政府性基金收入	603.31	
46	合计	37534.90	

资料来源：http：//yss.mof.gov.cn/2012qhczjs/201307/t20130715_966176.html。

在政府性基金项目中，许多项目是直接针对特定商品或服务无偿征收的，也具有间接税的性质。2012年具有间接税性质的政府性基金大约有27项，基金收入合计为6203.95亿元，占不含土地收入的政府性基金的71.78%。其中：对电力、煤炭、水等能源资源类产品征收的基金共有12项，基金收入合计为1390.74亿元；对交通运输业征收的基金有5项，基金收入合计为2270.66亿元；对其他产品和服务征收的基金（或附加）有10项，基金收入合计为2542.55亿元（参见表5-6）。

（二）国有土地出让收入

随着社会主义市场经济的迅速发展，国有土地使用权按照市场价格出让获得的收益成为政府重要的收入来源。为加强国有土地使用权出让收入的管理，早在1989年5月12日，国务院就发出了《关于加强国有土地使用权有偿出让收入管理的通知》，明确要求：凡进行国有土地使用权有偿出让的地区，其出让收入必须上交财政；土地使用权有偿出让收入，40%上交中央财政、60%留归地方财政；无论上交中央财政还是上交地方财政的收入，都主要用于城市建设和土地开发，专款专用。

1989年9月26日，财政部发布了《国有土地使用权有偿出让收入管理暂行实施办法》，规定土地出让主管部门可以从其所获土地使用权出让收入中提取土地出让业务费，各地提取业务费的具体比例由财政部门核定，一般不超过出让收入的2%，如有特殊情况，可适当提高比例，但最高不得超过5%。国有土地使用权出让收入与城市土地开发建设费用实行收支两条线方式管理。土地使用权出让收入扣除土地出让业务费后，全部上交财政。上交财政部分，取得收入的城市财政部门先留下20%作为城市土地开发建设费用，其余部分40%上交中央财政，60%留归取得收入的城市财政部门。地方财政所留土地使用权出让收入，暂时不参加体制分成（省级财政是否参加分成，由地方自行确定，但省级财政分成比例不宜过大）。出让土地使用权所需开发建设费用开支由地方财政核拨。

1990年5月19日，国务院发布了《中华人民共和国城镇国有土地使用权出让和转让暂行条例》，对城镇国有土地的出让和转让做出了规定，其中第五十条明确规定：依照本条例收取的土地使用权出让金列入财政预算，作为专项基金管理，主要用于城市建设和土地开发。

1992年9月21日，财政部发布了《关于国有土地使用权有偿使用收入征收管理的暂行办法》，该办法规定国有土地使用权有偿使用收入包括土地出让金和土地收益金（或土地增值费）两部分。其中，土地出让金总额的5%应上缴中央财政，土地转让交易额和土地出租收入的5%应作为上缴中央财政的土地收益金或土地增值费；对连同地面建筑物一同转让的土地使用权，应根据房产评估价格，经财政部门核定，在交易总额中扣除合理的住房价款，其余额的5%作为土地收益金或土地增值费上缴中央财政。地方财政收取的土地出让金和土地收益金（或土地增值费）比例，由各省、自治区、直辖市和各计划单列市财政部门在核定合理的土地开发成本和住房价款的基础上，自行确定。

1992年9月21日，财政部发布了《关于国有土地使用权有偿使用收入若干财政问题的暂行规定》，其中对土地出让业务费和土地收益业务费提取标准、使用范围及其适用预算外资金管理办法做了规定。该《暂行规定》明确：上缴地方财政的国有土地使用权有偿使用收入，作为地方的预算固定收入；上缴中央财政的国有土地使用权有偿使用收入，作为中央财政的固定收入；专项用于城市建设和土地开发。

1993年10月26日，针对不少地方的征收管理工作薄弱，致使国有土地有偿出让、转让中的收益严重流失，有的地方甚至违反规定，擅自将土地使用权有偿使用收入长期委托非财政部门"暂收暂付"，造成大量收入体外循环等问题，国务院发布了《关于进一步加强国有土地使用权有偿使用收入征收管理工作的通知》，强调各省、自治区、直辖市人民政府所取得的国有土地使用权有偿使用收入，必须按现行财政体制纳入各级财政预算管理。其收入的管理工作由财政部门负责，收入全部缴入国库。

1998年8月，九届全国人大常委会第四次会议通过的《中华人民共和国土地管理法》第五十五条明确规定：以出让等有偿使用方式取得国有土地使用权的建设单位，按照国务院规定的标准和办法，缴纳土地使用权出让金等土地有偿使用费和其他费用后，方可使用土地。自本法施行之日起，新增建设用地的土地有偿使用费，30% 上缴中央财政，70% 留给有关地方人民政府，都专项用于耕地开发。

此后，伴随着社会主义市场经济的迅速发展，国有土地使用权出让收入急速膨胀，成为中央和地方财政的重要来源之一。在这个阶段，尽管无偿划拨和协议出让还是主流的土地出让方式，但是招标出让和拍卖出让也应运而生。2002 年，国土资源部发布了《招标拍卖挂牌出让国有土地使用权规定》，对“招拍挂”方式出让国有土地使用权进行了比较详尽的规定。

2006 年 12 月，国务院办公厅发布《关于规范国有土地使用权出让收支管理的通知》，对国有土地使用权出让收入的范围进行了明确规定：国有土地使用权出让收入是政府以出让等方式配置国有土地使用权取得的全部土地价款，包括受让人支付的征地和拆迁补偿费用、土地前期开发费用和土地出让收益等。土地价款的具体范围包括：以招标、拍卖、挂牌和协议方式出让国有土地使用权所确定的总成交价款；转让划拨国有土地使用权或依法利用原划拨土地进行经营性建设应当补缴的土地价款；变现处置抵押划拨国有土地使用权应当补缴的土地价款；转让房改房、经济适用住房按照规定应当补缴的土地价款；改变出让国有土地使用权的土地用途、容积率等土地使用条件应当补缴的土地价款，以及其他和国有土地使用权出让或变更有关的收入等。按照土地出让合同规定依法向受让人收取的定金、保证金和预付款，在土地出让合同生效后可以抵作土地价款。

2007 年之前，土地出让收入先纳入预算外专户管理，再将扣除征地补偿和拆迁费用以及土地开发支出等成本性支出后的余额缴入地方国库，纳入地方政府性基金预算管理。《关于规范国有土地使用权出让收支管理的通知》明确要求，从 2007 年 1 月 1 日起，土地出让收支全额纳入地方基金预算管理。收入全部缴入地方国库，支出一律通过地方基金预算从土地出让收入中予以安排，实行彻底的“收支两条线”。在地方国库中设立专账，专门核算土地出让收入和支出情况。

此外，为加强土地调控，由财政部门从缴入地方国库的土地出让收入中，划出一定比例资金，用于建立国有土地收益基金，实行分账核算，具体比例由省、自治区、直辖市及计划单列市人民政府确定，并报送财政部和国土资源部备案。国有土地收益基金主要用于土地收购储备。2006年12月，财政部、国土资源部、中国人民银行发布了《国有土地使用权出让收支管理办法》，对国有土地使用权出让收支有关事项进行了进一步明确规定。

土地出让收入缴入国库后，市县财政部门先分别按规定比例计提国有土地收益基金和农业土地开发资金，缴纳新增建设用地土地有偿使用费，余下的部分统称为国有土地使用权出让金。其中，计提的国有土地收益基金专项用于市县土地收购储备，包括土地补偿费、安置补助费、地上附着物和青苗补偿费、拆迁补偿费以及前期土地开发支出，计提比例由省级人民政府确定。计提的农业土地开发资金（其中省级最高可以集中30%），专项用于农业土地开发，具体使用范围包括土地整理和复垦、宜农未利用地开发、基本农田建设以及改善农业生产条件等方面的土地开发。新增建设用地土地有偿使用费是国务院或省级人民政府在批准将农用地、未利用地转为建设用地时，向取得新增建设用地的市县人民政府收取的收入，由市县人民政府从土地出让收入中按规定标准向中央和省级缴纳。新增建设用地土地有偿使用费实行中央和省两级3∶7分成，专项用于耕地开发、土地整理、基本农田建设和保护支出。国有土地使用权出让金主要用于征地拆迁补偿、土地开发、城乡基础设施建设、城镇廉租住房保障等支出。[①]

国有土地出让相关收入在政府性基金预算中占了较大比重。2012年国有土地出让相关收入为28892.3亿元，占政府性基金收入76.97%。从图5－2中可以看出，2007年土地出让收入纳入政府性基金管理以来，收入规模迅速增长[②]，2011年土地出让收入达到33477亿元，是2007年的4.60倍。2012年土地出让收入比2011年下降了13.70%。

---

① 财政部：《全国土地出让收支基本情况》，http：//www.mof.gov.cn/zhuantihuigu/czjbqk/czsr/201011/t20101101_345409.html。

② 2007—2009年政府性基金与国有土地出让收入数据来自财政部网站：《我国财政收入规模及国际比较》，http：//www.mof.gov.cn/zhuantihuigu/czjbqk/czsr/201011/t20101101_345416.html。2010—2012年数据来自财政部《全国政府性基金收入决算表》。

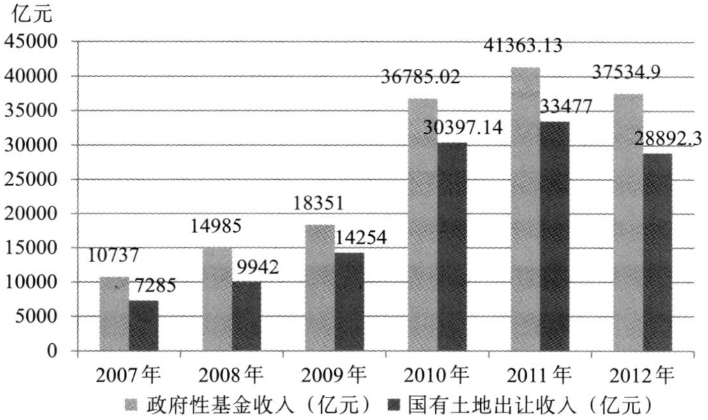

图 5－2　政府性基金与国有土地出让收入（2007—2012 年）

如前所述，国有土地出让收入包括国有土地使用权出让金收入、国有土地收益基金收入、农业土地开发资金收入、新增建设用地土地有偿使用费收入四部分。从表 5－7 中可以看出，2010—2012 年国有土地使用权出让金收入占国有土地收入的比重在 93% 左右。

表 5－7　国有土地出让收入的结构（2010—2012 年）　　单位：亿元

项目	2010 年	2011 年	2012 年
新增建设用地土地有偿使用费收入	981. 66	1011. 19	1108. 60
国有土地使用权出让金收入	28197. 70	31140. 42	26691. 52
国有土地收益基金收入	1025. 23	1093. 53	897. 32
农业土地开发资金收入	192. 55	231. 86	194. 86
国有土地收入合计	30397. 14	33477. 00	28892. 30

资料来源：财政部历年《全国政府性基金收入决算表》。

2007 年后土地出让收入全额纳入预算管理，扣除征地拆迁、土地开发成本等成本补偿性支出后的余额才是地方政府的可支配收入。表 5－8 是 2009—2012 年四项主要的成本性支出。从表中可以看出，2009 年、2010 年，这四项成本性支出占全部土地出让金收入的比重为 46. 28% 和 45. 92%；2011 年后，由于《国有土地上房屋征收与补偿条例》出台后拆迁补偿成本有所提高，同时土地开发费用大幅提高，2011 年四项成本性支出占土地出让金收入的比重提高了近 20 个百分点，达到了 65.18%，2012 年进一步升至 70.59%。这说明这一时期，不仅土地出让收入的规模趋于稳定并有所下降，由于拆迁补偿和土地开发费用的增加，地方政府土地出让的净收入也显著下降。2012 年，扣除四项成本性支出项目后，地方政府的土地出让净收入为 8497.09 亿元，仅为 2010 年 16437.61 亿元的 51.69%。

表 5－8　国有土地出让中的成本性支出（2009—2012 年）　单位：亿元

项目	2009 年	2010 年	2011 年	2012 年
征地和拆迁补偿支出	4985.67	10734.48	15404.43	14405.82
土地开发支出	1322.46	2634.23	5509.98	5287.79
补助被征地农民支出	194.91	457.11	689.72	520.75
土地出让业务支出	86.89	133.71	217.37	180.85
四项成本支出合计	6589.93	13959.53	21821.50	20395.21
土地出让收入	14239.70	30397.14	33477.00	28892.30
四项成本支出占收入的比重	46.28%	45.92%	65.18%	70.59%
扣除四项成本支出后的收入	7649.77	16437.61	11655.5	8497.09

资料来源：2009 年数据来自财政部《全国土地出让收支基本情况》；2010—2012 年数据来自财政部各年度《全国政府性基金收入决算表》和《地方政府性基金支出决算表》。

五、社保基金预算收入

1993 年 11 月，党的十四届三中全会通过的《中共中央关于建立社会主义市场经济体制若干问题的决定》中明确要求按照社会保障的不同类型确定其资金来源和保障方式，其主要内容是：重点完善企业养老和失业保险制度，强化社会服务功能以减轻企业负担，促进企业组织结构调整，提高企业经济效益和竞争能力。城镇职工养老和医疗保险金由单位和个人共同负担，实行社会统筹和个人账户相结合。进一步健全失业保险制度，保险费由企业按职工工资总额一定比例统一筹交。普遍建立企业工伤保险制度。农民养老以家庭保障为主，与社区扶持相结合。有条件的地方，根据农民自愿，也可以实行个人储蓄积累养老保险。发展和完善农村合作医疗制度。

1994 年 12 月 14 日，劳动部发布了《企业职工生育保险试行办法》，自 1995 年 1 月 1 日起试行。该办法规定生育保险根据“以支定收，收支基本平衡”的原则筹集资金，由企业按照其工资总额的一定比例向社会保险经办机构缴纳生育保险费，建立生育保险基金。

1999 年 1 月 22 日，国务院发布《社会保险费征缴暂行条例》，对基本养老保险费、基本医疗保险费、失业保险费的征收、缴纳事项进行了规定，其中要求社会保险费实行三项社会保险费集中、统一征收。社会保险费的征收机构由省、自治区、直辖市人民政府规定，可以由税务机关征收，也可以由劳动保障行政部门按照国务院规定设立的社会保险经办机构征收。

2003 年 4 月 27 日，国务院发布《工伤保险条例》，自 2004 年 1 月 1 日起施行，由此建立了工伤保险基金制度。该条例规定工伤保险费的征缴按照《社会保险费征缴暂行条例》关于基本养老保险费、基本医疗保险费、失业保险费的征缴规定执行。

为了提高农村基本医疗服务的水平，从 2003 年起，新型农村合作医疗制度在全国部分县（市）试点，其目标是到 2010 年逐步实现基本覆盖全国农村居民。截至 2012 年年底，全国已有 2566 个县（区、市）开展了新型农村合作医疗，参合农民 8.05 亿人，参合率高达 98.3%。2012 年全国基本医疗保险基金支出为 2408 亿元，受益人次达到了 17.47 亿，分别比上年增长了 40.80% 和 32.85%。[①]

2007 年，国务院发布了《关于开展城镇居民基本医疗保险试点的指导意见》，要求 2007 年在有条件的省份选择 2 至 3 个城市启动试点，2008 年扩大试点，争取 2009 年试点城市达到 80% 以上，2010 年在全国全面推开，逐步覆盖全体城镇非从业居民。2007 年起，参加城镇居民基本医疗保险的人数迅速增长：2007 年为 4291 万人，2008 年为 11826 万人；2009 年、2010 年、2011 年和 2012 年分别增长为 18209.6 万人、19528.3 万人、47343 万人和 53641 万人。[②]

2009 年，国务院发布《关于开展新型农村社会养老保险试点的指导意见》，要求探索建立个人缴费、集体补助、政府补贴相结合的新

① 资料来源：《中国统计年鉴 2013》。

② 《人力资源和社会保障事业发展统计公报》（各年度）。

农保制度，实行社会统筹与个人账户相结合，与家庭养老、土地保障、社会救助等其他社会保障政策措施相配套，保障农村居民老年基本生活。

2011 年，国务院发布《关于开展城镇居民社会养老保险试点的指导意见》，决定从 2011 年 7 月 1 日起启动城镇居民社会养老保险试点工作，建立个人缴费、政府补贴相结合的城镇居民养老保险制度，实行社会统筹和个人账户相结合，与家庭养老、社会救助、社会福利等其他社会保障政策相配套，保障城镇居民老年基本生活。

按照《2012 年政府收支分类科目》，社会保险基金收入包括十款，即基本养老保险基金收入、失业保险基金收入、基本医疗保险基金收入、工伤保险基金收入、生育保险基金收入、新型农村合作医疗基金收入、城镇居民基本医疗保险基金收入、新型农村社会养老保险基金收入、城镇居民养老保险基金①收入和其他社会保险基金收入。

表 5－9 是 1994—2012 年城镇职工五项社会保险基金收入的情况，从表中可以看出，1994 年社会保险基金收入仅有 742 亿元，到 2012 年超过了 3 万亿元，其中城镇职工养老保险基金收入由 1994 年的 707.4 亿元增至 2012 年的 20001.0 亿元。

表 5－9　　全国社会保险基金收入情况表（1994—2012 年）　　单位：亿元

年份	社会保险基金收入	城镇职工基本养老保险基金收入	失业保险基金收入	医疗保险基金收入	工伤保险基金收入	生育保险基金收入
1994	742.0	707.4	25.4	3.2	4.6	1.5
1995	1006.0	950.1	35.3	9.7	8.1	2.9
1996	1252.4	1171.8	45.2	19.0	10.9	5.5
1997	1458.2	1337.9	46.9	52.3	13.6	7.4
1998	1623.1	1459.0	68.4	60.6	21.2	9.8
1999	2211.8	1965.1	125.2	89.9	20.9	10.7
2000	2644.9	2278.5	160.4	170.0	24.8	11.2
2001	3101.9	2489.0	187.3	383.6	28.3	13.7

① 根据《国务院关于开展城镇居民社会养老保险试点的指导意见》（国发〔2011〕18 号）的要求，2011 年 7 月 1 日起开展城镇居民社会养老保险试点。2012 年 8 月起，新型农村社会养老保险和城镇居民社会养老保险制度全覆盖工作全面启动，合并为城乡居民社会养老保险。

续表

年份	社会保险基金收入	城镇职工基本养老保险基金收入	失业保险基金收入	医疗保险基金收入	工伤保险基金收入	生育保险基金收入
2002	4048.7	3171.5	213.4	607.8	32.0	21.8
2003	4882.9	3680.0	249.5	890.0	37.6	25.8
2004	5780.3	4258.4	290.8	1140.5	58.3	32.1
2005	6975.2	5093.3	340.3	1405.3	92.5	43.8
2006	8643.2	6309.8	402.4	1747.1	121.8	62.1
2007	10812.3	7834.2	471.7	2257.2	165.6	83.6
2008	13696.1	9740.2	585.1	3040.4	216.7	113.7
2009	16115.6	11490.8	580.4	3671.9	240.1	132.4
2010	19276.1	13419.5	649.8	4308.9	284.9	159.6
2011	25153.3	16894.7	923.1	5539.2	466.4	219.8
2012	30738.8	20001.0	1138.9	6938.7	526.7	304.2

资料来源：国家统计局网站。

表 5－10 是 2010 年、2011 年、2012 年三年各项社会保险基金的收入和公共财政对各项基金的补贴情况。从表中可以看出，城镇居民基本医疗保险、新型农村合作医疗和城乡居民社会养老保险基金收入中来自财政补贴的比重较高，其中新型农村合作医疗财政补贴的比重在 80% 左右，城镇居民基本医疗保险和城乡居民社会养老保险的补贴比重在 50% 以上。

表 5－10　各项社会保险基金收入与财政补贴（2010—2012 年）　单位：亿元

项目	2010 年		2011 年		2012 年	
	基金收入	财政补贴	基金收入	财政补贴	基金收入	财政补贴
城镇职工基本养老保险	13419.53	1910.35	16894.73	2191.72	20000.99	2527.30
失业保险	649.78	4.29	923.07	6.63	1138.92	8.31
工伤保险	284.95	2.47	466.44	65.12	526.72	16.45
生育保险	159.58	1.68	219.83	3.60	304.21	3.91
城镇职工基本医疗保险	3955.40	56.13	4945.00	67.01	6061.92	84.21
城镇居民基本医疗保险	353.53	193.92	594.18	358.49	876.76	469.16
新型农村合作医疗	1308.35	1041.83	2047.56	1738.65	2484.70	2035.10
城乡居民社会养老保险	453.37	240.09	1069.68	649.41	1829.24	1040.73
合计	20584.49	3450.76	27160.49	5080.63	33223.46	6185.17

资料来源：各项保险基金收入数据来自历年《中国统计年鉴》，财政补贴数据来自财政部历年《全国公共财政支出决算表》。

从公共财政补贴金额看，城镇职工基本养老保险的补贴金额最大，其次是新型农村合作医疗和城乡居民社会养老保险。

第四节　1993—2012年财政收入情况

1994年的税制改革与分税制财政体制改革，初步建立了与社会主义市场经济体制相适应的税制体系与相对规范、稳定的政府间财政关系，为财政收入的持续稳定增长和中央财政收入比重的提高奠定了制度基础。

这一时期，税费改革深入推进，对预算外资金的管理逐步加强，到2011年所有预算外资金都纳入预算管理后确立了全口径预算管理制度，形成了由一般公共预算、政府性基金预算、社会保险基金预算和国有资本经营预算构成的政府预算体系，政府收入体系的规范化和法治化取得了巨大进展。

一、一般公共预算收入及其结构

1994年税制改革后，一般公共预算收入实现了持续高速增长。从1995年开始，一般公共预算收入占GDP比重持续提高，1995年该比重为10.18%，到2012年提高至21.77%。其中，1994年分税制财政体制改革后，中央财政收入的比重由1993年的22.02%提高至1994年的55.70%，此后保持在50%左右的水平。这一时期，随着预算外收入管理改革的不断深化，取消企业亏损补贴和将行政事业性收费、专项收入纳入一般公共预算管理等改革，使税收收入占一般公共预算收入的比重有所下降。1993年，该比重为97.85%，到2006年降至90%以下，2012年降至85.81%，参见表5-11，2007—2012年一般公共预算中非税收入的结构参见表5-3。

表 5 - 11　　一般公共预算收入基本情况（1993—2012 年）　　单位：亿元

年份	一般公共预算收入	增速	占 GDP 的比重	中央		地方		税收收入	占一般公共预算收入的比重
				绝对数	比重	绝对数	比重		
1993	4348.95	24.85%	12.19%	957.51	22.02%	3391.44	77.98%	4255.30	97.85%
1994	5218.10	19.99%	10.73%	2906.50	55.70%	2311.60	44.30%	5126.88	98.25%
1995	6242.20	19.63%	10.18%	3256.62	52.17%	2985.58	47.83%	6038.04	96.73%
1996	7407.99	18.68%	10.32%	3661.07	49.42%	3746.92	50.58%	6909.82	93.28%
1997	8651.14	16.78%	10.85%	4226.92	48.86%	4424.22	51.14%	8234.04	95.18%
1998	9875.95	14.16%	11.59%	4892.00	49.53%	4983.95	50.47%	9262.80	93.79%
1999	11444.08	15.88%	12.64%	5849.21	51.11%	5594.87	48.89%	10682.58	93.35%
2000	13395.23	17.05%	13.36%	6989.17	52.18%	6406.06	47.82%	12581.51	93.93%
2001	16386.04	22.33%	14.78%	8582.74	52.38%	7803.30	47.62%	15301.38	93.38%
2002	18903.64	15.36%	15.53%	10388.64	54.96%	8515.00	45.04%	17636.45	93.30%
2003	21715.25	14.87%	15.80%	11865.27	54.64%	9849.98	45.36%	20017.31	92.18%
2004	26396.47	21.56%	16.31%	14503.10	54.94%	11893.37	45.06%	24165.68	91.55%
2005	31649.29	19.90%	16.90%	16548.53	52.29%	15100.76	47.71%	28778.54	90.93%
2006	38760.20	22.47%	17.66%	20456.62	52.78%	18303.58	47.22%	34804.35	89.79%
2007	51321.78	32.41%	19.00%	27749.16	54.07%	23572.62	45.93%	45621.97	88.89%
2008	61330.35	19.50%	19.21%	32680.56	53.29%	28649.79	46.71%	54223.79	88.41%
2009	68518.30	11.72%	19.66%	35915.71	52.42%	32602.59	47.58%	59521.59	86.87%
2010	83101.51	21.28%	20.16%	42488.47	51.13%	40613.04	48.87%	73210.79	88.10%
2011	103874.43	25.00%	21.29%	51327.32	49.41%	52547.11	50.59%	89738.39	86.39%
2012	117253.52	12.88%	21.77%	56175.23	47.91%	61078.29	52.09%	100614.28	85.81%

资料来源：《中国统计年鉴 2018》。

二、税制结构的演变

从税制结构看，1994 年税制改革建立起来的以流转税为主体的税制结构近 20 年来保持了基本稳定，但各税种的比重有显著的变化。我们选择了 1994 年、2001 年、2007 年和 2012 年四个年份税制结构数据进行分析，其中，2001 年年底中国加入世贸组织，2007 年是 2008 年国际金融危机的前一年。

表5-12是1994年、2001年、2007年和2012年四个年份的税制结构。从表中可以看出，国内增值税占税收收入的比重逐年下降，1994年为45.02%，到2001年下降至35.01%，到2012年降至26.26%，比1994年下降了18.76个百分点。

国内增值税、国内消费税、进口两税（进口货物增值税和消费税）、营业税、关税和城市维护建设税合计减出口退税占税收收入的比重在1994年高达73.90%，2001年为66.32%，2007年下降至59.99%，2012年为59.95%。与1994年相比，2012年上述主要流转税收入占税收收入的比重下降了13.95个百分点。

企业所得税的比重1994年仅为13.81%，到2012年升至19.53%；个人所得税的比重在1994年仅为1.41%，到2001年升至6.08%，但由于2005年、2007年、2011年三次个人所得税改革提高了基本费用扣除标准，2012年与2007年相比，其占税收收入的比重由6.98%降至5.78%。

房产税（2007年前为房产和城市房地产税）、城镇土地使用税、车船税（2007年前为车船使用税和车船牌照税）、耕地占用税、契税、土地增值税、印花税等税种占税收收入的比重由1994年的3.94%升至2007年的11.13%，到2012年进一步升至11.44%。

表5-12　税制结构的演变（1994年、2001年、2007年与2012年） 单位：%

税种	1994年	2001年	2007年	2012年
国内增值税	45.02	35.01	33.91	26.26
国内消费税	9.51	6.08	4.84	7.82
进口两税	6.34	10.79	13.49	14.71
出口退税	-8.78	-7.06	-12.35	-10.37
营业税	13.06	13.49	14.43	15.65
城市建设维护税	3.43	2.52	2.54	3.11
关税	5.32	5.49	3.13	2.77
主要流转税合计	73.90	66.32	59.99	59.95
资源税	0.88	0.44	0.57	0.89
车辆购置税	-	1.73	1.92	2.22

续表

税种	1994 年	2001 年	2007 年	2012 年
企业所得税	13.81	17.19	19.25	19.53
个人所得税	1.41	6.51	6.98	5.78
所得税合计	15.23	23.70	26.22	25.32
房产税	1.17	1.50	1.26	1.37
城镇土地使用税	0.63	0.43	0.84	1.53
车船税	0.22	0.16	0.15	0.39
耕地占用税	0.71	0.25	0.40	1.61
契税	–	1.03	2.64	2.86
土地增值税	–	0.06	0.89	2.70
印花税	1.21	2.21	4.95	0.98
其他税收	6.05	2.17	0.15	0.18
税收收入	100.00	100.00	100.00	100.00

注 1：由于四舍五入的原因，部分数据最后一位与合计数略有差异。

注 2：1994 年的其他税收中包括契税、农业税和固定资产投资方向调节税等。

资料来源：根据历年《中国统计年鉴》《中国税务年鉴》数据计算得到。

三、全口径预算收入的结构

从 2011 年 1 月 1 日起，按预算外资金管理的收入（不含教育收费）全部纳入预算管理，我国建立了全口径预算管理的制度框架。2012 年，全口径预算收入的构成如下①：

一般公共预算收入为 117253.52 亿元，其中税收收入为 100614.28 亿元，一般公共预算中非税收入为 16639.24 亿元。

社会保险基金预算收入，包括城镇基本养老保险、城镇基本医疗保险（包括城镇职工医疗保险和城镇居民医疗保险）、失业保险、工伤保险、生育保险、新型农村合作医疗、城乡居民社会养老保险等各项社会保险基金的收入为 31411.03 亿元，上述各项社会保险基金的保险费收入为 24214.66 亿元，财政补贴收入为 6349.42 亿元，利息收入为

① 《中国财政年鉴 2013》。

846. 95 亿元。

政府性基金预算收入为 37534. 90 亿元。其中，国有土地出让收入为 28892. 30 亿元。

国有资本经营收入为 1495. 90 亿元，其中中央国有资本经营收入为 970. 68 亿元，地方国有资本经营收入为 525. 22 亿元。

第六章　全面深化改革时期（2012年至今）

2012年11月，党的十八大报告明确提出了“两个百年”的奋斗目标，即在中国共产党成立一百年时全面建成小康社会，在新中国成立一百年时建成富强民主文明和谐的社会主义现代化国家。

2013年11月，党的十八届三中全会审议通过的《中共中央关于全面深化改革若干重大问题的决定》提出：全面建成小康社会，进而建成富强民主文明和谐的社会主义现代化国家、实现中华民族伟大复兴的中国梦，必须在新的历史起点上全面深化改革，不断增强中国特色社会主义道路自信、理论自信、制度自信。全面深化改革的总目标是完善和发展中国特色社会主义制度，推进国家治理体系和治理能力现代化。同时明确指出：财政是国家治理的基础和重要支柱，科学的财税体制是优化资源配置、维护市场统一、促进社会公平、实现国家长治久安的制度保障。必须完善立法、明确事权、改革税制、稳定税负、透明预算、提高效率，建立现代财政制度，发挥中央和地方两个积极性。

2017年10月，党的十九大报告指出中国特色社会主义进入新时代，我国社会主要矛盾已经转化为人民日益增长的美好生活需要和不平衡不充分的发展之间的矛盾。这一重大论断是继1981年党的十一届六中全会指出，社会主义初级阶段主要矛盾是人民日益增长的物质文化需要同落后的社会生产之间的矛盾之后，我们党根据国际国内形势的深刻变化对社会发展阶段性特征的再一次概括和提炼。社会主要矛盾的转化是中国特色社会主义进入新时代的依据，在中国特色社会主义发展史上具有划时代的重大意义。

中国特色社会主义进入了新时代，我国经济发展也进入了新时代，基本特征就是我国经济已由高速增长阶段转向高质量发展阶段。而在财税改革领域，党的十九大报告从全局和战略的高度，强调要加快建立现代财政制度，明确了深化财税体制改革的目标要求和主要任务，其中对税制改革提出了“深化税收制度改革，健全地方税体系”的要求。

第一节　国家治理现代化与供给侧结构性改革

一、国家治理现代化与建立现代财政制度

（一）国家治理现代化

党的十八届三中全会首次提出“国家治理体系和治理能力现代化”的概念，是我们党执政理念的重大创新。

衡量一个国家的治理体系是否现代化，至少有五个标准。其一是公共权力运行的制度化和规范化，它要求政府治理、企业治理和社会治理有完善的制度安排和规范的公共秩序。其二是民主化，即公共治理和制度安排都必须保障主权在民或人民当家作主，所有公共政策都要从根本上体现人民的意志和人民的主体地位。其三是法治，即宪法和法律成为公共治理的最高权威，在法律面前人人平等，不允许任何组织和个人有超越法律的权力。其四是效率，即国家治理体系应当有效维护社会稳定和社会秩序，有利于提高行政效率和经济效益。其五是协调，现代国家治理体系是一个有机的制度系统，从中央到地方各个层级，从政府治理

到社会治理，各种制度安排作为一个统一的整体相互协调，密不可分。[1]

国家治理体系和治理能力是一个有机整体，推进国家治理体系的现代化与增强国家治理能力，是同一政治过程中相辅相成的两个方面。有了良好的国家治理体系，才能提高国家治理的能力；反之，只有提高国家治理能力，才能充分发挥国家治理体系的效能。此外，治理主体的素质，包括官员和普通公民的素质也是影响国家治理能力的重要因素。[2]

党的十八届三中全会将“完善和发展中国特色社会主义制度，推进国家治理体系和治理能力现代化”作为全面深化改革的总目标，完善和发展中国特色社会主义制度和推进国家治理体系和治理能力现代化是不可分割的。如前所述，治理的技术性因素要重于价值性因素，各种社会制度的国家都可以将国家治理的现代化作为目标。中国的国家治理现代化要体现“完善和发展中国特色社会主义制度”这一政治价值，是在中国特色社会主义价值理性指导、约束下的工具理性。

（二）加快建立现代财政制度

党的十八届三中全会提出了建立现代财政制度的要求，党的十九大报告进一步要求“加快建立现代财政制度”[3]。以税收制度为主体的现代财政收入制度作为现代财政制度的重要组成部分，首先要符合现代财政制度的一般要求。

财政制度体现政府与市场、政府与社会、中央与地方关系，涉及经济、政治、文化、社会和生态文明建设各个方面，是国家治理体系的重要组成部分。加快建立现代财政制度，是更好发挥财政在国家治理中的基础和重要支柱作用的客观需要，有利于加快国家治理体系和治理能力

① 俞可平：《论国家治理现代化》，社会科学文献出版社 2014 年版，第 3 页。

② 俞可平：《论国家治理现代化》，社会科学文献出版社 2014 年版，第 5 页。

③ 党的十九大报告关于建立现代财政制度的完整表述为：加快建立现代财政制度，建立权责清晰、财力协调、区域均衡的中央和地方财政关系。建立全面规范透明、标准科学、约束有力的预算制度，全面实施绩效管理。深化税收制度改革，健全地方税体系。

现代化的进程。[①]

现代财政制度是相对于传统财政制度而言的，不同国家政治文化传统的巨大差异以及现代化模式和路径选择的差异使得现代财政制度的建立过程需要符合各自的国情特征，不同国家最终成型的具体制度安排也不会完全相同。但从总体上看，现代财政制度作为国家治理体系的重要组成部分，要符合国家治理现代化的一般要求，即公共权力运行的制度化和规范化、民主化、法治、效率和协调。

2014 年 6 月 30 日，中央政治局审议通过《深化财税体制改革总体方案》的会议上进一步重申：财政是国家治理的基础和重要支柱，财税体制在治国安邦中始终发挥着基础性、制度性、保障性作用。会议指出：新一轮财税体制改革是一场关系国家治理体系和治理能力现代化的深刻变革，是立足全局、着眼长远的制度创新。深化财税体制改革的目标是建立统一完整、法治规范、公开透明、运行高效，有利于优化资源配置、维护市场统一、促进社会公平、实现国家长治久安的可持续的现代财政制度。会议明确要求 2020 年基本建立现代财政制度。[②]

具体来说，与现代经济社会发展和国家治理现代化相适应的现代财政制度应具备以下特征：

第一，现代财政制度是建立在现代经济体系基础上，符合国家治理现代化要求的财政制度。一个社会的现代化进程是以推动生产力持续发展，经济结构不断优化升级为经济基础的。党的十九大报告也明确提出了“建设现代化经济体系”的目标，现代财政制度不仅要与持续变革的现代经济体系和经济运行机制相适应，作为国家治理的基础和重要支柱，现代财政制度还应在现代国家职能复杂化和多样化的背景下，在促进市场统一、维护社会公平正义、宏观经济稳定、实现国家长治久安等诸多领域发挥基础性、支柱性作用。

第二，现代财政制度下的财政是民主化、法治化的财政。作为国家

① 肖捷：《加快建立现代财政制度》，载于《党的十九大报告辅导读本》，人民出版社 2017 年版。

② 新华社：中共中央政治局召开会议审议《深化财税体制改革总体方案》等。http://www.gov.cn/xinwen/2014-06/30/content_2710105.htm。

治理的基础和重要支柱，现代财政制度不仅要符合现代经济体系的要求，同时也是以现代政治制度为基础的，而民主化和法治化是现代政治制度的基本特征。我国的现代财政制度建设要按照党的十九大报告提出的“健全人民当家作主制度体系，发展社会主义民主政治”的总体要求，通过加强立法机关的作用，推动税收法定、预算法定与预算公开、政府间财政关系规范化等等一系列制度建设实现财政的民主化和法治化。

第三，现代财政制度是以专门的管理机构和治理技术为依托，设计科学、注重绩效、运行高效的财政制度。现代性的基本特征是“理性”，现代化社会的基本特征是高度的专业化分工。财政管理机构的专门化和财政治理技术的专业化是现代财政制度运行的技术特征，以制度运行的效率和实现政策（治理）目标的绩效，而不是传统、教条和少数利益集团的利益作为组织评价的基本标准是现代财政制度区别于传统财政制度的重要特征。

第四，现代财政制度是能够适应变革和不确定性，能够动态调整和实现可持续性的制度安排。现代社会与传统社会的一个关键区别在于技术和社会变革的速度大大加快。在保持制度稳定性的同时，如何摆脱利益集团利益固化的桎梏、传统观念和教条的束缚，以开放的心态适应变革、推动变革以实现财政制度的持续优化是建立现代财政制度面临的基本挑战。

二、供给侧结构性改革与经济高质量发展

2008 年国际金融危机爆发以来，中国经济增速持续下行，以低附加值劳动密集型产品出口为主要动力的要素驱动模式、以政府主导的大规模基础设施建设和房地产投资拉动经济增长的模式都难以为继，经济增长要从要素驱动、投资驱动转向创新驱动。党的十九大报告明确指出：我国经济已由高速增长阶段转向高质量发展阶段，正处在转变经济发展方式、优化经济结构、转换增长动力的攻关期。

2001 年中国加入世贸组织以来，以 2008 年为界经济增长分为两个阶段。2002 年至 2007 年的经济增速不断攀升，由 2002 年的 9.1% 升至

2007 年的 14.2%，2002—2007 年间经济保持了两位数的增长；2008 年后经济增长率呈下行趋势，2008 年经济增长率为 9.7%，到 2011 年降至 9.6%，2012 年后经济增长率低于 8%，2015 年后低于 7%，2018 年经济增长率降至 6.6%。[①]

2008 年以来导致经济增速下行的原因有很多，有国际金融危机爆发后外需下降和中美贸易摩擦等需求层面的因素，但主要原因在供给层面，中国人口老龄化导致劳动力成本不断提高引起的要素禀赋变化才是中国经济转型的根本原因。1982 年，中国 15—64 岁人口有 6.25 亿人，占人口的比重为 61.5%；到 2010 年，15—64 岁人口的比重达到 74.5%的峰值，2013 年达到 10.06 亿人的峰值后开始下降。[②] 由于长期以来支撑经济增长的“人口红利”逐步丧失，中国的要素禀赋发生了根本性转变，改革开放以来利用劳动力成本优势不断扩大出口和高度依赖要素投入驱动的增长模式难以持续，以原有要素禀赋、制度框架、产业结构和需求结构为支撑的经济潜在增长率下降是中国经济面临的主要问题。

这就意味着当前中国经济面临的主要矛盾不是经济周期性波动带来的总需求不足，经济政策的重点不是解决“产出缺口”，而是要通过产业结构升级、创新驱动提高经济的潜在增长率。习近平总书记在 2015 年 11 月 10 日中央财经领导小组第 11 次会议上明确指出：在适度扩大总需求的同时，着力加强供给侧结构性改革，着力提高供给体系质量和效率，增强经济持续增长动力，推动我国社会生产力水平实现整体跃升。[③] 因此，在中国经济由高速增长阶段转向高质量发展阶段的时代背景下，要继续保持经济增长只有通过产业结构升级和创新驱动大幅提高劳动生产率才能实现，这就要求“以供给侧结构性改革为主线”，推动经济从高速增长转向高质量发展。

党的十八届三中全会明确指出：经济体制改革是全面深化改革的重点，核心问题是处理好政府和市场的关系，使市场在资源配置中起决定性作用和更好发挥政府作用。按照这一指导思想，供给侧结构性改革的

---

① 国家统计局：http://data.stats.gov.cn/easyquery.htm? cn = C01。

② 《中国统计年鉴 2018》。

③ http://www.xinhuanet.com//politics/2015 - 11/10/c_ 1117099915.htm。

核心任务是通过制度改革进一步激发市场主体的活力，推动经济结构不断优化升级，实现经济增长由要素驱动、投资驱动转向创新驱动。[①]

党的十九大报告进一步明确指出：我国经济已由高速增长阶段转向高质量发展阶段，正处在转变经济发展方式、优化经济结构、转换增长动力的攻关期，建设现代化经济体系是跨越关口的迫切要求和我国发展的战略目标。必须坚持质量第一、效益优先，以供给侧结构性改革为主线，推动经济发展质量变革、效率变革、动力变革，提高全要素生产率，着力加快建设实体经济、科技创新、现代金融、人力资源协同发展的产业体系，着力构建市场机制有效、微观主体有活力、宏观调控有度的经济体制，不断增强我国经济创新力和竞争力。

就财政政策和财税体制改革而言，这一时期减税降费成为更加积极的财政政策和供给侧结构性改革的重要组成部分，其核心是相对减少政府直接配置资源的规模，优化政府获取资源的方式，这就需要稳定宏观税负水平，优化政府收入结构，推进税费制度改革。同时，还要稳定财政支出的规模，控制“赤字”和各级政府债务，优化财政支出结构，让市场主体在公平竞争的环境下获得更大的资源配置量和配置权。[②]

第二节 建立现代税收制度

2013 年 11 月，党的十八届三中全会提出了建立现代财政制度的要求。2017 年 10 月，党的十九大进一步要求加快建立现代财政制度。以现代税收制度为主体的现代财政收入制度是现代财政制度的重要组成部分，因此 2012 年以来全面深化改革时期税收制度改革的目标是建立现

① 2015 年 3 月发布的《中共中央 国务院关于深化体制机制改革加快实施创新驱动发展战略的若干意见》中明确指出：“加快实施创新驱动发展战略，就是要使市场在资源配置中起决定性作用和更好发挥政府作用”。http：//www. gov. cn/xinwen/2015 －03/23/content_ 2837629. htm。

② 张斌：《减税降费的理论维度、政策框架与现实选择》，《财政研究》2019 年第 5 期。

代税收制度，实现税收治理现代化。

一、现代税收制度的基本特征

2014 年 6 月 30 日，中央政治局审议通过《深化财税体制改革总体方案》的会议上明确提出：深化财税体制改革的目标是建立统一完整、法治规范、公开透明、运行高效，有利于优化资源配置、维护市场统一、促进社会公平、实现国家长治久安的可持续的现代财政制度。同时提出了重点推进预算管理制度、税收制度、中央和地方政府间财政关系三个方面的改革。其中，明确要求：深化税收制度改革，优化税制结构、完善税收功能、稳定宏观税负、推进依法治税，建立有利于科学发展、社会公平、市场统一的税收制度体系，充分发挥税收筹集财政收入、调节分配、促进结构优化的职能作用。①

2015 年 10 月 29 日，十八届五中全会通过的《中共中央关于制定国民经济和社会发展第十三个五年规划的建议》提出了“建立税种科学、结构优化、法律健全、规范公平、征管高效的税收制度”的要求。2016 年 3 月 16 日，十二届全国人大四次会议审议通过的《国民经济和社会发展第十三个五年规划纲要》进一步将上述五个特征明确为现代税收制度的特征，对税制改革的要求是：按照优化税制结构、稳定宏观税负、推进依法治税的要求全面落实税收法定原则，建立税种科学、结构优化、法律健全、规范公平、征管高效的现代税收制度，逐步提高直接税比重。

2013 年 12 月 31 日，国家税务总局王军局长提出了税收现代化的“六大体系”，即“完备规范的税法体系、成熟定型的税制体系、优质便捷的服务体系、科学严密的征管体系、稳固强大的信息体系、高效廉洁的组织体系”，并于 2016 年 3 月在《求是》杂志撰文进一步对税收现代化“六大体系”进行了丰富和完善。②

---

① 新华社：中共中央政治局召开会议审议《深化财税体制改革总体方案》等。http://www.gov.cn/xinwen/2014－06/30/content_ 2710105.htm。

② 王军：《践行五大发展理念　健全现代税收制度》，《求是》2016 年第 6 期。

二、全面落实税收法定原则

（一）落实税收法定原则的具体要求

改革开放以来，为了适应经济体制改革的需要，我国形成了以行政机关授权立法为主的税收立法格局，对建立与社会主义市场经济体制相适应的税制体系发挥了不可替代的重要作用。但随着我国经济社会发展进入新的历史时期，税收制度不仅要与社会主义市场经济体制相适应，更要发挥好国家治理的基础和重要支柱的功能。而税法作为规范国家征税权力与公民财产权利的基本规则，决定了资源在政府和社会之间以及税负在社会成员之间的分配，不仅直接影响政府与市场的关系，同时也对收入分配和社会公平发挥重要作用。

党的十八届三中全会明确提出了“落实税收法定原则”的要求，2014 年 10 月党的十八届四中全会通过的《中共中央关于全面推进依法治国若干重大问题的决定》对加快建设社会主义法治国家做出了全面部署。2015 年 3 月 15 日，十二届全国人大三次会议通过的《全国人民代表大会关于修改〈中华人民共和国立法法〉的决定》在第八条“下列事项只能制定法律”中增列了第六项，即“税种的设立、税率的确定和税收征收管理等税收基本制度”，对税收法定原则进行了明确规定，同时对第八条规定的事项尚未制定法律的部分事项授权国务院先行制定行政法规也做了更为细致的规定。

2015 年 3 月，党中央审议通过了由全国人大常委会法工委牵头起草的《贯彻落实税收法定原则的实施意见》，该实施意见根据相关改革任务的进展情况，提出落实税收法定原则的改革任务，将力争在 2020 年前完成，将税收暂行条例上升为法律或者废止，并相应废止 1985 年《全国人民代表大会关于授权国务院在经济体制改革和对外开放方面可以制定暂行的规定或者条例的决定》。实施意见对 2020 年前完成相关立法工作做出如下具体安排：

1. 不再出台新的税收条例。拟新开征的税种，将根据相关工作的进展情况，同步起草相关法律草案，并适时提请全国人大常委会审议。

2. 与税制改革相关的税种，将配合税制改革进程，适时将相关税收条例上升为法律，并相应废止有关税收条例。在具体工作中，有一些税种的改革涉及面广、情况复杂，需要进行试点，可以在总结试点经验的基础上先对相关税收条例进行修改，再将条例上升为法律。

3. 其他不涉及税制改革的税种，可根据相关工作进展情况和实际需要，按照积极、稳妥、有序、先易后难的原则，将相关税收条例逐步上升为法律。

4. 待全部税收条例上升为法律或废止后，提请全国人民代表大会废止《全国人民代表大会关于授权国务院在经济体制改革和对外开放方面可以制定暂行的规定或者条例的决定》。

5. 全国人大常委会将根据上述安排，在每年的立法工作计划中安排相应的税收立法项目。

（二）落实税收法定原则的进展情况

2012 年前，除《中华人民共和国税收征收管理法》外，实体税法中只有企业所得税①、个人所得税②和车船税③三个税种制定了法律。2012 年到 2019 年 8 月，全国人大常委会已审议通过了六部税法。

2016 年 12 月 25 日，《中华人民共和国环境保护税法》由十二届全国人大常委会第二十五次会议审议通过，自 2018 年 1 月 1 日起实施。环境保护税是税费改革中取代排污费新设立的税种，征收环境保护税后，不再征收排污费。按照《贯彻落实税收法定原则的实施意见》的要求，不再出台新的税收条例，新开征的税种同步起草相关法律草案并提请全国人大常委会审议。

2017 年 12 月 27 日，十二届全国人大常委会第三十一次会议通过了《中华人民共和国烟叶税法》和《中华人民共和国船舶吨税法》，均自 2018 年 7 月 1 日起施行，2006 年 4 月 28 日国务院公布的《中华人民共

① 《中华人民共和国企业所得税法》2007 年 3 月 16 日由十届全国人大五次会议通过。

② 《中华人民共和国个人所得税法》1980 年 9 月 10 日由五届全国人大三次会议通过。

③ 《中华人民共和国车船税法》2011 年 2 月 25 日由十一届全国人大常委会第十九次会议通过。

和国烟叶税暂行条例》、2011 年 12 月 5 日国务院公布的《中华人民共和国船舶吨税暂行条例》同时废止。

2018 年 12 月 29 日，十三届全国人大常委会第七次会议通过了《中华人民共和国车辆购置税法》和《中华人民共和国耕地占用税法》。《中华人民共和国车辆购置税法》自 2019 年 7 月 1 日起施行，2000 年 10 月 22 日国务院公布的《中华人民共和国车辆购置税暂行条例》同时废止。《中华人民共和国耕地占用税法》自 2019 年 9 月 1 日起施行，2007 年 12 月 1 日国务院发布的《中华人民共和国耕地占用税暂行条例》同时废止。

2019 年 8 月 26 日，十三届全国人大常委会第十二次会议通过了《中华人民共和国资源税法》，自 2020 年 9 月 1 日起施行，1993 年 12 月 25 日国务院发布的《中华人民共和国资源税暂行条例》同时废止。

除上述六部已完成立法进程的实体税法外，2018 年 10 月 19 日，财政部、国家税务总局起草的《中华人民共和国城市维护建设税法（征求意见稿）》向社会公众公开征求意见。2018 年 11 月 1 日，财政部、国家税务总局起草的《中华人民共和国印花税法（征求意见稿）》向社会公众公开征求意见。

三、完善税收制度

2013 年 11 月，党的十八届三中全会审议通过的《中共中央关于全面深化改革若干重大问题的决定》对完善税收制度提出了具体要求，即：

深化税收制度改革，完善地方税体系，逐步提高直接税比重。推进增值税改革，适当简化税率。调整消费税征收范围、环节、税率，把高耗能、高污染产品及部分高档消费品纳入征收范围。逐步建立综合与分类相结合的个人所得税制。加快房地产税立法并适时推进改革，加快资源税改革，推动环境保护费改税。按照统一税制、公平税负、促进公平竞争的原则，加强对税收优惠特别是区域税收优惠政策的规范管理。税收优惠政策统一由专门税收法律法规规定，清理规范税收优惠政策。完善国税、地税征管体制。

（一）“营改增”改革与增值税制的调整

2011 年 11 月 16 日，经国务院批准，财政部、国家税务总局印发了《营业税改征增值税试点方案》《关于在上海市开展交通运输业和部分现代服务业营业税改征增值税试点的通知》，自 2012 年 1 月 1 日起在上海市的交通运输业和部分现代服务业进行“营改增”试点。此次试点改革不仅是优化增值税制度的重要措施，也肩负着 2008 年国际金融危机爆发后，落实积极的财政政策中结构性减税的任务。因此，在“营改增”改革从试点到全面推开的过程中，行业税负只减不增也成为税制改革的基本原则。

“营改增”改革试点的主要内容是：在现行增值税 17% 标准税率和 13% 低税率基础上，新增 11% 和 6% 两档税率。租赁有形动产等适用 17% 税率，交通运输业、建筑业等适用 11% 税率，其他部分现代服务业适用 6% 税率。一般纳税人提供财政部和国家税务总局规定的特定应税服务，可以选择适用简易计税方法计税，一经选择，36 个月内不得变更，小规模纳税人提供应税服务适用简易计税方法计税，增值税征收率为 3% 。服务贸易进口在国内环节征收增值税，出口实行零税率或免税制度。

1. 营业税改征增值税试点改革

2012 年 1 月 1 日起在上海市实施的“营改增”试点行业为：交通运输业（暂不包括铁路运输）和部分现代服务业，包括研发和技术服务、信息技术服务、文化创意服务、物流辅助服务、有形动产租赁服务、鉴证咨询服务。

2012 年 7 月 31 日，财政部、国家税务总局印发《关于在北京等 8 省市开展交通运输业和部分现代服务业营业税改征增值税试点的通知》，将交通运输业和部分现代服务业营业税改征增值税试点范围，由上海市分批扩大至北京市、天津市、江苏省、安徽省、浙江省（含宁波市）、福建省（含厦门市）、湖北省、广东省（含深圳市）等 8 个省（直辖市）。其中，北京市应当于 2012 年 9 月 1 日完成新旧税制转换；江苏省、安徽省应当于 2012 年 10 月 1 日完成新旧税制转换；福建省、广东省应当于2012年11月1日完成新旧税制转换；天津市、浙江省、湖北省应当于2012年12月1日完成新旧税制转换。

2013年5月24日，财政部、国家税务总局印发《关于在全国开展交通运输业和部分现代服务业营业税改征增值税试点税收政策的通知》，规定自2013年8月1日起，在全国范围内开展交通运输业和部分现代服务业营改增试点。

2013年12月9日，财政部、国家税务总局印发《关于将铁路运输和邮政业纳入营业税改征增值税试点的通知》，规定自2014年1月1日起，在全国范围内开展铁路运输和邮政业营改增试点。

2014年4月30日，财政部、国家税务总局印发《关于将电信业纳入营业税改征增值税试点的通知》，规定自2014年6月1日起，将电信业纳入营改增试点范围，实现差异化税率，基础电信服务和增值电信服务分别适用11%和6%的税率，为境外单位提供电信业服务免征增值税。

2016年3月18日，国务院常务会议审议通过了全面推开营改增试点方案。2016年3月23日，财政部、国家税务总局印发《关于全面推开营业税改征增值税试点的通知》，规定自2016年5月1日起，在全国范围内全面推开营业税改征增值税试点，建筑业、房地产业、金融业、生活服务业等全部营业税纳税人，由缴纳营业税改为缴纳增值税。

“营改增”试点在全国范围内的全面推开意味着增值税完全取代了营业税，这是1994年工商税制改革后我国税制改革取得的又一个巨大进展。2017年11月19日，国务院颁布第691号国务院令，发布了《国务院关于废止〈中华人民共和国营业税暂行条例〉和修改〈中华人民共和国增值税暂行条例〉的决定》，营业税彻底退出了历史舞台。

2. 营改增后中央与地方增值税收入划分过渡方案

2016年4月29日，为了适应全面推开营改增试点后中央与地方收入划分格局的变化，国务院印发了《全面推开营改增试点后调整中央与地方增值税收入划分过渡方案》，方案的主要内容是：

（1）以2014年为基数核定中央返还和地方上缴基数。

（2）所有行业企业缴纳的增值税均纳入中央和地方共享范围。

（3）中央分享增值税的 50%。

（4）地方按税收缴纳地分享增值税的 50%。

（5）中央上划收入通过税收返还方式给地方，确保地方既有财力不变。

（6）中央集中的收入增量通过均衡性转移支付分配给地方，主要用于加大对中西部地区的支持力度。

过渡方案与全面推开营改增试点同步实施，即自 2016 年 5 月 1 日起执行。过渡期暂定 2—3 年，届时根据中央与地方事权和支出责任划分、地方税体系建设等改革进展情况，研究是否适当调整。

3. 营改增完成后增值税制的调整

营改增试点全面推开后，为进一步完善增值税制度，简并增值税税率，2017 年 4 月 28 日，财政部、国家税务总局印发了《关于简并增值税税率有关政策的通知》，规定自 2017 年 7 月 1 日起，简并增值税税率结构，取消 13% 的增值税税率，原来适用 13% 税率行业的税率降为 11%。至此，增值税的 17%、13%、11%、6% 四档税率简并为 17%、11% 和 6% 三档税率。

2018 年 4 月 4 日，财政部、国家税务总局印发了《关于调整增值税税率的通知》，规定纳税人发生增值税应税销售行为或者进口货物，原适用 17% 和 11% 税率的，税率分别调整为 16%、10%。此外，还统一了增值税小规模纳税人标准。将工业企业和商业企业小规模纳税人的年销售额标准由 50 万元和 80 万元上调至 500 万元，并在一定期限内允许已登记为一般纳税人的企业转登记为小规模纳税人，让更多企业享受按较低征收率计税的优惠。对装备制造等先进制造业、研发等现代服务业中符合条件的企业和电网企业在一定时期内未抵扣完的进项税额予以一次性退还。上述三项政策均自 2018 年 5 月 1 日起执行。

2019 年 3 月 5 日，国务院总理李克强在十三届全国人大二次会议上做的《政府工作报告》中提出 2019 年实施更大规模的减税降费。2019 年 3 月 20 日，财政部、国家税务总局、海关总署发布《关于深化增值税改革有关政策的公告》，将增值税一般纳税人发生增值税应税销售行为或者进口货物，原适用 16% 税率的，税率调整为 13%；原适用

10% 税率的，税率调整为 9%，自 2019 年 4 月 1 日起执行。由此，增值税 16%、10%、6% 三档税率变为 13%、9%、6%。

除降低增值税税率外，还规定纳税人购进国内旅客运输服务，其进项税额允许从销项税额中抵扣；为保证所有行业税负下降，自 2019 年 4 月 1 日至 2021 年 12 月 31 日，允许生产、生活性服务业纳税人按照当期可抵扣进项税额加计 10%，抵减应纳税额；自 2019 年 4 月 1 日起，试行增值税期末留抵税额退税制度，对符合一定条件的纳税人，与 2019 年 3 月底相比新增加的期末留抵税额可以向税务机关申请退税。

（二）消费税与资源环境税费改革

1. 消费税改革

消费税改革的主要内容是调整消费税征收范围、环节、税率，把高能耗、高污染产品及部分高档消费品纳入征收范围，同时根据经济和消费的变化，将消费税税目进行调整，以更好地发挥消费税的调节功能。2012 年以来的消费税制度调整主要有以下具体措施：

2014 年 11 月 25 日，财政部、国家税务总局印发《关于调整消费税政策的通知》，主要内容是：（1）取消气缸容量 250 毫升（不含）以下的小排量摩托车消费税。气缸容量 250 毫升和 250 毫升（不含）以上的摩托车继续分别按 3% 和 10% 的税率征收消费税。（2）取消汽车轮胎税目。（3）取消车用含铅汽油消费税，汽油税目不再划分二级子目，统一按照无铅汽油税率征收消费税。（4）取消酒精消费税。取消酒精消费税后，“酒及酒精”品目相应改为“酒”，并继续按现行消费税政策执行。

2015 年 1 月 26 日，为促进节能环保，财政部、国家税务总局印发《关于对电池涂料征收消费税的通知》，将电池、涂料列入消费税征收范围，在生产、委托加工和进口环节征收，适用税率均为 4%。对无汞原电池、金属氢化物镍蓄电池（又称“氢镍蓄电池”或“镍氢蓄电池”）、锂原电池、锂离子蓄电池、太阳能电池、燃料电池和全钒液流电池免征消费税。2015 年 12 月 31 日前对铅蓄电池缓征消费税；自 2016 年 1 月 1 日起，对铅蓄电池按 4% 税率征收消费税。对施工状态下挥发性有机物（Volatile Organic Compounds，VOC）含量低于 420 克/升（含）的涂料免征消费税。

2015 年 5 月 7 日，财政部、国家税务总局印发《关于调整卷烟消费税的通知》，将卷烟批发环节从价税税率由 5% 提高至 11%，并按 0.005 元/支加征从量税。

2016 年 9 月 30 日，财政部、国家税务总局印发《关于调整化妆品进口环节消费税的通知》，将征收范围调整为高档美容修饰类化妆品、高档护肤类化妆品。高档美容修饰类和高档护肤类化妆品界定标准为进口完税价格在 10 元/毫升（克）或 15 元/片（张）及以上。同时，将进口环节消费税税率由 30% 下调为 15%。

2016 年 11 月 30 日，为引导合理消费，调节收入分配，促进节能减排，财政部、国家税务总局印发《关于调整小汽车进口环节消费税的通知》，对我国驻外使领馆工作人员、外国驻华机构及人员、非居民常住人员、政府间协议规定等应税（消费税）进口自用，且完税价格 130 万元及以上的超豪华小汽车消费税，按照生产（进口）环节税率和零售环节税率（10%）加总计算，由海关代征。

2016 年 11 月 30 日，财政部、国家税务总局印发《关于对超豪华小汽车加征消费税有关事项的通知》，规定在“小汽车”税目下增设“超豪华小汽车”子税目。征收范围为每辆零售价格 130 万元（不含增值税）及以上的乘用车和中轻型商用客车，即乘用车和中轻型商用客车子税目中的超豪华小汽车。对超豪华小汽车，在生产（进口）环节按现行税率征收消费税基础上，在零售环节加征消费税，税率为 10%。

此外，为促进环境治理和节能减排，这一时期还对成品油消费税的征收范围和税额进行了数次调整。

2. 资源税费改革

自 2010 年 6 月 1 日在新疆率先实行石油、天然气从价计征改革以来，资源税改革稳步推进。十八届三中全会将资源税列为完善税收制度的六大任务之一，明确提出了“加快资源税改革”“逐步将资源税扩展到占用各种自然生态空间”的要求。

2014 年 10 月 9 日，财政部、国家税务总局印发《关于实施煤炭资源税改革的通知》，自 2014 年 12 月 1 日起在全国范围内实施煤炭资源税从价计征改革，同时清理相关收费基金。煤炭资源税税率幅度为 2%—10%，具体适用税率由省级财税部门在上述幅度内，根据本地区清理收费基金、企业承受能力、煤炭资源条件等因素提出建议，报省级人民政府拟定。结合当前煤炭行业实际情况，现行税费负担较高的地区要适当降低负担水平。省级人民政府需将拟定的适用税率在公布前报财政部、国家税务总局审批。

2015 年 4 月 30 日，财政部、国家税务总局印发《关于实施稀土、钨、钼资源税从价计征改革的通知》，自 2015 年 5 月 1 日起实施稀土、钨、钼资源税清费立税、从价计征改革。

2016 年 5 月 10 日，财政部、国家税务总局印发《关于全面推进资源税改革的通知》，自 2016 年 7 月 1 日起全面推开资源税改革。此次全面推开的资源税改革，主要包括四个方面内容：一是实施矿产资源税从价计征改革，对计税依据进行了调整，规定了旨在提高资源综合利用效率的税收优惠政策。二是扩大资源税征收范围，在河北实行水资源费改税试点，省级人民政府可以结合本地实际，根据森林、草场、滩涂等资源开发利用情况提出征收资源税的具体方案建议，报国务院批准后实施。三是全面清理涉及矿产资源的收费基金，全部资源品目矿产资源补偿费费率降为零，停止征收价格调节基金，取缔地方针对矿产资源违规设立的各种收费基金项目。四是按照税费平移的原则，赋予了省级人民政府提出或确定税率的权力。

上述改革措施的全面推开，不仅对促进资源节约集约利用，加快生态文明建设，贯彻绿色发展理念具有重大意义，同时在规范地方政府收入、完善地方税政管理权方面也有举足轻重的重要作用。

2019 年 8 月 26 日，十三届全国人大常委会第十二次会议通过了《中华人民共和国资源税法》，于 2020 年 9 月 1 日起施行。新税法以正列举的方式统一规范了税目，分类确定了税率；规定由纳税人选择按月或按季申报缴纳，并将申报期限由 10 日内改为 15 日内，与其他税种保持一致。新税法明确赋予了省级人民政府更大的税政管理权限，主要包括：

（1）《税目税率表》中规定实行幅度税率的，其具体适用税率由省、自治区、直辖市人民政府统筹考虑该应税资源的品位、开采条件以及对生态环境的影响等情况，在《税目税率表》规定的税率幅度内提出，报同级人民代表大会常务委员会决定，并报全国人民代表大会常务委员会和国务院备案。

（2）《税目税率表》中规定可以选择实行从价计征或者从量计征的，具体计征方式由省、自治区、直辖市人民政府提出，报同级人民代表大会常务委员会决定，并报全国人民代表大会常务委员会和国务院备案。

（3）对纳税人开采或者生产应税产品过程中，因意外事故或者自然灾害等原因遭受重大损失和纳税人开采共伴生矿、低品位矿、尾矿这两种情况，省、自治区、直辖市可以决定免征或者减征资源税，免征或者减征资源税的具体办法，由省、自治区、直辖市人民政府提出，报同级人民代表大会常务委员会决定，并报全国人民代表大会常务委员会和国务院备案。

新税法明确规定，2011 年 11 月 1 日前已依法订立中外合作开采陆上、海上石油资源合同的，在该合同有效期内，继续依照国家有关规定缴纳矿区使用费，不缴纳资源税；合同期满后，依法缴纳资源税。

对水资源税的征收，新税法规定国务院根据国民经济和社会发展需要，依照本法的原则，对取用地表水或者地下水的单位和个人试点征收水资源税。征收水资源税的，停止征收水资源费。水资源税根据当地水资源状况、取用水类型和经济发展等情况实行差别税率。水资源税试点实施办法由国务院规定，报全国人民代表大会常务委员会备案。国务院自本法施行之日起五年内，就征收水资源税试点情况向全国人民代表大会常务委员会报告，并及时提出修改法律的建议。

3. 环境保护税费改革

2016 年 12 月 25 日，《中华人民共和国环境保护税法》由十二届全国人大常委会第二十五次会议审议通过，自 2018 年 1 月 1 日起实施，不再征收排污费。《环境保护税法》规定了大气污染物、水污染物、固体废物和噪声四类应税污染物，其中应税大气污染物和水污染物的具体适用税额的确定和调整，由省、自治区、直辖市人民政府统筹考虑本地区环境承载能力、污染物排放现状和经济社会生态发展目标要求，在规定的税额幅度内提出，报同级人民代表大会常务委员会决定，并报全国人民代表大会常务委员会和国务院备案。

《环境保护税法》规定了生态环境主管部门和税务机关在税收征管中的协作机制，即：生态环境主管部门和税务机关应当建立涉税信息共享平台和工作配合机制。生态环境主管部门应当将排污单位的排污许可、污染物排放数据、环境违法和受行政处罚情况等环境保护相关信息，定期交送税务机关。税务机关应当将纳税人的纳税申报、税款入库、减免税额、欠缴税款以及风险疑点等环境保护税涉税信息，定期交送生态环境主管部门。

（三）跨境电子商务进出口制度

依托于信息和通信技术（ICT）革新兴起的数字经济改变了工业经济时代的生产组织方式、生产要素的空间布局以及生产与消费的联结方式。电子商务、各类应用软件商店、在线广告、云计算、参与式网络平台、极速贸易和在线支付服务等商业模式以及自动化、人工智能等新技术的发展和应用在推动创新和经济增长的同时也对包括税收制度在内的传统工业社会各项经济和社会制度的运行产生了重大影响。

为促进跨境电子商务零售出口这种新业态的发展，2013 年 8 月 21 日，国务院办公厅印发了《国务院办公厅转发商务部等部门关于实施支持跨境电子商务零售出口有关政策意见的通知》，为落实这一通知的要求，2013 年 12 月 30 日，财政部、国家税务总局印发了《关于跨境电子商务零售出口税收政策的通知》，对自建跨境电子商务销售平台的电子商务出口企业和利用第三方跨境电子商务平台开展电子商务出口的企业同时符合下列条件的，适用增值税、消费税退（免）税政策：（1）电子商务出口企业属于增值税一般纳税人并已向主管税务机关办理出口退（免）税资格认定；（2）出口货物取得海关出口货物报关单（出口退税专用），且与海关出口货物报关单电子信息一致；（3）出口货物在退（免）税申报期截止之日内收汇；（4）电子商务出口企业属于外贸企业的，购进出口货物取得相应的增值税专用发票、消费税专用缴款书（分割单）或海关进口增值税、消费税专用缴款书，且上述凭证有关内容与出口货物报关单（出口退税专用）有关内容相匹配。

对不符合上述条件，但同时符合下列条件的，适用增值税、消费税免税政策：（1）电子商务出口企业已办理税务登记；（2）出口货物取得海关签发的出口货物报关单；（3）购进出口货物取得合法有效的进货凭证。

2016 年 3 月 24 日，为营造公平竞争的市场环境，促进跨境电子商务零售进口健康发展，财政部、海关总署、国家税务总局印发了《关于跨境电子商务零售进口税收政策的通知》，规定跨境电子商务零售进口商品按照货物征收关税和进口环节增值税、消费税，购买跨境电子商务零售进口商品的个人作为纳税义务人，实际交易价格（包括货物零售价格、运费和保险费）作为完税价格，电子商务企业、电子商务交易平台企业或物流企业可作为代收代缴义务人。

该通知适用于从其他国家或地区进口的、《跨境电子商务零售进口商品清单》范围内的商品，还要同时符合以下条件，即：通过与海关联网的电子商务交易平台交易，能够实现交易、支付、物流电子信息“三单”比对；或者未通过与海关联网的电子商务交易平台交易，但快递、邮政企业能够统一提供交易、支付、物流等电子信息，并承诺承担相应法律责任。

跨境电子商务零售进口商品的单次交易限值为人民币 2000 元，个人年度交易限值为人民币 20000 元。在限值以内进口的跨境电子商务零售进口商品，关税税率暂设为 0%；进口环节增值税、消费税取消免征税额，暂按法定应纳税额的 70% 征收。超过单次限值、累加后超过个人年度限值的单次交易，以及完税价格超过 2000 元限值的单个不可分割商品，均按照一般贸易方式全额征税。

2018 年 11 月 29 日，为促进跨境电子商务零售进口行业的健康发展，财政部、海关总署、国家税务总局印发了《关于完善跨境电子商务零售进口税收政策的通知》，将跨境电子商务零售进口商品的单次交易限值由人民币 2000 元提高至 5000 元，年度交易限值由人民币 20000 元提高至 26000 元。同时，财政部会同有关部门对《跨境电子商务零售进口商品清单》进行了调整。

（四）个人所得税改革

1994 年工商税制改革后，从“九五”计划到“十二五”规划，包括十六届三中全会、十六届六中全会的《决定》中不断重申要建立综合与分类相结合的个人所得税制度。2018 年 8 月 31 日，十三届全国人大常委会第五次会议通过了《关于修改〈中华人民共和国个人所得税法〉的决定》，初步建立了“综合与分类相结合”的税制模式，引入了“差别化”的专项附加扣除制度，由此确立了政府与自然人纳税人之间直接的税收联系，奠定了现代个人所得税的基本制度框架，在中国税制改革史上具有里程碑式的重大意义。

此次改革将工资薪金所得、劳务报酬所得、稿酬所得、特许权使用费所得归为综合所得，按纳税年度合并计算个人所得税，适用 3%—45% 的超额累进税率。同时规定居民个人的综合所得，以每一纳税年度的收入额减除费用 6 万元[①]以及专项扣除、专项附加扣除和依法确定的其他扣除后的余额，为应纳税所得额。专项扣除，包括居民个人按照国家规定的范围和标准缴纳的基本养老保险、基本医疗保险、失业保险等社会保险费和住房公积金等；专项附加扣除，包括子女教育、继续教育、大病医疗、住房贷款利息或者住房租金、赡养老人等支出。

2018 年 12 月 13 日，国务院印发了《个人所得税专项附加扣除暂行办法》，对个人所得税法规定的子女教育、继续教育、大病医疗、住房贷款利息或者住房租金、赡养老人等 6 项专项附加扣除的具体范围、标准和保障措施进行了规定。

（五）清理规范税收等优惠政策

2014 年 11 月 27 日，国务院印发了《国务院关于清理规范税收等优惠政策的通知》，通知指出：为推动区域经济发展，一些地区和部门对特定企业及其投资者（或管理者）等，在税收、非税等收入和财政

① 即基本费用减除标准由每月 3500 元提高至每月 5000 元。

支出等方面实施了优惠政策，一定程度上促进了投资增长和产业集聚。但是，一些税收等优惠政策扰乱了市场秩序，影响国家宏观调控政策效果，甚至可能违反我国对外承诺，引发国际贸易摩擦。

全面规范税收等优惠政策，有利于维护公平的市场竞争环境，促进形成全国统一的市场体系，发挥市场在资源配置中的决定性作用；有利于落实国家宏观经济政策，打破地方保护和行业垄断，推动经济转型升级；有利于严肃财经纪律，预防和惩治腐败，维护正常的收入分配秩序；有利于深化财税体制改革，推进依法行政，科学理财，建立全面规范、公开透明的预算制度。

《通知》要求全面规范各类税收等优惠政策、全面清理已有的各类税收优惠政策，并提出建立健全长效机制，主要内容是：

（1）统一税收政策制定权限。坚持税收法定原则，除依据专门税收法律法规和《中华人民共和国民族区域自治法》规定的税政管理权限外，各地区一律不得自行制定税收优惠政策；未经国务院批准，各部门起草其他法律、法规、规章、发展规划和区域政策都不得规定具体税收优惠政策。

（2）规范非税等收入管理。严格执行现有行政事业性收费、政府性基金、社会保险管理制度。严禁对企业违规减免或缓征行政事业性收费和政府性基金、以优惠价格或零地价出让土地；严禁低价转让国有资产、国有企业股权以及矿产等国有资源；严禁违反法律法规和国务院规定减免或缓征企业应当承担的社会保险缴费，未经国务院批准不得允许企业低于统一规定费率缴费。

（3）严格财政支出管理。未经国务院批准，各地区、各部门不得对企业规定财政优惠政策。对违法违规制定与企业及其投资者（或管理者）缴纳税收或非税收入挂钩的财政支出优惠政策，包括先征后返、列收列支、财政奖励或补贴，以代缴或给予补贴等形式减免土地出让收入等，坚决予以取消。其他优惠政策，如代企业承担社会保险缴费等经营成本、给予电价水价优惠、通过财政奖励或补贴等形式吸引其他地区企业落户本地或在本地缴纳税费，对部分区域实施的地方级财政收入全留或增量返还等，要逐步加以规范。

（4）各地区、各有关部门要开展一次专项清理，认真排查本地区、本部门制定出台的税收等优惠政策，特别要对与企业签订的合同、协议、备忘录、会议或会谈纪要以及“一事一议”形式的请示、报告和批复等进行全面梳理，摸清底数，确保没有遗漏。通过专项清理，违反国家法律法规的优惠政策一律停止执行，并发布文件予以废止；没有法律法规障碍，确需保留的优惠政策，由省级人民政府或有关部门报财政部审核汇总后专题请示国务院。

《国务院关于清理规范税收等优惠政策的通知》发布后，针对执行中出现的情况和问题。2015 年 5 月 10 日，国务院印发了《国务院关于税收等优惠政策相关事项的通知》，对涉及的相关事项做了如下规定：

（1）国家统一制定的税收等优惠政策，要逐项落实到位。

（2）各地区、各部门已经出台的优惠政策，有规定期限的，按规定期限执行；没有规定期限又确需调整的，由地方政府和相关部门按照把握节奏、确保稳妥的原则设立过渡期，在过渡期内继续执行。

（3）各地与企业已签订合同中的优惠政策，继续有效；对已兑现的部分，不溯及既往。

（4）各地区、各部门今后制定出台新的优惠政策，除法律、行政法规已有规定事项外，涉及税收或中央批准设立的非税收入的，应报国务院批准后执行；其他由地方政府和相关部门批准后执行，其中安排支出一般不得与企业缴纳的税收或非税收入挂钩。

（5）《国务院关于清理规范税收等优惠政策的通知》（国发〔2014〕62 号）规定的专项清理工作，待今后另行部署后再进行。

四、税收征管体制改革

党的十八届三中全会明确提出了“完善国税地税、征管体制”的要求，2015 年 10 月 13 日，中央全面深化改革领导小组第 17 次会议审议通过的《深化国税、地税征管体制改革方案》提出了“不断推进税收管理体制和征管能力现代化，进一步增强税收在国家治理中的基础性、支柱性、保障性作用”的要求，明确了改革目标，即“到 2020 年建成与国家治理体系和治理能力现代化相匹配的现代税收管理体制，降低征纳成本，提高征管效率，增强税法遵从度和纳税人满意度，确保税收职能作用有效发挥，促进经济健康发展和社会公平正义”。

2018 年 3 月 17 日十三届全国人大一次会议审议通过的《关于国务院机构改革方案的决定》和 3 月 19 日中共中央印发的《深化党和国家机构改革方案》对国税地税征管体制改革提出了进一步明确要求。

此次改革包括三个方面的主要内容：一是合并省级和省级以下国税地税机构，实行以国家税务总局为主与省（自治区、直辖市）政府双重领导管理体制；二是调整征收范围，合并后的国税地税机构将具体承担所辖区域内各项税收、非税收入征管等职责。其中，为提高社会保险资金征管效率，将基本养老保险费、基本医疗保险费、失业保险费等各项社会保险费交由税务部门统一征收；三是优化各层级税务组织体系和征管职责，按照“瘦身”与“健身”相结合原则，完善结构布局和力量配置，构建优化高效统一的税收征管体系。

此次改革方案的核心内容是国税地税机构的合并，这是 1994 年国地税机构分设后对税收征管体制的又一次重大调整。1994 年财税体制改革的一个重要目标是提高“两个比重”，即财政收入占 GDP 的比重和中央财政收入占全国财政收入的比重。为此，在税制改革的基础上，所有税收按税种划分为中央税、地方税和共享税，相应地，分别设立了国家税务局和地方税务局。

在当时背景下，作为分税制改革的配套措施，国地税机构的分设有利于保证中央政府税收收入的及时足额征收，同时加强地方税的征收管理，对于发挥中央和地方两个积极性，实现提高“两个比重”的目标，保证分税制财政体制的顺利运行发挥了应有的历史作用。

然而，随着社会主义市场经济体制的发展完善，国地税机构分设的弊端也逐步显现。首先，分设机构带来的执法尺度、征管流程、信息化系统不统一等问题导致不同区域征收率的差异，不利于全国范围内税负的公平和统一，不利于市场在资源配置中发挥决定性作用。

其次，两套税务机构不仅导致税收征管的成本比较高，纳税人为了履行纳税义务所需要支出的成本，也就是“遵从成本”也大大上升。如一个企业缴纳增值税需要到国家税务局，代扣代缴个人所得税就要到地方税务局。由于国地税的信息系统不兼容以及沟通协调不畅等问题，纳税人需要向国税、地税重复报送涉税资料，接受两个机构的税务检查等，遵从成本比较高。近年来，尽管税务机关通过减少事前审批，实行备案制等一系列改革简化了报税的流程；2015 年推出的《深化国税、地税征管体制改革方案》通过“理顺征管职责划分”“联合办税”等措施在很大程度上也减少了纳税人两头跑、重复填表等问题。但是，“合作不合并”的改革并未能彻底解决问题。

此外，除税收收入外，各类非税收入的征收体制也不统一，其中规模最大的是社会保险费。社会保险基金的费基与个人所得税的税基高度重叠，不同部门分别征收不仅造成了较高的征纳成本，征管能力差异也带来了社会保险缴费负担分布不均衡、名义费率与实际负担不一致等诸多问题。

最后，从税制改革的角度看，“营改增”全面试点改革完成后，营业税作为主要由地税局征收的地方主体税种退出了历史舞台，国税与地税的征管范围和征管职责发生了很大变化，税制改革的推进为国税地税机构合并创造了条件。

国税地税征管体制改革是在党和国家机构改革统一部署下统筹推进的改革措施，是加快建设现代财政制度，推进国家治理体系和治理能力现代化的必然要求，不仅有利于降低征纳成本，理顺职责关系，提高征管效率，为纳税人提供更加优质高效便利的服务，同时也将为进一步推进税制改革提供更好的征管制度保障，是推进税收管理现代化，加快建立现代财政制度的必然要求。

第三节 减税降费与非税收入改革

一、减税降费政策的实施

2008 年国际金融危机爆发以来，“减税降费”始终是积极的财政政策的重要组成部分。而随着我国经济从高速增长阶段转向高质量发展阶段，供给侧结构性改革提出后，减税降费经历了从“结构性减税”“定向减税和普遍性降费”到“普惠性减税与结构性减税并举”的演变过程。减税降费的规模由 2016 年的约 5000 亿元扩大到 2018 年的 1.3 万亿元，2019 年进一步扩大到近 2 万亿元。

从历年政府工作报告①的表述来看，以 2015 年中央经济工作会议明确提出“着力加强供给侧结构性改革”为界，减税降费政策可以划分为两个阶段。2015 年前，减税降费主要表述为“结构性减税”，同时配合以税费改革、清费立税和“普遍性降费”。2009 年为应对国际金融危机的冲击，积极的财政政策的重点是“大幅度增加投资和政府支出”，“结构性减税”也是以扩大国内需求为目标。尽管 2010 年政府工作报告提出：“继续实施结构性减税政策，促进扩大内需和经济结构调整”，但扩大内需仍然排在经济结构调整之前。

2015 年后，减税降费被视为供给侧结构性改革“降成本”的重要组成部分，同时，积极的财政政策的重心也开始转向减税降费。2016 年政府工作报告提出：“适度扩大财政赤字，主要用于减税降费，进一步减轻企业负担”；2017 年政府工作报告指出：“赤字率保持不变主要为了进一步减税降费”。2018 年以来，实施更大规模的减税降费政策被视为积极的财政政策“加力提效”的主要措施，从减税方式看，普惠性减税的重要性在不断提高，2019 年政府工作报告明确提出了“普惠性减税与结构性减税并举”的原则。

自 2012 年我国实施“营改增”试点以来，截至 2017 年已累计减税超过 2 万亿元，加上采取小微企业税收优惠、清理各种收费等措施，共减轻市场主体负担 3 万多亿元。2018 年，通过继续改革和完善增值税制度、实施个人所得税改革、加大对中小微企业的支持力度等多项减税措施，全年减税预计将超过 8000 亿元；通过进一步清理规范政府性基金、行政事业性收费和经营服务性收费等措施将减轻非税负担 3000 多亿元。

① 历年政府工作报告。中国政府网：http://www.gov.cn。

2018 年 12 月召开的中央经济工作会议，对宏观经济形势做出了“经济运行稳中有变、变中有忧，外部环境复杂严峻，经济面临下行压力”的基本判断，明确提出了“积极的财政政策要加力提效，实施更大规模的减税降费”的要求。在 2018 年减税降费 1.3 万亿元的基础上，2019 年政府工作报告按照“普惠性减税与结构性减税并举”的原则，做出了再减轻企业税收和社保缴费负担近 2 万亿元的部署。

2019 年更大规模减税降费的措施涉及增值税、企业社保缴费、个人所得税和小型微利企业的企业所得税，力度大、覆盖面广，具有显著的普惠性特征。而且，为了确保所有行业税负只减不增，增值税改革在税率下调的同时，还采取了增加抵扣、加计扣除等配套措施。从宏观经济运行的角度看，减税降费的重点是减轻企业税费负担，将对稳预期、稳投资、稳就业发挥直接的作用。而在市场价格机制作用下，企业税费负担的降低为下调销售价格提供了空间，对企业减税降费的红利也会传导到消费端，与个人所得税改革增加居民可支配收入的效应合力发挥扩大消费的作用。

“减税降费”政策概括来看具有以下三个方面的突出特点：

一是减税降费的力度大、措施多、覆盖面广。已实施的减税降费政策的规模空前，不仅覆盖了增值税、企业所得税、个人所得税、关税等主要税种，还包括阶段性降低养老、失业、工伤、生育等社会保险基金的费率和清理规范各种类型的涉企收费项目。这些政策作为落实供给侧结构性改革“降成本”任务的关键措施，在焕发市场主体活力，提高资本回报率，稳定和促进投资和就业等方面发挥了不可替代的重要作用。

二是减税降费政策与税制改革紧密结合、相辅相成。按照“只减不增”原则推进的“营改增”试点改革，以简并税率和优化增值税制为方向的降低增值税税率、统一小规模纳税人标准和“留抵退税”改革等措施将减税政策与增值税税制改革相结合，不仅降低了企业的税负，也推进了增值税制的优化。以“营改增”为重点的增值税改革实现了对货物和劳务的全覆盖，基本消除了重复征税，打通了增值税的抵扣链条，这对于发挥增值税的“中性”优势，减少税制对市场机制的扭曲，促进服务业的发展和制造业转型升级具有重要作用。

三是减税降费政策的针对性强，鼓励创新创业和小微企业发展的税收优惠政策体系不断完善。随着中国经济发展进入新的历史时期，经济增长要从要素驱动、投资驱动转向创新驱动，为促进发展动能的转换，激发全社会创新创业的活力，更好地发挥小微企业在促进就业和创新方面的作用，2012 年以来我国出台了一系列鼓励创新创业和扶持小微企业发展的税收优惠政策，如研发费用加计扣除、小微企业的企业所得税优惠、有限合伙创业投资企业法人合伙人企业所得税优惠、单位价值 500 万元以下固定资产一次性税前扣除、提高增值税起征点、将工业企业和商业企业小规模纳税人的年销售额标准由 50 万元和 80 万元上调至 500 万元等等。这些税收优惠政策作为具有很强针对性的减税措施，在促进企业加大研发投入、提升产业结构、鼓励创新创业、扶持小微企业发展等方面发挥了重要作用。

二、非税收入改革

2014 年修正的《中华人民共和国预算法》将全部政府收入纳入了预算管理。在一般公共预算、政府性基金预算、国有资本经营预算、社会保险基金预算四大类预算框架下，2012 年以来，资源税费改革、环境保护费改税等税费综合改革的实施，将矿产资源补偿费以及地方各类资源相关收费项目纳入资源税，将排污费改征环境保护税，清费立税取得了显著进展。同时，随着减税降费政策的实施，大量涉企收费项目被清理，部分政府性基金征收标准降低。

（一）社会保险基金改革

为均衡地区间企业职工基本养老保险基金负担、实现基本养老保险制度可持续发展，2018 年 6 月 13 日，国务院印发了《关于建立企业职工基本养老保险基金中央调剂金制度的通知》，从 2018 年 7 月 1 日起实施企业职工基本养老保险基金中央调剂制度，按照各省份职工平均工资的 90% 和在职应参保人数作为计算上解额的基数，上解比例从 3% 起步，逐步提高。这一制度建立的目的是通过将收支状况较好省份的基金结余按一定比例调剂至缺口省份，确保各地养老金按时足额发放。

2019 年 4 月 1 日，国务院办公厅印发了《降低社会保险费率综合方案》，要求统筹考虑降低社会保险费率、完善社会保险制度、稳步推进社会保险费征收体制改革，确保企业特别是小微企业社会保险缴费负担有实质性下降，确保职工各项社会保险待遇不受影响、按时足额支付。

该方案在提出加快推进养老保险省级统筹、2019 年基金中央调剂比例提高至 3.5% 和稳步推进社保费征收体制改革的同时，规定自 2019 年 5 月 1 日起，降低城镇职工基本养老保险（包括企业和机关事业单位基本养老保险，以下简称养老保险）单位缴费比例。各省、自治区、直辖市及新疆生产建设兵团养老保险单位缴费比例高于 16% 的，可降至 16%；目前低于 16% 的，要研究提出过渡办法。

自 2019 年 5 月 1 日起，实施失业保险总费率 1% 的省，延长阶段性降低失业保险费率的期限至 2020 年 4 月 30 日。自 2019 年 5 月 1 日起，延长阶段性降低工伤保险费率的期限至 2020 年 4 月 30 日，工伤保险基金累计结余可支付月数在 18 至 23 个月的统筹地区可以现行费率为基础下调 20%，累计结余可支付月数在 24 个月以上的统筹地区可以现行费率为基础下调 50%。

各省应以本省城镇非私营单位就业人员平均工资和城镇私营单位就业人员平均工资加权计算的全口径城镇单位就业人员平均工资，核定社保个人缴费基数上下限，合理降低部分参保人员和企业的社保缴费基数。个体工商户和灵活就业人员参加企业职工基本养老保险，可以在本省全口径城镇单位就业人员平均工资的 60% 至 300% 之间选择适当的缴费基数。

方案要求加快推进养老保险省级统筹，逐步统一养老保险参保缴费、单位及个人缴费基数核定办法等政策，2020 年年底前实现企业职工基本养老保险基金省级统收统支。要提高养老保险基金中央调剂比例，2019 年提高至 3.5%，进一步均衡各省之间养老保险基金负担。

（二）非税收入预算管理改革

2014 年 9 月 26 日，国务院发布了《关于深化预算管理制度改革的决定》，其中对完善政府预算体系提出了明确要求，即：明确一般公共预算、政府性基金预算、国有资本经营预算、社会保险基金预算的收支范围，建立定位清晰、分工明确的政府预算体系，政府的收入和支出全部纳入预算管理。加大政府性基金预算、国有资本经营预算与一般公共预算的统筹力度，建立将政府性基金预算中应统筹使用的资金列入一般公共预算的机制，加大国有资本经营预算资金调入一般公共预算的力度。加强社会保险基金预算管理，做好基金结余的保值增值，在精算平衡的基础上实现社会保险基金预算的可持续运行。

2014 年 11 月 21 日，财政部印发了《关于完善政府预算体系有关问题的通知》，规定从 2015 年 1 月 1 日起，将政府性基金预算中用于提供基本公共服务以及主要用于人员和机构运转等方面的项目收支转列一般公共预算，具体包括地方教育附加、文化事业建设费、残疾人就业保障金、从地方土地出让收益计提的农田水利建设和教育资金、转让政府还贷道路收费权收入、育林基金、森林植被恢复费、水利建设基金、船舶港务费、长江口航道维护收入等 11 项基金。对继续纳入政府性基金预算管理的支出，加大与一般公共预算支出的统筹安排使用。

同时要求完善国有资本经营预算制度，提高国有资本收益上缴公共财政的比例。2020 年提高到 30%，更多用于保障和改善民生。加强国有资本经营预算支出与一般公共预算支出的统筹使用。国有资本经营预算支出范围除调入一般公共预算和补充社保基金外，限定用于解决国有企业历史遗留问题及相关改革成本支出、对国有企业的资本金注入及国有企业政策性补贴等方面。一般公共预算安排的用于这方面的资金逐步退出。

2015 年 6 月 16 日，国务院印发了《推进财政资金统筹使用方案》，要求加大政府性基金预算转列一般公共预算的力度。对政府性基金预算中未列入政府性基金目录清单的收入项目，除国务院批准的个别事项外，三年内逐步调整转列一般公共预算，并统筹使用。从 2016 年 1 月 1 日起，将水土保持补偿费、政府住房基金、无线电频率占用费、铁路资产变现收入、电力改革预留资产变现收入等五项基金转列一般公共预算。同时规定对政府性基金预算结转资金规模超过该项基金当年收入

30% 的部分，应补充预算稳定调节基金统筹使用。

按照国务院关于编制 2017 年中央预算和地方预算的要求，为进一步推进财政资金统筹使用，2017 年 1 月 1 日起将新增建设用地土地有偿使用费、南水北调工程基金、烟草企业上缴专项收入 3 项政府性基金调整转列一般公共预算。

第四节　2012—2018 年财政收入情况

2012 年党的十八大召开以来，随着中国特色社会主义进入新时代，以加快建立现代财政制度为目标，税收法定原则的落实、税制改革和国税地税征管体制改革的推进以及“减税降费”政策的实施为财政收入制度的运行奠定了良好的基础。

一、一般公共预算收入及其结构

中国特色社会主义进入了新时代，我国经济发展也进入了新时代，基本特征就是我国经济已由高速增长阶段转向高质量发展阶段。2012—2018 年期间，在 GDP 增速由 7.9% 逐步降至 6.6% 的同时，第一产业的比重继续下降，第二产业的比重也由 2012 年的 45.4% 降至 2018 年的 40.7%，而第三产业的比重在这一时期有显著的增长，由 2012 年的 45.5% 逐年升至 2018 年的 52.2%。第三产业的快速发展及其占 GDP 的比重的提高说明我国经济的结构发生了历史性转变。这一时期，人均 GDP 由 2012 年的 39874 元升至 2018 年的 64644 元，接近 1 万美元，我国正在由中高收入国家向高收入国家迈进（参见表 6 - 1）。

2012 年以来，在经济增速下行的同时，随着减税降费等政策的实施，一般公共预算收入占 GDP 的比重增速放缓，2015 年后开始下降，到 2018 年该比重降至 20.37%。2012 年以来，税收收入占 GDP 的比重则呈现了持续下降的趋势，2012 年这一比重为 18.68%，随后逐年下

表 6－1　　　　2012—2018 年 GDP 及其结构

年份	GDP		第一产业		第二产业		第三产业		人均 GDP（元）
	绝对值（亿元）	增长率	绝对值（亿元）	比重	绝对值（亿元）	比重	绝对值（亿元）	比重	
2012	538580.0	7.9%	49084.5	9.1%	244643.3	45.4%	244852.2	45.5%	39874
2013	592963.2	7.8%	53028.1	8.9%	261956.1	44.2%	277979.1	46.9%	43684
2014	641280.6	7.3%	55626.3	8.7%	277571.8	43.3%	308082.5	48.0%	47005
2015	685992.9	6.9%	57774.6	8.4%	282040.3	41.1%	346178.0	50.5%	50028
2016	740060.8	6.7%	60139.2	8.1%	296547.7	40.1%	383373.9	51.8%	53680
2017	820754.3	6.8%	62099.5	7.6%	332742.7	40.5%	425912.1	51.9%	59201
2018	900309.5	6.6%	64734.0	7.2%	366000.9	40.7%	469574.6	52.2%	64644

资料来源：国家统计局网站，国家数据，data. stats. gov. cn。

滑，到 2018 年降至 17.37%。税收收入占一般公共预算收入的比重从 2012 年的 85.81% 逐年降至 2016 年的 81.86%，到 2018 年回升至 85.30%。这一时期，中央财政收入的比重在 50% 以下，但基本保持了稳定，2016 年为 45.34%，2018 年略有回升，为 46.60%（参见表 6－2）。

表 6－2　　　　一般公共预算收入基本情况（2012—2018 年）　　　　单位：亿元

年份	一般公共预算收入（不含债务收入）	占 GDP 的比重	中央		地方		税收收入		
			绝对数	比重	绝对数	比重	绝对数	占 GDP 的比重	占一般公共预算的比重
2012	117253.52	21.77%	56175.23	47.91%	61078.29	52.09%	100614.28	18.68%	85.81%
2013	129209.64	21.79%	60198.48	46.59%	69011.16	53.41%	110530.70	18.64%	85.54%
2014	140370.03	21.89%	64493.45	45.95%	75876.58	54.05%	119175.31	18.58%	84.90%
2015	152269.23	22.20%	69267.19	45.49%	83002.04	54.51%	124922.20	18.21%	82.04%
2016	159604.97	21.57%	72365.62	45.34%	87239.35	54.66%	130360.73	17.61%	81.68%
2017	172592.77	21.03%	81123.36	47.00%	91469.41	53.00%	144369.87	17.59%	83.65%
2018	183351.84	20.37%	85447.34	46.60%	97904.50	53.40%	156400.52	17.37%	85.30%

资料来源：2012—2017 年数据来自《中国统计年鉴 2018》；2018 年数据来自《2018 年中央和地方预算执行情况与 2019 年中央和地方预算草案的报告》。

由于从 2015 年起政府性基金预算中陆续有项目转列一般公共预算，因此 2015 年一般公共预算非税收入与 2014 年相比有较大幅度增长，非税收入占一般公共预算的比重也有所提高，2017 年以来，随着减税降费政策的实施，尤其是普遍性降费的推进，2017 年一般公共预算非税收入为 28222.90 亿元，比 2016 年减少了 1021.34 亿元；2018 年一般公共预算非税收入为 26951.32 亿元[①]，比 2017 年减少了 1271.58 亿元。

从一般公共预算非税收入的结构来看，由于从政府性基金预算转列一般公共预算的项目大部分列入了专项收入，因此专项收入占一般公共预算收入的比重 2014 年为 17.51%，2015 年升至 25.54%；此外，由于大规模减税降费，尤其是对行政事业性收费的清理导致其占一般公共预算非税收入的比重由 2012 年的 27.52% 降至 2017 年的 16.81%。国有资本经营收入 2014 年以来有较大幅度的波动，2015 年该项收入高达 6080.21 亿元，比 2014 年的 3176.33 亿元提高了近一倍；而到 2017 年则有较大幅度下降，降至 4191.16 亿元。国有资源（资产）有偿使用收入 2014 年到 2017 年则有较大幅度增长，其占一般公共预算收入的比重由 2014 年的 20.60% 升至 2017 年的 26.41%（参见表 6－3）。

表 6－3　　一般公共预算非税收入情况（2012—2017 年）　　单位：亿元

项目	2012		2013		2014	
	绝对值	占比	绝对值	占比	绝对值	占比
非税收入	16639.24	100.00%	18678.94	100.00%	21194.72	100.00%
其中：专项收入	3232.63	19.43%	3528.61	18.89%	3711.35	17.51%
行政事业性收费	4579.54	27.52%	4775.83	25.57%	5206.00	24.56%
罚没收入	1559.81	9.37%	1658.77	8.88%	1721.82	8.12%
国有资本经营收入					3176.33	14.99%
国有资源（资产）有偿使用收入	7267.26	43.68%	8715.73	46.66%	4366.77	20.60%
其他收入					3012.45	14.21%

① 财政部：《关于 2018 年中央和地方预算执行情况与 2019 年中央和地方预算草案的报告——2019 年 3 月 5 日在第十三届全国人民代表大会第二次会议上》，http://www.mof.gov.cn/zhengwuxinxi/caizhengxinwen/201903/t20190318_3194653.htm。

续表

项目	2015		2016		2017	
	绝对值	占比	绝对值	占比	绝对值	占比
非税收入	27347.03	100.00%	29244.24	100.00%	28222.90	100.00%
其中：专项收入	6985.08	25.54%	6909.26	23.63%	7028.71	24.90%
行政事业性收费	4873.02	17.82%	4896.01	16.74%	4745.27	16.81%
罚没收入	1876.86	6.86%	1918.34	6.56%	2394.14	8.48%
国有资本经营收入	6080.21	22.23%	5895.41	20.16%	4191.16	14.85%
国有资源（资产）有偿使用收入	5463.89	19.98%	6926.70	23.69%	7454.60	26.41%
其他收入	2067.97	7.56%	2698.52	9.23%	2409.02	8.54%

资料来源：相关年份财政部《全国财政决算》。

二、税制结构的演变

从表 6－4 中可以看出，2012 年以来我国税收收入中流转税的比重呈现了持续下降的趋势，以增值税、消费税、营业税（2017 年后取消）、城市建设维护税和关税合计为口径计算的流转税占税收收入的比重由 2012 年的 59.95% 降至 2018 年的 51.67%。企业所得税、个人所得税的比重 2012 年到 2018 年则保持了持续提高的趋势。其中，企业所得税的比重由 2012 年的 19.53% 逐年升至 2018 年的 22.58%；个人所得税的比重由 2012 年的 5.78% 升至 2018 年的 8.87%。由耕地占用税、土地增值税、契税、房产税、城镇土地使用税构成的房地产五税占税收收入的比重保持了基本稳定，2018 年为 11.49%，比 2012 年提高了 1.42 个百分点。

表 6－4　　税收收入结构（2012—2018 年）　　单位：亿元

项目	2012	2013	2014	2015	2016	2017	2018
国内增值税	26415.51	28810.13	30855.36	31109.47	40712.08	56378.18	61529
国内消费税	7875.58	8231.32	8907.12	10542.16	10217.23	10225.09	10632
进口货物增值税、消费税	14802.16	14004.56	14425.3	12533.35	12784.59	15970.67	16879

续表

项目	2012	2013	2014	2015	2016	2017	2018
出口退税	-10428.89	-10518.9	-11356.5	-12867.2	-12154.5	-13870.4	-15913
营业税	15747.64	17233.02	17781.73	19312.84	11501.88	0	0
城市建设维护税	3125.63	3419.90	3644.64	3886.32	4033.60	4362.15	4840
关税	2783.93	2630.61	2843.41	2560.84	2603.75	2997.85	2848
主要流转税合计	60321.56	63810.69	67101.1	67077.79	69698.65	76063.57	80815
主要流转税占比	59.95%	57.73%	56.30%	53.70%	53.47%	52.69%	51.67%
资源税	904.37	1005.65	1083.82	1034.94	950.83	1353.32	1630
车辆购置税	2228.91	2596.34	2885.11	2792.56	2674.16	3280.67	3453
印花税	985.64	1244.36	1540.00	3441.44	2209.37	2206.39	2199
其中：证券交易印花税	303.51	469.65	666.92	2552.78	1250.55	1068.50	977
企业所得税	19654.53	22427.20	24642.19	27133.87	28851.36	32117.29	35323
企业所得税占比	19.53%	20.29%	20.68%	21.72%	22.13%	22.25%	22.58%
个人所得税	5820.28	6531.53	7376.61	8617.27	10088.98	11966.37	13872
个人所得税占比	5.78%	5.91%	6.19%	6.90%	7.74%	8.29%	8.87%
契税	2874.01	3844.02	4000.70	3898.55	4300.00	4910.42	5730
土地增值税	2719.06	3293.91	3914.68	3832.18	4212.19	4911.28	5642
房产税	1372.49	1581.50	1851.64	2050.90	2220.91	2604.33	2889
城镇土地使用税	1541.72	1718.77	1992.62	2142.04	2255.74	2360.55	2388
耕地占用税	1620.71	1808.23	2059.05	2097.21	2028.89	1651.89	1319
房地产五税合计	10127.99	12246.43	13818.69	14020.88	15017.73	16438.47	17968
房地产五税占比	10.07%	11.08%	11.60%	11.22%	11.52%	11.39%	11.49%
其他税收	571.00	668.5	727.79	803.45	869.65	943.79	1143
税收收入合计	100614.28	110530.7	119175.3	124922.2	130360.7	144369.9	156401

注 1：其他税收包括车船税、烟叶税、船舶吨税和 2018 年新开征的环境保护税。

注 2：2018 年原始数据为整数，由于四舍五入的原因，各项相加与合计数略有差异。

资料来源：2012—2017 年数据来自相关年份《中国统计年鉴》；2018 年数据来自财政部国库司：《2018 年财政收支情况》，http://gks.mof.gov.cn/zhengfuxinxi/tongjishuju/201901/t20190123_3131221.html。

三、全口径预算收入的结构

2014 年修正的《中华人民共和国预算法》将全部政府收入纳入了预算管理。由于一般公共预算、政府性基金预算、国有资本经营预算、社会保险基金预算之间有资金的往来，因此财政部按照国际货币基金组织（IMF）数据公布特殊标准（SDDS）要求发布的年度广义政府财政数据是对我国当前全口径预算收入最准确的统计数据。

按照 IMF 颁布的《政府财政统计手册》的口径，政府财政收入包括税收、社会保障缴款、赠予和其他收入（其他收入主要指财产收入、出售商品和服务收入、罚金罚款和罚没收入以及其他杂项收入）。广义政府收入不包括国有土地使用权出让收入①。据此计算，广义政府收入是指一般公共预算收入、政府性基金收入（不含国有土地使用权出让收入）、国有资本经营收入、社会保险基金收入的合并数据，并剔除了重复计算部分。

表 6 - 5 是 2013 年到 2017 年财政部公布的广义政府收入以及政府性基金收入、国有资本经营收入和社会保险基金收入的情况。从表中可以看出，广义政府收入从 2013 年的 169952 亿元升至 2017 年的 227570 亿元，其占 GDP 的比重在 2013 年为 28.66%，到 2017 年降至 27.73%。

不包括在广义政府收入中的国有土地出让收入有四个项目构成，分别是国有土地使用权出让金收入、国有土地收益基金收入、农业土地开发资金收入和新增建设用地土地有偿使用费，2017 年开始新增建设用地土地有偿使用费由政府性基金预算转列一般公共预算。2013 年，国有土地出让收入为 41638.36 亿元，到 2017 年增值 52074.48 亿元（不含新增建设用地土地有偿使用费）。

不含土地出让收入的政府性基金收入 2013 年为 10630.39 亿元，随着部分政府性基金项目转列一般公共预算收入和减税降费政策的实施，2014 年到 2016 年政府性基金收入持续下降，2016 年降至 8956.31 亿

---

① 根据 IMF《政府财政统计手册》的定义，政府收入是指增加政府权益或净值的交易，国有土地出让行为是一种非生产性资产的交易，结果只是政府土地资产的减少和货币资金的增加，并不带来政府净资产的变化，不增加政府的权益，因而不计作政府收入。

表 6－5　　广义政府收入及其结构（2013—2017 年）　　单位：亿元

项目	2013	2014	2015	2016	2017
GDP	592963.2	641280.6	685992.9	740060.8	820754.3
广义政府收入	169952	185211	200174	210065	227570
广义政府收入占 GDP 的比重	28.66%	28.88%	29.18%	28.38%	27.73%
政府性基金收入	52268.75	54113.65	42338.14	46643.31	61479.66
土地出让收入合计	41638.36	42949.61	32796.69	37687.00	52074.48
新增建设用地有偿使用费	1002.36	805.73	810.62	679.98	—
国有土地使用权出让金收入	39142.03	40479.69	30783.80	35639.69	49997.07
国有土地收益基金收入	1259.67	1413.89	1024.97	1189.57	1770.71
农业土地开发资金收入	234.30	250.30	177.30	177.76	306.70
不含土地出让收入的政府性基金收入	10630.39	11164.04	9541.45	8956.31	9405.18
国有资本经营收入	1713.36	2007.59	2550.98	2608.95	2580.90
社会保险基金收入	35993.58	40438.81	46354.08	50112.47	58437.57
其中：保险费收入	27021.99	30038.95	33814.64	36479.21	42417.66
财政补贴收入	—	—	10244.17	11088.60	12351.76

资料来源：GDP 数据来自国家统计局：国家数据；财政收入数据来自财政部历年《全国财政决算》。

元，2017 年有所上升，为 9405.18 亿元。国有资本经营收入 2013 年为 1713.36 亿元，到 2016 年逐年升至 2608.95 亿元，2017 年为 2580.90 亿元。社会保险基金收入 2013 年以来大幅增长，2013 年为 35993.58 亿元，到 2017 年增至 58437.57 亿元，增加了 62.36%；其中保险费收入由 2013 年的 27021.99 亿元增至 2017 年的 42417.66 亿元，增加了 56.97%。

根据财政部《关于 2018 年中央和地方预算执行情况与 2019 年中央和地方预算草案的报告》的数据，2018 年全国政府性基金收入为 75404.5 亿元，其中国有土地使用权出让收入 65095.85 亿元，比 2017 年增长了 25%。全国国有资本经营预算收入 2899.95 亿元，其中中央国有资本经营预算收入 1325.31 亿元，地方国有资本经营预算本级收入 1574.64 亿元。

2018 年，全国社会保险基金收入 72649.22 亿元，比 2016 年增长 24.32%，剔除机关事业单位基本养老保险后同口径增长 7.3%，其中保险费收入 52543.2 亿元，比 2016 年增长 23.16%；财政补贴收入 16776.83 亿元，比 2016 年增长 35.83%。

第七章　总结与展望

制定并有效实施“好”的财政收入制度是任何时代、任何社会追求的目标。而在发源于西方的工业革命席卷全球，现代化成为世界各国都必须面对的挑战时，推进工业化进程并建立与之相适应的国家治理体系，提高国家治理能力就成为所有国家，尤其是非西方国家最紧迫、最重要的任务。由于税收能力是国家资源动员能力的重要组成部分，也是影响国家与社会成员之间经济和政治关系基础性的制度安排，因此建立以现代税收制度为主体的现代财政收入制度是一个国家现代化进程中的必然选择和必由之路。

第一节　新中国财政收入制度70年演进的经验

一、发展中国家财政收入制度现代化进程的特殊性[①]

西欧国家是现代化的起源地，其现代税收制度的建立与经济的现代化（工业化、城市化进程）和国家治理体系的现代化进程是相辅相成，

① 张斌：《国家治理视角下的税收现代化进程：共性、差异与路径》，《税务研究》2019年第4期。

融合发展的。在民族国家兴起的过程中，战争作为民族国家间竞争的主要形式不仅起到了凝聚民族共识、推进工业化以充实国力的作用，频繁的战争也直接导致了各国筹集战争经费的巨大压力，通过与新兴资产阶级协商以建立稳定、可持续的税收制度并以此作为公债的偿还保障推动了西欧国家从“领地国家”到“税收国家”和“财政国家”的演进。而以政治权利平等为基础建立的代议民主制度则推动了税收法定和预算法定原则及实践的确立和发展，尤其是财政支出的公开透明以及由此建立的税收负担与财政支出之间的关联极大地促进了纳税人的自愿遵从，从而为国家治理现代化奠定了坚实的基础。

对发展中国家而言，现代化是人类社会具有共性的进步过程。然而，不同国家的现代化进程具有不同的特点，因而产生了现代化的不同模式。对非西方文明而言，如何在民族国家和文明竞争的压力下处理好继承传统文化与推进现代化的关系，探索符合自身特点的现代化道路是延续了数个世纪并仍具有巨大现实意义的历史命题。

相应的，由于发展阶段和具体国情的差异，发展中国家的税收现代化如果简单地模仿西方国家现行的国家治理模式[①]以及与这种治理模式相适应的税收制度是难以成功的，发展中国家税收现代化进程面临着自身特有的问题，主要表现在以下几个方面：

首先，很多通过殖民地独立运动诞生的发展中国家尚没有完成现代国家的构建，西方宗主国殖民统治时期遗留的统治架构与传统社会形态并存，家族、部落、种族而不是现代国家的公民及其组织是社会权力的实际载体，统一的国家意识和“共同体”观念淡薄。同时，国家也缺乏稳定和具有权威性的领导核心，由此难以凝聚社会共识，无法制定和执行长期国家发展目标。

其次，发展中国家二元经济结构导致税收长期依赖资源性产品和少数大企业，而且农产品、矿产品等初级产品通过出口纳入国际经济分工

① 西方国家现行的国家治理模式也存在着明显的缺陷，在财政领域集中表现为在新自由主义浪潮影响下贫富分化的加剧对社会公正的侵蚀，而过度民主导致的福利支出需求与税收负担代际间的失衡引发了国家债务的持续增长，熊彼特意义上“税收国家的危机”产生了“负债国家”。参见［德］沃尔夫冈·施特雷克著，常恒译：《购买时间：资本主义民主国家如何拖延危机》，社会科学文献出版社2015年版。

体系的部门往往被外国资本直接或间接控制[①]。同时由于中央缺乏对地方的有效控制和未实现土地改革等因素的制约，国内难以形成统一市场和正向的经济循环，加上中央政府对资源性产品出口和外国政府或国际组织援助的依赖，实际上不具备形成现代税收制度的经济社会条件。

再次，发展中国家不仅缺乏建立现代税收制度所必需的政治和经济条件，也缺乏必要的信息、技术能力以及行政组织体系去实施“引进”的现代税制。从信息和技术条件看，经济的货币化、现代信用体系的完善以及宏观经济统计技术和微观会计核算水平的提高实现了政府对经济社会事务的“数目化管理”，使政府能够以较低的成本掌握处于流动状态的收入和财产变动，这是增值税、企业所得税和个人所得税得以建立的经济和技术基础。而基于现代科层管理体系建立的廉洁、高效的专业化税收征管机构则是现代税制得以有效实施的组织保障。

综上所述，尽管发展中国家在现代化进程中有所谓“后发优势”，但这种后发优势要发挥作用是需要各种内外部条件的。由于不具备现代国家的治理体系和治理能力，因此难以建立能够有效实现国内资源动员的税收体系；而税收收入的匮乏和缺乏弹性又影响了对教育、基础设施的投入，从而阻碍了工业化的进程和国家治理能力的提高，如何突破这种“两难困境”是发展中国家国家治理和税收现代化进程面临的最大挑战。

二、新中国财政收入制度现代化的基本经验

新中国成立以来，尤其是改革开放40年，中国经济社会发展取得了举世瞩目的巨大成就。作为世界上最大的发展中国家，同时也是长期实行计划经济体制的转轨国家，中国的财政收入制度现代化进程不仅兼具发展中国家和转轨国家的双重特征，也具有基于自身悠久文明史和政治文化传统的独特性。

首先，中国是一个具有悠久历史的文明国家，自秦始皇以来逐步建立起来的大一统的国家体制和成熟的官僚体系为现代国家的构建奠定了

---

① 如拉丁美洲的所谓“香蕉共和国”。

坚实的文化基础。相对于其他非西方文明，中华文明面对西方文明挑战时取得的现代化成就以及所谓的“东亚模式”在某种意义上体现了这种文明的价值，从而较早也较好地解决了具有“共同体”意识的现代国家构建和科层行政组织的改造这两大难题。而中国共产党作为中国现代化事业的领导核心，其对国家政治经济主权的捍卫，“为人民服务”宗旨的贯彻和应对内外部挑战时改革的勇气和纠错能力是中国现代化进程的政治和组织保障。

就财政收入制度的主体——税制改革而言，70 年来的特征归纳来看，主要有以下几个方面：

（一）发展中国家“二元经济”与工业化快速发展是税制改革的经济基础

1949 年新中国成立后，经济发展战略的核心是实现从传统农业国向工业国的转变，其间经历了经济恢复、社会主义改造、计划经济、市场取向的经济体制改革和建立市场经济等经济体制的巨大变化。尤其是改革开放以来，随着社会主义市场经济体制的逐步建立和完善，我国的经济发展取得了巨大成就，基本完成了由一个传统农业国向工业国的转变。

就税制改革而言，以 2006 年《中华人民共和国农业税条例》《关于对农业特产收入征收农业税的规定》和《屠宰税暂行条例》废止为标志，除烟叶税外，中国全面取消了农业税。但是，中国目前仍处于工业化和城镇化的后期，尽管第一产业的比重不足 10%，但仍有接近一半的人口居住在农村，传统的农户为主的农业生产方式并彻底改变，未来随着农业产业化的发展，城乡税制的彻底一体化仍然是税制改革的重要任务。

从城市和工商业税制来看，相对于经济发达的成熟市场经济国家，中国当前的税制结构与这些国家工业化快速发展时期的税制结构具有相似性，基本遵循了从传统的直接税转为以间接税为主的规律，而随着中国工业化和城镇化的进一步发展，人均收入的提高和收入分配差距的扩大要求更好地发挥所得税、财产税等直接税的作用，如何实现直接税比重的提高，逐步实现向现代税制结构的转变成为下一步中国税制变迁面临的重要问题。

（二）经济体制转轨是推进税制改革的主要因素

与西方成熟市场经济国家和战后新兴市场经济国家相比，中国的基本经济体制经历了从社会主义改造建立计划经济到计划经济体制逐步向市场经济体制转轨的过程。

1978年改革开放后，放权让利和利改税等一系列政策的实施，企业收入占财政收入的比重迅速下降，到1984年仅为16.85%。1985年开始，财政对企业的补贴开始超过企业收入，原来的利润上缴形成的企业收入由于制度变化转化为税收收入。1984年，财政收入中企业收入为276.77亿元，税收收入为947.35亿元；1985年企业收入下降为43.75亿元，并有507.02亿元对企业的补贴，而税收收入则上升至2040.79亿元。[①] 这一时期的税制改革重点是要适应放权让利和价格体制改革后政府、国有企业和个人的分配关系，因此在分产业多档次的产品税之外，设置了种类繁多的各种类型和不同档次的所得税。

1992年党的十四大明确经济体制改革的目标是建立社会主义市场经济体制后，需要为不同所有制企业建立统一的、公平竞争的税制环境，而建立与社会主义市场经济体制相适应的税制体系成为1994年税制改革的基本目标并一直作为1994年后诸多税制改革的指导思想。因此，经济体制的巨大变动导致的税制功能及其基本框架的颠覆性变化是中国税制变迁的重要特征。

（三）制度模仿和对外开放在税制改革中发挥的重要作用

中国作为一个发展中国家，在经济发展，尤其是在向市场经济转轨的进程中，引进模仿成熟市场经济国家的税收制度是设计和实施税制改革的必然选择。通过制度模仿实现税制变迁的典型例证是增值税的引进及1994年在全国范围内的普遍推行。实际上，中国现行的大多数税种，

① 《中国财政年鉴2012》。

如企业所得税、个人所得税、消费税等都是在西方成熟市场经济国家发展起来的，通过制度模仿实现税制变迁可以减少税制设计的成本，降低变迁的风险。

改革开放初期，为引进外资的需要而迅速建立起来的适用于外商投资企业和外籍个人的所得税制度不仅在实体法层面大量借鉴了西方国家的成熟税制，在立法程序方面也按照税收法定的要求采用了人大立法而不是国务院《暂行条例》的形式。可以说，为适应改革开放的需要而主动借鉴成熟市场经济国家的税制是中国1978年以来税制改革的重要动因。2002年加入WTO后，按照WTO的要求调整关税及其他国内税制以及为应对国际税收竞争的压力而对税制进行相应调整，如将企业所得税税率从33%下调至25%等税制改革措施则反映了中国改革开放的深入和全球经济一体化对税制变迁的影响。

应当指出的是，税收制度并不是孤立存在的，一个税种的有效运行需要许多其他技术条件和制度条件的配合，引进一个税种容易，而引进相应的配套制度则往往有很大的困难。税制运行环境的差异导致以模仿为基础建立的税收制度需要根据本国国情进行“本土化”改造。如1994年税制改革全面引入增值税制度时根据当时的国情采用了“生产型”增值税模式，同时将增值税的征收范围限定在商品生产流通和修理修配劳务，绝大部分服务业仍然征收营业税。但是，在通过制度模仿引进税制时根据当时国情进行的“本土化”改造措施会随着中国经济社会的进一步发展再次形成向成熟市场经济国家税制靠拢的压力和动力，如已经完成的增值税转型和“营改增”改革以及为更好地发挥增值税“中性”作用而推进的优化增值税制的各项措施。

（四）行政权主导和“试点先行”的改革策略是推进税制改革的主要模式

中国是一个有着中央集权传统的单一制国家，在经济发展战略方面，高度集中的国家权力是建立计划经济体制的制度保证，同时也为自上而下市场导向的强制性制度变迁奠定了基础。而作为发展中国家，后发优势导致的制度模仿型税制变迁也降低了集权型决策的风险，大大提高了制度变迁的效率。

就税制改革模式而言，中国属于比较典型的“三方博弈”模式，税收立法权集中在中央，并且经由立法机关的授权，主要税种的立法权委托给中央政府行使，这为政府主导或者说行政权主导的税制强制性变迁提供了条件，政府主导的强制性变迁能够有效降低税制变迁的成本，有利于加快名义税制变迁的进程。但是名义税制的强制性变迁，尤其是行政权主导的变迁在很大程度上体现了政府的意志，由于信息成本和激励机制等因素的约束，政府确定的名义税制改革方案并不能保证是最优的税制改革方案。为充分解决强制性制度变迁带来的问题，在加强顶层设计和集中统一领导的同时，在税制改革中采取“试点先行”的策略，通过“试点”及时总结改革的经验和不足，在完善的基础上逐步推开是中国推进税制改革的重要经验。

但是，我们也应当看到，随着市场经济体制改革的不断深化，社会各阶层利益逐步明晰和分化，社会公众纳税人意识普遍提高，改革开放以来形成的行政权主导的税制改革模式的弊端也越来越突出，未来按照建设社会主义法治国家的要求加快推进税收法定是推进税收治理现代化的必然要求。

（五）税制改革与税收征管改革协调推进是中国税制改革成功的重要经验

在发展中国家税制改革的过程中，要发挥好制度模仿的作用，除了制度本身要根据特定国家特定发展阶段的具体国情进行“本土化”改造外，如何建立与新税制相适应的税收征管体制是决定税制改革成败的关键。回顾改革开放 40 年来中国的税制改革历程，与税制改革相适应的税收征管体制改革的同步推进和税收征管能力的持续提升是税制改革取得成功的基本保障。

第二节　财政收入制度改革展望

一、中国财政收入制度现代化需要解决的主要问题

在充分肯定中国财政收入制度现代化进展的同时，对比国家治理体系和治理能力现代化的要求，中国进一步推进财政收入制度的现代化进程还要着重解决以下问题：

一是要在理论和实践上解决社会主义国家基于国有资产、资源的收入制度与基于政治权力的收入制度之间的关系问题。国有资产、资源管理和收益制度与税收制度在国家筹集收入中的地位和作用不仅直接决定了狭义的税收负担，同时也是理顺政府与市场关系，推进国家治理体系现代化的基础性制度安排。

二是所有基于政府权力的收入形式都应逐步纳入法治化的轨道。这不仅包括分散在政府部门的行政事业性收费、专项收入和政府性基金，还应涵盖各种形式的举债和融资以及各项税收优惠政策导致的“税式支出”，尤其要对地方政府通过财政补贴方式变相实施的实质性税收优惠进行规范。

三是税收立法的民主化、科学化程度还有待提高。部门立法、关门立法的问题比较突出，受制于政府税收数据公开程度等因素，税收理论研究的深度不足，存在理论与实践脱节的现象，理论研究转化为优质决策咨询成果的体制机制还不顺畅。

四是纳税人主动遵从和依法纳税的意识还比较淡薄。由于财政支出的透明度较低，纳税人在观念上普遍缺乏税收负担与公共服务之间的联系，税收制度在观念上的“强制性”仍然大于“合作性”，这与现代国家治理基于“协商共治”，鼓励不同利益主体为共同目标采取合作性行动的要求还有较大距离。

五是近年来，各级税务机关不断深化征管改革，规范税收执法，优化纳税服务，推进信息化建设，税收管理现代化取得了显著进展，尤其是 2018 年国地税合并的顺利实施为下一步税收管理现代化奠定了更好的组织基础。但总的来看，从传统的对抗性征管模式向合作性征管模式的转变还未彻底完成，在纳税执法规范的统一，促进纳税人自愿遵从，提高税收征管效率等方面与国家治理现代化的要求还有一定的差距。

二、进一步推进财政收入制度现代化的路径

随着中国特色社会主义进入新时代，社会主要矛盾的转化要求按照国家治理体系和治理能力现代化的要求加快推进以税收制度为主体的财政收入制度现代化的进程，其目标不仅要为建设社会主义现代化强国提供充足的财力保障，财政收入制度的制定和实施还要更好地满足人民在民主、法治、公平、正义、安全、环境等方面的需要。在现有成就的基础上，要着重从以下几个方面推进现代财政收入制度的建设：

第一，与社会主义国家治理相匹配的政府收入体系是一个整体，要按照建设社会主义法治国家的总体要求推进包括税收法治在内，涵盖中央和地方各级政府的国有资产资源收益制度、非税收入管理制度、政府债务制度的政府收入体系的法治化进程。

第二，要将以“协商共治”为主要特征的国家治理理念和以“理性”为主要特征的科学理念贯彻到财政收入制度制定、执行、反馈、评估、回应和调整的全过程，切实加强财政收入理论和政策研究，提高财政收入制度制定和运行的民主化、科学化水平。

第三，要按照党的十九大报告提出的“建立全面规范透明、标准科学、约束有力的预算制度”的要求推进预算改革，通过财政支出的公开、透明和预算法定建立财政收入与财政支出之间的有机联系，尤其是要在全社会树立税收是政府履行职能和提供公共服务成本的现代税收观念，这是推进以促进税收遵从为核心的“合作性”现代税制的必要条件。

第四，以国地税机构合并为契机，在充分利用现代化的税收管理技术和手段，持续推动机构设置和管理流程的优化以提高纳税人遵从和税

收管理效率的基础上，按照税务机关和纳税人在法律面前平等的现代税收理念重构征纳双方的基本关系，加快建立现代税收管理制度。

三、推进税收制度现代化

作为现代财政收入制度主体的税收制度现代化包括税收法治现代化、税制体系现代化和税收管理现代化三个主要方面。[①]

（一）税收法治现代化

从税收治理的角度看，从“统治”到“治理”转变的核心是涉税各方的“共治”，使得相互冲突的或者不同的利益得以调和。而从“治理”角度来理解现代税收制度，贯穿其中的核心是税收法治，也就是在税法制定、执行的过程中不同涉税群体在法治的框架下进行利益博弈并最终达到调和或“和谐”状态的过程。下一步中国税收法治现代化的主要任务主要包括以下三个方面：

1. 全面落实税收法定原则

改革开放以来，为了适应经济体制改革的需要，我国形成了以行政机关授权立法为主的税收立法格局，对建立与社会主义市场经济体制相适应的税制体系发挥了不可替代的重要作用。但随着我国经济社会发展进入新的历史时期，税收制度不仅要与社会主义市场经济体制相适应，更要发挥好国家治理的基础和重要支柱的功能。而税法作为规范国家征税权力与公民财产权利的基本规则，决定了资源在政府和社会之间以及税负在社会成员之间的分配，不仅直接影响政府与市场的关系，同时也对收入分配和社会公平发挥重要作用。

全面落实税收法定原则，首先要按照党中央审议通过的《贯彻落实税收法定原则的实施意见》的要求，对新开征税种，一律由法律进行规范，同时要将现行由国务院行政法规规范的税种上升为法律规范，废止有关税收条例。这项工作力争在2019年完成全部立法程序，2020年完成“落实税收法定原则”的改革任务。

---

① 张斌：《把握社会主要矛盾 深化税收制度改革》，《税务研究》2018年第2期；张斌：《以国税地税机构合并为契机推进税务组织体系现代化》，《税务研究》2018年第8期。

全面落实税收法定原则，不仅要将以“税”命名的政府收入上升为法律规范，同时还要统筹推进政府非税收入改革，加快非税收入的立法进程。尤其要继续推进“费改税”，严格控制具有税收性质，面向社会强制征收的各类专项收入、政府性基金，到期应停征要及时停征，确有必要长期征收的应适时改为税收，并按新开征税种由法律进行规范。

落实税收法定原则，不应仅满足于将现有的《暂行条例》改为法律，而要按照十八届四中全会和十九大报告的要求，发挥人大及其常委会在立法工作中的主导作用，防止部门利益法律化。从立法的内容看，应改变长期以来“宜粗不宜细”的立法倾向，尽可能对税法基本要素进行比较详尽和全面的规定，最大限度地减少行政机关的“自由裁量权”。

全面落实税收法定原则，还需要在中央相对集中立法权的前提下，根据税种特点，通过立法授权，适当扩大地方，主要是省级的税收管理权限，同时在规范管理、严格监督的前提下，适当下放部分非税收入的管理权限。地方人大作为立法机构在落实税收法定方面发挥应有的作用，将为健全地方税体系奠定更为坚实的制度基础。

2. 完善税收行政法规和部门规章

在贯彻落实税收法定原则的同时，税收法治建设不仅包括立法机关税收立法一个环节。随着经济社会的发展，专业化分工体系的日益复杂导致了信息在人群之间分布的高度不对称，并由此产生了社会协调管理活动的复杂化，政府职能的扩张及其日益专业化使行政机关具有信息和效率等多方面的优势。

税法立法在这方面的冲击尤其明显，税收建立在对民事主体之间交易及其他行为确认的基础上，随着经济的发展，交易方式日趋多样化，新的交易形式不断涌现，而每一项应税交易都具有一定的特殊性。这使得成文税法难以对每一种交易进行事前规定，这使得税务机关不可避免地拥有很大的自由裁量空间。

此外，现代税收制度不仅是政府筹集资金的手段，同时也是政府进行宏观调控，实现经济社会各项政策目标的重要工具，而作为政策工具，其时效性至关重要。因此，行政机关在税收政策的制定，税务机关在税收管理等方面要求获得更大的权力。在这种情况下，作为税法的补充，行政机关制定的行政法规和财税主管部门颁布的部门规章就成为税收立法体系中不可或缺的重要组成部分。

要实现税收行政法规和部门规章制定的法治化，首先需要建立和完善立法机关对行政立法的审查机制，税收行政法规和部门规章只是税收法律的补充，其规定不得与税收法律的规定和原则冲突；其次，行政机关和财税主管部门应提高行政立法能力和水平，加强和改进政府立法制度建设，完善行政法规、规章制定程序，完善公众参与政府立法机制。在法律规定的范围和职权内不断完善和优化行政法规和部门规章体系。最后，税务机关对新出现的交易形式和涉税事项，要按照相关法律法规的规定和原则及时制定并颁布全面、细致和具有可操作性的处理规则，致力于实现税收执法规则和尺度在全国范围内的统一，为纳税人提供公平、确定的税法解释和服务。

3. 完善税收司法及司法解释制度

制约行政部门自由裁量权的扩张，除了加强立法机关的立法审查外，还应充分发挥司法机关的作用。要实现对公民财产权利的有效保护，公民在通过行使政治权利参与税收法律制定过程的同时，作为行政相对人的纳税人在认为税务机关侵犯其合法权利时还可以通过行政诉讼获得法律的救济。

司法机关不仅可以在行政诉讼中纠正税务机关在特定税务案件中的违法行为，对税务机关按照部门规章处理的具有共性的行政诉讼案件，司法机关还应通过司法解释在实质上纠正或否定部门规章的相关规定。也就是说，涉税的司法解释也会形成对行政立法权的有效监督，各级司法机关普遍遵循的司法解释也就构成了税收立法体系的重要组成部分。未来，应积极推动将一般行政行为纳入行政诉讼的范围，赋予司法机关对部门规章的司法审查权，形成立法审查与司法审查并重的行政立法监督机制。

（二）税制体系现代化

如前所述，税法作为规范国家征税权力与社会成员财产权利的基本规则，经过税收管理过程形成的实际税负决定了资源在政府和社会之间以及税负在社会成员之间的分配，不仅直接影响政府与市场的关系，同时也对收入分配和社会公平发挥着重要作用。

税收制度的基本功能是为政府筹集其履行职能所需的财政收入，在收入总量一定的情况下，如何按照特定历史时期所认可的公平观念在社会各阶层中分配这些税负，同时还要尽可能减少税收对经济增长的负面影响，也就是在获取必要收入的同时兼顾公平和效率是税制设计时必须考虑的两个主要问题。因此，评价税制体系现代化有两个基本标准：一是对税负分配公平程度的评价，主要体现为税制结构的优化，可以用直接税，尤其是个人所得税在税制结构中的比重来衡量；二是对现代社会中税收作为政策工具发挥作用的评价，主要体现为各税种各司其职、协调配合、功能齐全的复合税制的完备程度。下一步中国税制体系现代化的主要任务包括以下几个方面：

1. 进一步完善综合和分类相结合的个人所得税制

税负公平是社会公平正义的重要组成部分，也是现代税收制度的基本特征。实现税负公平的关键在于优化税制结构，发挥好税收调节收入分配的功能。当前，完善直接税体系，逐步提高直接税比重是实现税负公平的主要措施。

2018 年个人所得税的修正在中国税制改革历史上具有里程碑式的重要意义，在落实好现行改革措施的基础上，个人所得税改革的重点是要逐步建立完善面向自然人纳税人的税收管理制度体系，为税收治理的现代化和税制结构的优化奠定更为扎实的制度基础。

2. 稳步推进房地产税改革

按照“立法先行、充分授权、分步推进”的原则推进房地产改革。房地产税改革的核心是对居民自用住宅在保有环节征税，涉及千家万户的切身利益，税负在社会成员间的分配也比较清晰，这使得房地产税改革必然要直接面对不同利益主体千差万别且相互矛盾的利益诉求。在房地产税改革进程中，要通过人大的立法过程最大限度征求各方意见，在充分协调、沟通的基础上，寻求能够达成社会各界最大共识的方案。因此，“立法先行”是房地产税改革顺利推进并有效运行的制度保障。

如果按照普遍征收的模式开征房地产税并将其作为市、县级基层政府的主体税种，房地产税改革势必会对地方政府与纳税人的关系以及地方政府治理模式产生重要而深远的影响。自然人纳税人定期向地方政府直接缴纳房地产税意味着纳税人缴纳的税收与在当地享受的公共服务之间有了直接的联系，这种直接联系是社会成员参与社会主义民主决策过程的强大动力。

因此，房地产税改革与社会主义民主政治制度建设乃至国家治理体系和治理能力现代化都有着直接或间接的关系。在这个意义上，房地产税改革要摆脱就税收论税收的局限，而要站在国家治理的高度，从地方政府与辖区居民关系重构的角度，按照“充分授权”的原则发挥好地方政府的作用。

在现行税费制度下，近年来地方政府来自房地产相关税收、土地出让以及城市基础设施配套费等政府性基金收入的规模非常大。未来房地产税改革要适当降低建设、交易环节税费负担，逐步建立完善的现代房地产税制度，发挥好房地产税在“建立符合国情、适应市场规律的房地产平稳健康发展长效机制”中的作用。

在房地产税改革路径方面，随着城乡土地制度改革的推进和房地产市场的变化，房地产税改革要与城镇化进程中地方政府融资体系改革和土地租税费综合改革联系在一起通盘考虑。因此，采取“分步推进”的原则比较稳妥合理。

3. 进一步优化增值税制度

在税负公平的同时，税制改革要通过税法的统一促进市场统一，为市场主体创造公平竞争的税制环境。在现代复合税制体系中，对商品和服务普遍课征的增值税具有“中性”特征，在促进市场统一和公平竞争中发挥着重要作用。

在“营改增”试点全面推开后，要按照税收中性原则继续优化增值税制，通过进一步健全抵扣链条，优化税率结构，完善出口退税等政策措施，构建更加公平、简洁的增值税制度。具体来说，主要包括以下内容：

一是进一步简并增值税税率，规范增值税优惠政策，以更好地发挥增值税公平、中性的税制优势，为让市场在资源配置中发挥决定性作用奠定良好的税制环境。

二是要按照有利于发挥中央和地方两个积极性的原则，在完善中央与地方事权和财力相适应的体制机制的统筹考虑下，及时总结增值税过渡期分享方案的实施效果，对增值税分享比例和分享方式进行合理适度调整。

三是在优化税制的基础上，按照税收法定的要求，废止《增值税暂行条例》，制定《增值税法》。

4. 发挥好税收的调节作用

在现代复合税制体系中，资源税、环境保护税、消费税等税种在促进资源节约、环境保护，引导生产和消费等方面发挥着重要作用，要按照“调节有度”的原则处理好“税收中性”与税收调节的关系。具体来说，应在以下几个方面继续优化税收的调节作用：

第一，积极稳妥推进资源税、环境保护税征收范围的扩大。在水资源税试点逐步扩大至全国的同时，应充分发挥地方政府的积极性，按照因地制宜的原则逐步将资源税的征收范围扩大至森林、草场、滩涂等自然生态资源。在条件成熟时，开征碳税或将二氧化碳排放纳入环境税征收范围。

第二，通过价格机制引导资源配置是资源税发挥好促进资源节约的作用的关键，因此资源税改革要与资源的租、费、价改革协调推进。

第三，绿色发展贯穿于资源开采、加工、消费的全过程，要加强环境保护税、资源税、消费税等税收政策工具与财政补贴等支出政策工具的衔接与协调，构建有利于绿色发展的财税政策体系。其中，由于资源税、环境保护税等税负的增加有可能提高生活必需品的价格，需要采取阶梯定价或财政补贴政策以减轻或抵消税制改革对低收入群体的影响。

第四，按照《“十三五”规划纲要》提出的“将一些高档消费品和高消费行为纳入消费税征收范围”的要求，将原属于营业税适用高税率的高档消费通过征收消费税进行有效调节。

5. 进一步健全鼓励创新、创业的税收优惠政策体系党的十九大报告指出，我国经济已由高速增长阶段转向高质量发展阶段，正处在转变经济发展方式、优化经济结构、转换增长动力的攻关期，建设现代化经济体系是跨越关口的迫切要求和我国发展的战略目标。税收要按照“新发展理念”的要求，在为市场奠定公平竞争环境的同时，还要在鼓励创新、创业，推动经济结构优化升级方面发挥应有的作用。

为落实创新驱动发展战略，近年来我国在原有高新技术企业税收优惠政策的基础上，陆续出台了一系列有针对性的税收优惠政策，对促进创新驱动发展战略的实施发挥了重要作用。下一步，在继续完善税收优惠政策体系的同时，还应按照功能性产业政策的要求，从降低市场主体创新成本、培育经济长期增长动力出发推进整体税制的优化。具体来说，主要包括以下几个方面：

第一，对现行各项税收优惠政策及其实施机制进行全面评估，要逐步减少选择性税收优惠政策，努力提高政策的普惠性。在鼓励研发投入和创新的同时，尽可能减少税收政策对市场主体创新活动的微观干预。

第二，要转变税收管理理念，完善征管流程，优化纳税服务，减少各类不必要的审批事项和手续，着力降低企业的遵从成本，使符合条件的企业创新活动以更低的成本享受到各项税收优惠政策。

第三，20 世纪 90 年代互联网兴起以来，数字经济迅猛发展，已“从边缘走向中心”并对经济社会各领域产生持续而深刻的影响。如何在“税制中性”“税收公平”的前提下改造和完善现行税制以引导和鼓励数字经济领域的创新和发展是创新驱动发展战略下税制改革面临的重要任务。

6. 应对国际税收竞争的同时加强国际税制协调

深化税收制度改革还要高度关注国际税制改革的动态，把握国际税制发展趋势，应对数字经济对国际税收规则带来的挑战，切实提升我国税制的国际竞争力。同时，下一步税制改革要进一步适应经济全球化最新发展和“一带一路”倡议的要求，以全球视野加强国际税制的协调，以构建“人类命运共同体”为目标，为推动全球经济的开放、包容发展奠定税制基础。

7. 健全地方税体系，实现中央和地方的财力协调

在市场经济条件下，资本、劳动力等要素的自由流动是维护市场统一的基本要求，由于流动性税基在税收中占有较大比重，因此中央与地方政府需要对流动性较强的税基进行不同形式的共享。对我国而言，共享税为主、专享税为辅是中央与地方收入划分的基本格局，要按照维护市场统一、促进区域均衡发展、充分发挥两个积极性的原则，充分考虑未来新兴业态发展趋势和经济结构优化升级的影响，科学确定共享税的共享比例和共享方式。

由于税基相对固定，房地产税是适合作为市、县等基层政府专享税的税种，按照“充分授权”原则积极稳妥推进房地产税改革是健全地方税体系的重要措施。在深化税制改革的同时，要积极推动清费立税改革，加快地方非税收入改革进程，进一步拓展地方税的范围，健全地方收入体系。

明确划分各级政府事权与支出责任，建立“权责清晰”的中央和地方财政关系是健全地方税体系的重要基础。

地方税体系改革要放在中央和地方财政关系总体优化的框架下推进，具体来说，健全地方税体系的配套措施主要包括以下几个方面：

一是要通过推进养老保险的全国统筹等事权划分改革适度增加中央政府的事权和支出责任，相应减少地方政府的支出责任和支出规模。

二是要在全口径预算框架下，结合税收返还和转移支付制度改革，按照“财力协调、区域均衡”的要求将健全地方税体系放在政府收入划分总体方案下统筹考虑。

三是通过税费综合改革，逐步减少专项收入和政府性基金等专款专用非税收入的规模，相应扩大地方政府可以统筹的地方税规模。随着地方政府治理能力的提高，可以相应扩大地方的税收立法权，赋予地方人大在一定条件下增设税目，确定税率，开征或附征地方税的权力。

四是地方税体系建设要有思路创新，除了分享比例的调整，还可以研究分享方式的创新。如在增值税作为共享税的情况下，为弱化地方政府干预市场配置资源的冲动，可以在保持现行 5∶5 分享比例的同时，按照各省份人口或消费的比例进行分配。

（三）税收管理现代化

2018 年启动的国税地税征管体制改革是在党和国家机构改革统一部署下推进的改革措施，是 1994 年国税地税机构分设改革后对税收征管体制的重大调整。此轮税收征管体制改革不能局限于在现有职能部门布局和层级设置基础上国税地税机构人员的简单整合，而应按照国家治理体系和治理能力现代化的要求，以国税地税机构合并为契机，致力于通过税收征管流程的再造和各层级税务组织体系的重构，加快推进税收管理现代化进程。

1. 通过“流程再造”优化部门职能设置

我国税务机关现行的部门职能设置具有从传统征管模式向现代征管模式过渡的特征，按税种设置、按管理职能和按纳税人类型设置的部门同时并存。而现代税收管理具有高度的技术性和专业性，基于管理流程的专业化和基于管理对象的专业化（分类管理）是现代税收管理两个重要特征。从国际经验看，按纳税服务、税收评定、税收征收、违法调查、争议与救济的管理流程设置核心业务部门是通行的做法，近年来也出现了按照纳税人类型进行业务分工和部门设置的趋势。

优化部门职能设置是此轮国税地税征管体制改革的重要内容，在充分借鉴发达国家现行税收征管模式的同时，还要重点关注两个问题：一是税务机关要提高行政立法的能力和水平，在法律规定的范围和职权内不断完善和优化部门规章体系，为纳税人提供统一、公平、确定的税法解释和服务；二是要顺应数字经济和现代信息技术迅猛发展的趋势，构建有别于工业社会，具有数字经济时代特征的征管流程和组织体系。综合考虑国际经验、中国国情和技术进步等因素，国税地税合并后的部门职能设置的优化应着重从以下几个方面入手：

一是设置战略规划部门，专门负责制定、实施和控制税收管理战略。实施税收战略管理是税收管理改革的国际趋势，战略规划部门作为重要的保障性支持部门在税收征管组织架构中具有参谋总部的功能，发挥决策支持的作用。

二是将现有按税种设置的部门逐步整合为法规制定部门，负责部门规章、内部征管规范的制定和解释，其核心职能是对新出现的交易形式和涉税事项，按照相关法律法规的规定和原则及时制定并颁布全面、细致和具有可操作性的实体和程序处理规则，致力于实现税收执法规则和尺度在全国范围内的统一。同时，该部门还负有在全国统一的纳税服务平台上为纳税人提供统一、确定的税法解释和“预先裁定”服务的职能。

三是充分利用现代信息技术实现数据的大集中，构建基于大数据的全国统一的综合信息平台和相应的技术支持部门。综合信息平台不仅要服务于税务机关内部的征管业务，同时还要面向纳税人建立包括电话、门户网站、APP等多渠道，涵盖税法宣传、税法咨询、税款缴纳等功能的统一纳税服务平台。该部门在建设、维护、完善综合信息系统的同时，还应具有应业务部门需要进行信息提取、整合、分析的技术和能力。

四是以基于信息驱动的“风险管理”为主线，以专业化管理为基础进行部门设置和职能分工，逐步建立和完善以管理流程为主，兼顾纳税人类型的核心业务部门架构。

2. 重构各层级税务组织体系和征管职责

国税地税征管体制改革明确要求合并省级和省级以下国税地税机构，实行以国家税务总局为主与省（自治区、直辖市）政府双重领导的管理体制；合并后的国税地税机构将具体承担所辖区域内各项税收、非税收入征管等职能。国税地税机构合并后税务组织体系的设置和征管职责的划分要以细化、明确国家税务总局与省级政府的具体管理职责为前提，统筹兼顾中央和地方各项税收和非税收入的征管。

下一步财税体制改革的方向是扩大地方税权和非税收入管理权限，即在中央统一立法和税种开征权的前提下，根据税种特点，通过立法授权，适当扩大地方税收管理权限，地方税收管理权限主要集中在省级。在规范管理、严格监督的前提下，适当下放部分非税收入管理权限。[①]因此，国家税务总局与省级税务机关的职责分工要与适当扩大地方税收

① 肖捷：《加快建立现代财政制度》，载于《党的十九大报告辅导读本》，人民出版社2017年版，第263页。

管理权限和适当下放部分非税收入管理权限的要求相适应，省级税务机关要拥有按照地方税收和非税收入管理权限的要求，相对独立地征收辖区内各项地方收入所需的必要权限。

在明确国家税务总局与省级政府具体管理职责的基础上，各层级税务组织体系和征管职责的设置要打破行政区划和行政层级的束缚，充分利用现代信息技术，以信息驱动的“风险管理”为主线，以扁平化的纵向机构设置和矩阵式的权责格局为目标对各层级税务机构及其征管职责进行重构。

机构职能的扁平化是相对于传统金字塔式的垂直等级关系而言的，扁平化的机构设置以信息的集中和共享使用为基础，以面向流程的不同职能部门之间的水平沟通和并行工作方式替代不同层级之间的垂直沟通和串行工作方式，通过充分利用信息平台和专业化带来的规模优势以及减少中间环节，缩短决策部门与一线执行部门、纳税人的距离，实现税收管理绩效的提升。

矩阵式权责格局的实质是一种“条”“块”之间权责配置的方式，其特征是组织内部纵向权力关系和横向权力关系并存。相对于现行的以横向权力关系为主的权责格局，国地税合并后应在完善横向机构设置（按职能或纳税人类型进行部门设置）和机构职能扁平化的基础上，根据具体征管职能的性质重构“条”“块”之间权责布局，通过有针对性地强化国家税务总局业务职能部门的纵向权力关系构建体现专业化要求的征管机构和力量布局。具体来说，各层级税务组织体系和征管职责应重点关注以下问题：

一是要大力加强国家税务总局的力量。要借国税地税合并的契机加大具有全国范围显著规模经济特征职能的垂直管理力度，如加强对新兴业态和商业交易涉税问题的研究能力并充实税务机关规章制定部门；逐步实现全国税务系统数据的集中并由总局直接建设、维护综合统一的主干信息系统并为省级税务机关建立地方收入信息系统提供模板和接口；建设和维护全国统一的纳税服务电子平台等等。

二是根据税务管理的需要，由总局直接设立区域性的专业分支机构，如在北京、上海、深圳设置金融行业办公室。这些分支机构的管辖范围不一定遵循行政区划垂直设置的原则，分支机构的内部组织机构也不必与总部机构对应，在矩阵式权责格局中应以纵向权力关系为主。

三是根据征管流程优化的需要，整合基层税务机构，大力推进现有省级、地市级税务机关的实体化。按照“分类管理”和“专业化”的要求，根据纳税人的经营范围、涉税事项的复杂程度和征管流程中各项职能的特征，逐步将现有以行政区划和行政层级为依托建立的全能型基层税务机构整合为以“扁平化”和矩阵式权责格局为特征的专业化分支机构。

四是在各层级组织体系和征管职能重构的过程中，充分利用现代信息技术进行不同机构和部门之间横向和纵向的信息交流和分工协作。信息共享和远程协作技术和机制的逐步建立和完善不仅会影响总部对分支机构的管理方式，也会影响总部职能部门和分支机构的空间布局。

3. 税收管理现代化的配套条件

税收征管改革的目标是提高税法遵从度和纳税人满意度，降低税收流失率和征纳成本。以国税地税合并为契机推进征管组织体系的现代化是实现上述目标的组织保障。然而，现代化征管组织体系的建设不可能一蹴而就，组织体系的变革需要外部环境、组织文化、技术条件和人力资源等多方面的配套条件。具体来说，主要包括以下几个方面：

一是相关法律法规的配套和完善。国税地税合并后组织体系的重构是以征管流程的优化为前提的，而税务机关在征管各环节的职能要以征纳双方权利义务的明晰为前提。这就需要对包括《税收征管法》在内的相关法律法规按照现代税收征管流程和纳税人权益保护的要求进行修订和完善。就国税地税合并而言，国家税务总局和省级政府双重领导体制的具体内容也需要相关法律法规的明确界定，这是推进征管组织体系重构的制度基础。

二是按照现代税收管理理念进行税务机关组织文化建设。有形的组织架构与无形的组织文化是相辅相成的，与特定组织架构相匹配的组织文化是组织得以有效运行的基本保障。现代税收征管流程是以现代税收管理理念为基础构建的，主要包括征纳双方的权责对等，重视保护纳税人合法权益，以合作性征纳关系促进纳税人主动遵从等内容。相应的，税务机关是追求绩效的专业机构而不是传统意义上的行政机构，因此，税务工作人员更强调自己提供专业服务的职业身份而不是传统意义上的“官员”，将纳税人视为“客户”而不是“行政相对人”，更强调基于专业化的分工协作。上述组织文化是现代税收组织的共性特征。

三是现代信息技术和分析工具是征管组织体系重构的技术基础。兴起于20世纪90年代的组织“流程再造”就是对信息技术革命的回应。对税务机关而言，建立以“风险管理”为主导的征管业务流程和相应组织体系的关键是涉税信息的获取和处理能力。在数字经济迅猛发展的背景下，大数据、人工智能、区块链等技术的发展为信息驱动的“风险管理”提供了更好的基础。因此，国税地税合并后税务组织体系的变革要与税务机关信息获取和处理方式相匹配。

四是人员素质与人力资源管理制度。组织文化和征管技术的变革都要以人为基础才能实现，在这个意义上，税收征管的现代化是以税务人员理念和知识技能的现代化为前提的。税收征管组织体系的重构要以具有针对性的人力资源管理制度改革为配套条件。除了要大力加强专业化人才队伍建设，以专业化为导向进行在职培训和建立“学习型组织”，在人力资源管理制度方面，要改变单一的以行政级别确定薪酬的方式，建立符合税务机关专业机构特征的职级和薪酬制度。同时，还要通过引进“政府雇员”和以政府购买服务的方式获得关键人力资源。

参考文献

1. Kennedy, John. From the Tax – for – Fee Reform to the Abolition of Agricultural Taxes: The Impact on Township Governments in North – west China. The China Quarterly. 2007 (189). Doi: 10. 1017/S0305741006000798.

2. Tsang Shu – ki, Cheng Yuk – shing Source: "China's Tax Reforms of 1994: Breakthrough or Compromise?" Asian Survey, Vol. 34, No. 9 (Sep. 1994), Published by: University of California Press.

3. 安体富、窦欣:《我国土地出让金: 现状、问题及政策建议》,《南京大学学报 (哲学·人文科学·社会科学版)》2011 年第 1 期。

4. 薄一波:《关于调整税收问题的结论》,《税工研究》1950 年第 6 期, 第 9 页。

5. 财政部:《关于三届全国税务会议的总结报告》,《税工研究》1951 年第 4、5 期合刊。

6. 财政部办公厅编:《中华人民共和国史料》(第 2 辑), 中国财政经济出版社 1983 年版。

7. 财政部财税体制改革司:《财税改革十年》, 中国财政经济出版社 1989 年版。

8. 财政部预算司:《国家预算决算辑要》, 中国财政经济出版社 2002 年版。

9. 财政部预算司:《预算外资金的历史沿革》, 2019 年 4 月 27 日, 见: http: //yss. mof. gov. cn/zhengwuxinxi/lilunyanjiu/200809/t20080925 _ 78407. htm。

10. 财政部综合计划司：《中国财政统计（1950—1985）》，中国财政经济出版社 1987 年版。

11. 财政部综合计划司编：《中华人民共和国财政史料》第 1 辑，中国财政经济出版社 1982 年版。

12. 蔡昉：《城乡收入差距与制度变革的临界点》，《中国社会科学》2003 年第 5 期。

13. 陈云：《陈云文选（1949—1956）》，人民出版社 1984 年版。

14. 陈云：《市场情况与公私关系》（1952 年 6 月 11 日），《陈云文稿选编（1943—1956 年）》，人民出版社 1982 年版。

15. 崔敬伯：《怎样认识纳税——共同纲领税收政策的透视》，《税工研究》1950 年第 1 期。

16. 崔晓黎：《统购统销与工业积累》，《中国经济史研究》1994 年第 2 期。

17. 戴园晨、徐亚平：《财政体制改革与中央地方财政关系变化》，《经济学人》1992 年第 4 期。

18. 董志凯：《从“机船矿路”到“瓶颈产业”：中国百年投资结构之联想》，《中国经济史研究》1994 年第 2 期。

19. 董志凯：《对“一五”建设资金的再认识》，《中国经济史研究》1998 年第 1 期。

20. 董志凯：《国营企业对我国工业化资金积累作出的贡献和牺牲——对“一五”建设资金积累再现认识之一》，《当代中国史研究》1998 年第 1 期。

21. 董志凯：《抗美援朝与新中国经济》，《当代中国史研究》2010 年第 6 期。

22. 董志凯等主编：《中华人民共和国经济史（1953—1957）（上）》，社会科学文献出版社 2011 年版。

23. 范建鏋：《新一轮财税改革的双重困境：学术史视角下的反思与启示》，《地方财政研究》2016 年第 12 期。

24. 范守信：《中华人民共和国国民经济恢复史（1949—1952）》，求实出版社 1988 年版。

25. 高培勇：《“营改增”的功能定位与前行脉络》，《税务研究》2013年第7期。

26. 高培勇：《奔向公共化的中国财税改革——中国财税体制改革30年的回顾与展望》，《财贸经济》2008年第11期。

27. 高培勇：《公共财政：概念界说与演变脉络——兼论中国财政改革30年的基本轨迹》，《经济研究》2008年第12期。

28. 高培勇：《将一张财税体制改革蓝图绘到底》，《光明日报》，2017年12月12日。

29. 高培勇：《新时代中国财税体制改革的理论逻辑》，《财政研究》2018年第11期。

30. 高培勇：《新一轮财税体制改革的战略定位》，《人民日报》2014年6月9日。

31. 高培勇：《站在新时代平台上看税收改革》，《中国税务报》2019年1月30日。

32. 高培勇：《中国财税改革40年：基本轨迹、基本经验和基本规律》，《经济研究》2018年第3期。

33. 高培勇：《转入高质量发展阶段的积极财政政策》，《经济日报》2018年10月15日第1版。

34. 高培勇主编：《“费改税”：经济学界如是说》，经济科学出版社1999年版。

35. 高培勇主编：《共和国财税60年》，人民出版社2009年版。

36. 高培勇主编：《中国财税体制发展道路》，经济管理出版社2013年版。

37. 高培勇主编：《中国财税体制改革30年研究：奔向公共化的中国财税改革》，经济管理出版社2008年版。

38. 葛致达、凌寒：《略论综合财政计划》，《经济研究》1960年第2期。

39. 国家统计局固定资产投资计划司编：《中国固定资产投资统计数典（1950—2000）》，中国统计出版社2000年版。

40. 何盛明、叶汉生：《财政调控机制研究》，《财政研究》1989年第 6 期。

41. 何振一：《财政改革基本思路的若干思考》，《财贸经济》1987 年第 8 期。

42. 贺绍奇：《国有企业利润上交制度方案研究报告》，《中国经济改革研究基金会 2010 年研究课题汇编》2011 年 6 月版。

43. 胡鞍钢、张新、高宇宁：《国有企业：保障国家财政能力的重要基础》，《国家行政学院学报》2016 年第 2 期。

44. 贾康：《我国财政平衡政策的历史考察》，《中国社会科学》1993 年第 2 期。

45. 贾康：《我国财政体制改革的回顾与评析》，《财经科学》1999 年第 5 期。

46. 贾康：《财政本质与财政调控》，经济科学出版社 1998 年版。

47. 贾康：《全面深化财税体制改革之路：分税制的攻坚克难》，人民出版社 2015 年版。

48. 寇铁军：《关于中央与地方财政关系的定性分析》，《财经问题研究》1997 年第 11 期。

49. 匡家在：《1953 年修正税制对经济的影响分析》，《中国经济史研究》1997 年第 1 期。

50. 李予昂：《两年来的税务工作》，《税工研究》，1951 年第 11、12 期合刊。

51. 刘克崮、贾康主编：《中国财税改革三十年：亲历与回顾》，经济科学出版社 2008 年版。

52. 刘尚希、崔泽洋：《简政放权背景下的财政改革分析》，《新金融评论》2014 年第 1 期。

53. 刘尚希：《财税热点访谈录》，人民出版社 2016 年版。

54. 刘志城主编：《中华人民共和国工商税收史长编（第一部 社会主义工商税收的建立和发展）》，中国财政经济出版社 1988 年。

55. 刘佐：《新中国税制 60 年》，中国财政经济出版社 2009 年版。

56. 刘佐：《1978 年以来历次三中全会与税制改革的简要回顾和展望》，《经济研究参考》2014 年第 4 期。

57. 刘佐：《国营企业“利改税”及其历史意义》，《税务研究》2004 年第 10 期。

58. 刘佐：《我国改革开放后涉外税制的建立与内外税制统一》，《涉外税务》2010 年第 1 期。

59. 刘佐：《新中国 60 年税制建设的简要回顾与展望》，《经济研究参考》2009 年第 55 期。

60. 刘佐：《新中国税收制度的建立和巩固（特约稿）》，《财政史研究（第四辑）》，2011 年。

61. 刘佐：《中国税制改革 40 年》，《中国税务》2018 年第 11 期。

62. 刘佐：《中国税制改革 40 年的简要回顾（1978—2018 年）》，《经济研究参考》2018 年第 38 期。

63. 楼继伟：《40 年重大财税改革的回顾》，《财政研究》2019 年 2 期。

64. 楼继伟主编：《深化财税体制改革》，人民出版社 2015 年版。

65. 楼继伟主编：《新中国 50 年财政统计》，经济科学出版 2000 年版。

66. 倪红日、谭敦阳：《税制改革 30 年进程、经验与展望》，《税务研究》2008 年第 10 期。

67. 沙南安、杨敏：《国营企业实行企业基金利润留成制度的演变情况（上）》，《财政研究》1981 年第 5 期。

68. 沙南安、杨敏：《国营企业实行企业基金利润留成制度的演变情况（下）》，《财政研究》1981 年第 6 期。

69. 申学锋、赵云旗：《财税改革 40 年大事记》，《中国财政》2018 年第 24 期。

70. 孙冶方：《关于全民所有制经济内部的财经体制问题》，出自《孙冶方选集》，山西人民出版社 1984 年版。

71. 孙翊刚主编：《中国赋税史》，中国税务出版社 2007 年版。

72. 孙玉栋、庞伟：《我国现代税收制度的改革趋势探究》，《中国特色社会主义研究》2019 年第 1 期。

73. 孙忠欣：《政府非税收入制度建设与理论探索》，中国财政经济出版社 2011 年版。

74. 汤林闽：《中国土地出让金收支状况：2007—2014》，《财经智库》2016 年第 1 期。

75. 王丙乾：《关于国营企业实行利改税和改革工商制的说明》，《中华人民共和国国务院公报》1984 年第 23 期。

76. 王诚尧：《建国以来税收制度的建立和改革概况（上）》，《财政研究》1983 年第 1 期。

77. 吴承明、董志凯主编：《中华人民共和国经济史（第一卷）：1949—1952》，中国财政经济出版社 2001 年。

78. 吴翠兰、沙南安：《国营企业'四项费用'和固定资产更新改造资金制度的演变情况（上）》，《财政研究》1982 年第 2 期。

79. 项怀诚：《中国财政体制改革六十年》，《中国财政》2009 年第 19 期。

80. 项怀诚：《财政通史（当代卷）》，中国财政经济出版社 2006 年版。

81. 项怀诚：《中国财政通史（当代卷）》，北京：中国财政经济出版社 2006 年版。

82. 项怀诚主编：《中国财政 50 年》，中国财政经济出版社 1999 年版。

83. 谢旭人主编：《中国财政 60 年》，中国财政经济出版社 2009 年版。

84. 许经勇：《论我国资金原始积累》，《新华文摘》，1992 年第 3 期。

85. 杨之刚、张斌：《增值税转型改革中的若干思考》，《税务研究》2005 年第 8 期。

86. 杨之刚：《多视角看待中国当前的宏观税负水平》，《税务研究》2003 年第 4 期。

87. 杨之刚：《分析税收收入趋势不能忽视税制改革因素》，《税务研究》2004 年第 2 期。

88. 杨之刚：《中国分税财政体制：问题成因和改革建议》，《财贸经济》2004 年第 10 期。

89. 杨志勇：《中国财政体制改革与变迁》（1978—2018），社会科学文献出版社 2019 年版。

90. 杨志勇：《中国财政 70 年：建立现代财政制度》，《中国经济学人（英文版）》2019 年第 1 期。

91. 张斌：《国家治理视角下的税收现代化进程：共性、差异与路径》，《税务研究》2019 年第 4 期。

92. 张斌：《减税降费的理论维度、政策框架与现实选择》，《财政研究》2019 年第 5 期。

93. 张斌：《把握社会主义矛盾转化深化税收制度改革》，《税务研究》2018 年第 2 期。

94. 张斌：《以国税地税机构合并为契机推进税务组织体系现代化》，《税务研究》2018 年第 8 期。

95. 张清勇：《纵向财政竞争、讨价还价与中央－地方的土地收入分成——对 20 世纪 80 年代以来土地收入的考察》，《制度经济学研究》2008 年第 4 期。

96. 张守文：《税制变迁与税收法治现代化》，《中国社会科学》2015 年第 2 期。

97. 张馨：《"公共财政"与"国家财政"关系辨析》，《财政研究》1997 年第 11 期。

98. 张馨：《论公共财政》，《经济学家》1997 年第 1 期。

99. 张馨：《双元财政论评述》，《中国经济问题》1999 年第 1 期。

100. 赵梦涵：《新中国经济结构战略调整的历史变迁及宏观政策分析》，《中国经济史研究》2003 年第 4 期。

101. 赵梦涵：《新中国财政税收史论纲 1927—2001》，经济科学出版社 2002 年版。

102. 中国国际税收研究会：《与改革开放同行：中国国际税收 40 年》，中国税务出版社 2018 年版。

103. 中国社会科学院、中央档案馆编：《1953—1957 中华人民共和国经济档案资料选编（财政卷）》，中国物价出版社 2000 年版。

104. 周飞舟：《分税制十年——制度及影响》，《中国社会科学》2006 年第 6 期。

105. 周广仁：《中国增值税改革发展四十年实践与思考》，《税务研究》2018 年第 12 期。

后　记

本书是中国社会科学院副院长、学部委员高培勇教授担任主编的新中国财政70年系列丛书的一本，由张斌研究员和杨默如教授合作完成。

正如本书绪论所说，从浩如烟海的史料中梳理70年来中国财政收入制度发展演变的历程，提炼和揭示财政收入制度变革的基本轨迹、基本经验和基本规律无疑是一项具有重大挑战的研究任务，本书希望能为实现上述目标贡献一点微薄的力量。

本书第二章至第六章的初稿由杨默如教授完成，第一章、第七章及全书内容的修改定稿由张斌研究员完成。在写作过程中，高培勇教授给予了宝贵的指导；我们参考引用了学界前辈和同仁在相关领域大量的文献资料；中国财政经济出版社赵力女士、张晓彪先生为本书的出版做了大量卓有成效的工作，在此表示衷心感谢！

由于水平有限，本书尚有很多不足之处，敬请各位读者批评指正！